本书得到新疆普通高校重点专业建设经费资助

（新教高〔2016〕41号）

邹赞 安凌 孙良同 主编

镜与灯

新疆大学
中国语言文学
教学论集

MIRROR AND LAMP
SYMPOSIUM OF
CHINESE LANGUAGE AND LITERATURE
OF XINJIANG UNIVERSITY

社会科学文献出版社
SOCIAL SCIENCES ACADEMIC PRESS (CHINA)

目录
CONTENTS

教育戏剧：理论与实践

多民族文学课堂

名家谈教学

书 评

州大学基本持平。

近年来，新疆大学中国语言文学专业积极发挥传统优势，聚焦新疆社会稳定与长治久安总目标，以全员育人、全方位育人、全过程育人为根本宗旨，锐意进取，砥砺前行，在本科教学方面推行系列改革举措，全面提升了课堂教学质量，为实现"双一流"高校优秀人才培养目标奠定了坚实基础。2016～2017年，学院先后两次全面修订本科培养方案，针对传统优势专业中国语言文学学科采取一级学科模式，即汉语言文学、维吾尔语言文学、哈萨克语言文学三个专业方向的基础课和核心课全部打通，课程设置严格遵循教育部中文学科指导委员会的意见执行，课程与课程之间纵横交叉，必修环节与选修环节之间相得益彰，形成若干特色模块。本次培养方案修订坚定坚决贯彻社会主义的办学方向和马克思主义的指导思想，加大"中国古代文学"和中华传统文化系列课程所占课时比重，除了继续在核心课程中开设"马列文论"以外，还在专业选修课设置"马克思主义文艺理论原典精读"，这一点应该说走在全国高校前列。此外针对边疆多民族地区的历史情境与文化现实，我们还开设"中国文化概论""中国少数民族文学概论"等课程，倡导在坚持中华民族"多元一体"格局基础上各兄弟民族之间的文化交流与对话，以经典文本为载体，构建新形势下各兄弟民族间的"互识、互补、互证"，形成"互为主体、平等对话"的良性机制，为增强中华民族共同体意识、构建中华民族共有精神家园提供智力支持。

总的来看，新疆大学中国语言文学专业本科教学改革呈现出下述特色。

第一，秉承大思政理念，融思想政治教育于专业课教学之中。为认真贯彻习近平总书记在全国高校思想政治工作会议上的重要讲话精神，密切结合区情实际，在教育教学中积极践行自治区党委有关新疆高校思想政治工作的指导思想，我们以中国语言文学专业为试点，以新疆大学2017年版本科培养方案为基础，切实探索思想政治工作的新思路、新方法，旨在将思政工作充分融入专业教学当中。下面我们择要介绍《新疆大学人文学院"中国语言文学专业"思想政治工作指南（征求意见

前　言

新疆大学中国语言文学专业有着悠久的历史和光荣的革命传统，20世纪 30 年代建系之初，茅盾、赵丹等蜚声海内外的作家和艺术家曾在此任教。50 年代有徐思益、林端等中国第一批语言文学副博士以及原苏联乌兹别克斯坦塔什干大学阿塔阔孜·艾孜佐夫教授等学者来此讲学授课。八九十年代汇聚了程适良、史震天、陈世明、王堡等一批知名教授在此辛勤耕耘。21 世纪以来，高莉琴、刘求长、刘志友、张新武等学术带头人也在各自领域精准发力，产生了良好的社会反响。80 多年来，新疆大学中国语言文学专业在新疆区域文化与各兄弟民族文学关系、马克思主义文艺理论、文学批评与文化研究、民俗学与民间文学等领域取得丰硕成果，其中徐思益教授在理论语言学领域做出了突出贡献，代表作《描写语法学初探》填补了我国语法科学研究的一项空白，赢得了学术界的广泛赞许和尊敬。陈世明教授主持完成的成果"二十四史西域（广义）资料维文译注"在国内产生了深远影响，被中亚许多国家翻译成本国文字。2010 年，新疆大学中国语言文学获批一级学科博士学位授权点，至此形成了一套从本科到博士后的完备人才培养体系。2016 年，中国语言文学成功入选新疆维吾尔自治区"十三五"重点学科"高峰学科"，汉语言文学入选新疆大学校级重点专业。2017年，随着新疆大学被确立为国家"双一流"建设高校，中国语言文学作为优先发展学科，与马克思主义理论、政治与公共管理、法学等人文社科门类组成"丝路经济文化与西北边疆治理"学科群。根据教育部刚刚公布的第四轮学科评估结果，新疆大学中国语言文学学科获得 B⁻评价档次，处于同类参评高校的前 30% ~ 40%，与同处西北地区的兰稿)》(以下简称《指南》)的主要内容。

《指南》从四个方面探讨专业课教学与思政教育的结合。首先是教材建设及使用。该专业方向所有课程原则上一律选用教育部"马克思主义理论研究和建设工程"重点教材(简称"马工程"重点教材),如确因相关课程的"马工程"重点教材尚未出版,则需通过学院教材建设及使用专家委员会同意,推荐由高等教育出版社、北京大学出版社、中国人民大学出版社等权威机构出版的全国通用教材,确保教材质量。2018年5月,该专业方向与高等教育出版社合作主办"新疆高校马工程重点教材研讨及示范课交流"全国性学术会议,旨在将新疆大学打造成新疆高校"马工程"重点教材研修基地。此外,该专业还将充分利用重点学科和重点专业建设的契机,成立教材编写委员会,组织思想政治素质高、业务水平能力强的专家学者集体攻关,编写《中国少数民族文学概论》《比较文学经典案例教程》《中华经典文化读本》等特色教材。本书专辟"'马克思主义理论研究和建设工程'重点教材研究"一栏,就是为了展示我们在使用教材过程中取得的初步成效。其次是大力提升教师教学能力,滚动式开设教师教学能力提升班,培训内容主要包括"高等教育法规""高校思政工作经典案例""翻转课堂""多媒体课件制作技术"等,邀请自治区及全国优秀教师、师德模范、教学名师等亲临授课,通过专家讲座、工作坊研讨及示范课交流等形式,切实提高教师的思政素养和专业水准,打造一支综合能力强的教师队伍。鼓励教师采取灵活多样的教学方式,在教学中潜移默化传递思政内容,传播正能量。2016年底,为了帮助教师掌握专业领域的最新动态和文学类课程教学的最新方法,我们成功开办了主题为"文学类课程教学:前沿理论、方法与个案"教师教学能力提升班,邀请教育部"马工程"教材首席专家陈文新、李建中等著名学者前来授课,全面提高更新了相关课程教师的教学理念与实践能力。再次,大力开展实践教学改革,在"经典背诵与评论写作""办公自动化(速录技术)"等实践课环节积极贯彻"大思政"思维,编写《中华经典文化读本》等教材,引导学生深入认识中华"多元一体"文化格局的深层内涵。鼓励、组织学生到南疆基层开展实习调研，真正树立"扎根边疆"的理想信念，为实现新疆社会稳定和长治久安总目标贡献力量。最后，推进特色校园文化品牌建设活动，连接课堂内外，打造"清明诗会""红湖话剧节"等经典校园文化品牌，其中"清明诗会"成功入选教育部"礼敬中华优秀传统文化"示范项目，排演的以革命烈士林基路为原型的红色校园话剧《我们正青春年少》成为经典保留节目。我们整合本专业特色优势，鼓励师生利用假期扎实开展田野调研，积极关注新疆经济社会发展，以生动的文艺创作呈现党的治疆方略所取得的辉煌成就，真实再现新疆各族人民团结一致、互助友爱的社会风貌。

"'开学第一课'：经验与个案"栏目收录的文章集中反映了该专业教师开展思政大课堂取得的显著成绩。为了打造具有示范效应的"开学第一课"，我们专门成立了"开学第一课"专家小组，负责审核、指导"开学第一课"授课选题和讲授方法，评估课堂效果。鼓励本专业知名教授带头讲授开学"精彩一课"，要求所有课程都必须精心讲授"开学第一课"，两年来重点推出了"中国现当代文学史""中国古代文学史""比较文学""马列文论""影视文化导论""美学"等一批深受师生好评的"开学第一课"，定期总结梳理，推出典型教师和优秀课程，以文字、视频等方式结集出版相关成果。就本书收录的几篇优秀教案来说，冯冠军、和谈两位教授的"开学第一课"凸显中华优秀传统文化教育，与"中国古代文学史"课程教学紧密结合；安凌教授的"开学第一课"视野新颖，注重发掘新疆大学的红色文化基因，既是一堂生动的戏剧实践入门指导课，也是一次别具匠心的校史教育；邹赞教授的"开学第一课"从几组大众文化文本切入，以半个世纪以来新疆电影的发展为线索，深入思考了全球化语境下新疆区域形象建构的路径与方法，具有很强的时代感和现实感。

第二，鼓励教学方法创新，集中推介"教育戏剧""速录技术"等经典课堂教学与实践教学模式。教育戏剧不是戏剧教学，它实际上是把戏剧剧本写作及舞台表演的有益经验提炼出来，将课堂模拟和想象成某种"历史现场"，充分激发学生的主体参与意识，以表演的方式再现文本事实、"重返"历史现场。安凌教授在新疆高校率先开启"教育戏剧"的理论与实践,她尽情发挥自己在南京大学攻读戏剧戏曲学专业博士学位时习得的理论素养和实践经验,不但在"中国现当代文学史""通俗文化研究"等课程教学中穿插运用"教育戏剧"方法,还义务担任校园心理剧和红色校园话剧指导教师,培养出了一大批具有表演经验的优秀本科生,更重要的是,很多学生通过参与表演,个人性格、心理承受能力乃至世界观人生观都发生了积极变化(参见本书"教育戏剧:理论与实践"栏目的学生感言)。本书浓墨重彩推出"教育戏剧"教学实践专题,一方面提纲挈领介绍了"教育戏剧"的理论与方法,为在新疆高校推广和普及"教育戏剧"授课方法提供一份具有指南性质的"导言",另一方面分专题呈现了新疆大学中国语言文学专业各民族学生在参与"教育戏剧"课堂教学活动中的精彩表现,具有经典案例的示范效应。在本科实践教学方面,我们认识到中文系学生偏重理论学习但操作技能欠缺的客观现实,以社会各界对中文专业人才的实际需求为导向,尝试探索实践教学新模式。除了设置"经典背诵与评论写作""学术讲座"等实践环节,还专门成立教学团队,开设"办公自动化(速录技术)"课程,为本科生走向就业市场再添一块王牌。

第三,强调教学与科研之间的良性互动,鼓励教师在某些专业核心课采取"研究型"教学模式。"研究型"教学不同于一般意义上的课堂讲授,它对任课教师的科研能力要求很高,主要采取专题讲座或工作坊等形式,引导学生精读理论文本和文学原著,并在细读的基础上就若干理论关键词展开深入讨论。教师要提前将课程指定的"核心文本"和"延伸文本"告知学生,要求学生在规定时间内完成读书报告并公开演讲。2015 年,笔者曾组织过一期"马克思主义经典文艺理论原著研读工作坊",特邀刘求长教授担任导读专家,参加工作坊的都是本科高年级学生和研究生,通过一学期的经典文本细读,学生对马克思主义经典文艺理论的发展脉络和理论精华有了较为深刻的认识,明显提升了理论水平。"多民族文学课堂"收录的文章大多和研究型教学有关。段海蓉教授专治中国古代文学与文献研究,她的文章开宗明义指出教师的科研

水平是实现教书育人的基础，也是建立以学生为中心的课堂模式的重要
保证，鉴于此，她将自己的科研方法和心得体会融入教学当中，教会学
生搜集、整理、研究、利用文献的能力，严格要求学生恪守学术道德规
范，要用原始文献论证自己的研究论题。成湘丽副教授立足中国当代文
学史论发展现状，精准图绘出文学作品选读课程教学的操作技巧。邹淑
琴副教授敏锐察知视觉文化时代文学生产和文化消费的变迁，并在此基
础上重估中国现当代文学作品选读课程的课程教学新思路。邹赞教授对
"文化研究"之于外国文学教学意义的分析与李先游博士对外国文学史
教学的讨论形成了有趣的"错位"，如果将两篇文章放在一起对读，则
能发现诸多有关外国文学教学研究的前沿论争。此外，朱贺琴副教授对
美学课程教学方法的初探，单宏军副教授对细节在思路教学中的重要意
义的略论，均建立在长期以来课堂教学实践的基础之上，论说有力，可
圈可点。王敏教授的影视文化课堂教学方法极具国际视野，注重引入
"全球/本土"等多重坐标，思考边疆多民族地区影视文化课程的操作
实践。

　　第四，"名家谈教学"特别收录了邹赞教授对乐黛云、刘意青、陈
跃红、刘献彪等著名学者的专访，以学术访谈的方式呈现比较文学、外
国文学等课程发展和教学方法的若干断面，具有很强的指导意义。

　　《文心雕龙》云：操千曲而后晓声，观千剑而后识器。本书收录的
文章系新疆大学中国语言文学专业近年来教学改革的部分成果，凝聚了
相关专业教师的大量心血。如今我们将文章结集出版，姑且算作本专业
本科教学的阶段性总结吧，但绝无"王婆卖瓜"之意，我们真切认识
到教学中尚存在诸多不足，盼请兄弟院校同人批评指正。

　　最后需要说明的是，本书收录的文章大多已经发表在《社会科学
家》《比较文学与世界文学》《新闻界》《名作欣赏》《新疆职业大学学
报》《文学教育》《昌吉学院学报》等刊物上，特此向这些刊物诚致谢
忱。本书共分为六个栏目，具体编撰分工如下：安凌教授负责"教育戏
剧：理论与实践"栏目，孙良同副教授负责"'开学第一课'：经验与
个案"栏目，邹赞教授负责"'马克思主义理论研究和建设工程'重点

教材研究""多民族文学课堂""名家谈教学""书评"栏目，并负责
全书统稿工作。感谢大家的精诚合作，本书同样也是几位主编友谊的
见证。

邹　赞

于乌鲁木齐鲤鱼山

"马克思主义理论研究和建设工程"
重点教材研究

重继承，讲创新

——对《美学原理》的几点思考

姬　宏[*]

2004 年 4 月，中央正式启动"马克思主义理论研究和建设工程"（简称"马工程"）。《美学原理》是"马克思主义理论研究和建设工程重点教材"之一。美学教材是美学研究成果的体现，"马工程"重点教材《美学原理》以马克思主义美学理论为指导，始终坚持贯彻以马克思主义理论为指针，继承并发展了马克思主义美学，表现出了新特点，达到了新高度，是高质量、高水准之作。笔者在教学中有以下几点思考。

一　调整教材重心，以审美为核心

我国比较典型的美学教材结构上通常包括四个部分：美、美感、艺术美和美育，这主要是受西方美学研究的影响。18 世纪以前的西方美学主要围绕美的本质的问题，长期以来形成了各种各样的关于美本质的理论。中国的美学研究也曾有一段时间追随西方古典美学围绕"美是什么"和美感进行。但在实际生活中，美的事物各式各样，没有一种关于美的理论能够涵盖丰富的美的现象。从 18 世纪开始，随着对美的理论的怀疑与批判，西方美学家开始重视审美问题，到了 20 世纪，维特根斯坦甚至认为"美是什么"的问题是一个假问题，美的本质问题和美感问题是难以说清的。在我国美学界，围绕美本质，美是主观的、美是客观的、美是主客统一的等几派观点，曾是很多美学教材讨论的核心话

* 姬宏，清华大学文学博士，新疆大学人文学院讲师。主要从事文艺理论与美学研究。

题。而"马工程"教材《美学原理》不落窠臼，没有继续以"美"和"美感"为核心，从教材结构安排和内容上淡化了对美本质的思辨，将美学史上关于美本质问题的理论观点压缩，仅在导论部分占据很小的篇幅做简单介绍。在从整体上保持美学课程体系完整性的同时，将"审美"作为核心范畴，体现出现代美学新的研究方向和成果，这正是一种理论创新。

关于什么是审美对象和审美经验，20世纪以后的西方美学众说纷纭。审美对象比美更难定义，它涵盖的范围更广，一切有审美价值的事物都可以是审美对象。一些美学家据此认为能唤起审美经验的对象，就是审美对象，无论这个对象是美还是丑。西方美学史上，心理学美学、现象学美学、符号学美学对这个问题都有不同的认识。"马工程"重点教材《美学原理》明确将审美本质归为自由劳动，并重点介绍了马克思"美的规律"思想。"诚然，动物也进行生产。它也为自己构筑巢穴或居所，如蜜蜂、海狸、蚂蚁等所做的那样。但动物只生产它自己或它的幼仔所直接需要的东西；动物的生产是片面的，而人的生产则是全面的；动物只是在直接的肉体需要的支配下生产，而人则甚至摆脱肉体的需要进行生产，并且只有在他摆脱了这种需要时才真正地进行生产；动物只生产自己本身，而人则自由地与自己的产品相对立。"马克思发现了动物生产与人类生产之间的本质区别，并在这个基础上提出了美的规律。马克思在《1844年经济学哲学手稿》中提出了人的对象化和人化自然，"我们知道，只有当对象对人说来成为人的对象或者说成为对象性的人的时候，人才不致于在自己的对象里面丧失自身。只有当对象对人来说成为社会的对象，人本身对自己说来成为社会的存在物，而社会这个对象中对人说来成为本质的时候，这种情况才是可能的"。"因为，不仅五官感觉，而且所谓精神感觉、实践感觉（意志、爱等等），一句话，人的感觉、感觉的人性，都只是由于它的对象的存在，由于人化的自然界，才产生出来。"马克思主义的美学是从人的社会属性出发的，人不是孤立、抽象的存在，而是现实的、整体的存在，相对于具体审美活动中具体的、个人的审美感受是先在的。个人的审美感受除了个体因素（如兴趣、受教育程度、生活经历等），必然受到历史、文化等客观条件的影响，因此必须在人的活动系统中去理解审美。在此基础上，"马工程"重点教材《美学原理》阐述了审美经验的根源、审美心理结构与审美感受特性，然后从心理学的角度分析了审美感受中的五种心理因素，介绍了美学史上关于审美经验的几种代表性理论观点，最后梳理了审美经验的历史演变，并对比了不同文化的审美差异。

二 更全面的五分式结构，注重中国古典美学与美学原理的结合

"马工程"重点教材《美学原理》将美的形态分为形式美、技术美、社会美、自然美、艺术美五章，不仅没有因袭以艺术美为主体的教材编写惯例，还将自然美、社会美、形式美、技术美与艺术美相提并论，跳出了西方古典美学家认为美学即艺术哲学的窠臼，在学术上的创新性是巨大的。特别是社会美、技术美、形式美，要对它们分别进行深入细致的表述，使它们的理论构成与自然美、艺术美同样牢固扎实，无疑是有难度的。

康德之后的西方美学将研究对象集中限定在艺术领域，认为美学就是艺术哲学，黑格尔在《美学》序论中说："这些演讲是讨论美学的；它的对象就是广大的美的领域，说得更精确一点，它的范围就是艺术，或则毋宁说，就是美的艺术。"受黑格尔等西方美学家的影响，我国现代美学家也多将美学研究的对象限定为艺术，如朱光潜的美学著作名为《文艺心理学》，很多美学教材也多用较大篇幅集中讨论艺术美，如艺术美的构成、艺术创造、艺术美的类型等。"马工程"重点教材《美学原理》在"艺术的审美特性"一节中，通过讨论当代美学的热点问题——"艺术终结"，简述了艺术的传统定义与现代艺术概念的建立，点明艺术是一个变化着的历史概念，继而着重讨论"艺术美与人生艺术化"，直面当下日常生活的新变化，即艺术与现实之间的边界已经模糊不清，"人生艺术化"，"日常生活审美化"。歌德曾经说："要想逃避这个世界，没有比艺术更可靠的途径；要想同世界结合，也没有比艺术更

可靠的途径。"艺术可以提升人的精神境界，也可以使人从美学的高度塑造理想化的人生。指出人生艺术化正是艺术美的目标，这对于作为社会主体的人的精神的提升有着积极意义。

"马工程"重点教材《美学原理》将形式美界定为"脱离实践活动后独立的自由形式，或者说，是实践'方式'的形式独立化"，分五节讨论了形式美。第一节讨论"形式美的自由历程""从形式到美的形式""从美的形式到形式美"，指出形式美与美的形式之间有本质区别，形式美是一种具有相对独立性的审美对象。第二节讨论"形式美的构成要素"，即从"色""形""声""质""味"五方面分析了构成形式美的感性质料。第三节讨论"形式美的基本规律"，"对称与均衡""调和与对比""比例与尺度""节奏与韵律""多样与统一"等构成形式美的感性质料之间的组合规律。第四节讨论"形式美的变迁"，形式美具有独立的审美价值，具有普适性；形式美能直接或间接商品化；形式与时尚之间存在密切关系。

技术美学诞生于 20 世纪 30 年代，它开始运用于工业生产中，因而最初又称工业美学、机器美学，后来应用范围逐步扩大，20 世纪 50 年代"技术美学"这一名称在国际上广泛使用。技术美是随 20 世纪现代科学技术进步产生的新的美学研究领域，是一门独立的现代美学应用学科。中国的技术美学研究还属于新兴的美学研究。"马工程"重点教材《美学原理》设置了三节讨论技术美及其美学视域、技术美与功能美、设计的文化内涵与审美创造，显示了开阔的学术视野。

"马工程"重点教材《美学原理》认为"社会美是以人类基础生存活动——劳动为核心所形成的审美形态"，"人的本质不是单个人所固有的抽象物，在其现实性上，它是一切社会关系的总和"。社会美"是人与人关系的凝结"。教材分三节讨论了"社会美"。第一节从马克思主义的角度出发，讨论"社会美的范围与特征"，认为"实践活动的范围就是社会美的范围"。第二节创造性地讨论了"社会交往与人物美"，提出"社会交往中的美"和"人物美"是社会美的重要形式。语言交际、形体交际、心灵交融、人体美、人格美这部分内容因为与现实生活联系紧密，在教学中特别能引发学生的共鸣。第三节从"日常生活与节日欢庆"两种不同领域讨论社会美的不同呈现方式，对中西方文化中的节日做了比较，尤其有新意。日常生活的刻板平庸，容易消磨人的意志，而学会在司空见惯的地方发现美，站在美学的高度看待日常生活，在节日欢庆中体味生活情趣，正是理解社会美的现实意义。

在谈到自然美时，"马工程"重点教材《美学原理》全面引入了中国古典美学的相关理论。第一节"自然美的概念内涵与基本特性"梳理了中国和西方文化传统中"自然"概念的不同含义，概括了自然美的基本特性，援引了西方古典美学观点，同时列举了中国文学中描述自然美的文艺作品。第二节分析了"自然美的代表性模式"。介绍了西方美学史特别是当代环境美学的研究成果，创造性地提出了四种自然美的代表性模式。其中，"如画模式"比较了中国古典美学和西方美学关于自然美欣赏的理论。"比德模式"直接来源于中国儒家美学，"比德"即以自然事物的自身属性比附人的德行，根据车尔尼雪夫斯基"美是生活"的论断，"马工程"重点教材《美学原理》做了新的阐发，认为"比德"观念是自然美象征或体现了人的道德与趣味，在自然美中所看到的是人的存在。"宇宙模式"比较了古希腊毕达哥拉斯学派与庄子的自然美观念，认为这两种观念都属于宇宙本体论，继而提出庄子的自然审美不是对自然的观赏，而是与自然合一"得至美而游乎至乐"的"天成之美"，是具有重要价值的自然审美模式。第三节更是完全摆脱了西方美学的话语体系，从中国古典美学的角度提出"天然美：中国古典美学的核心自然美范畴"这样的理论创见，从"自然界的天然美""人生社会的天然美""艺术品的天然美"三个方面着重探讨了内在天性、本色之美，这是中国美学独特的审美范畴，凸显了中国特色。

三 "马工程"重点教材《美学原理》体现了学术性和思想性，但基于美学本身的抽象性、思辨性，在教学中还有一些现实困难尚待解决

首先，美学教材需要有学界已经普遍达成共识的内容，同时还要把学科的历史发展脉络梳理清楚，吸收新的研究成果和新的观念。美学研究的新进展如何与传统美学知识衔接好，这是很难做到的，毕竟一本面向本科生的学科入门级教材篇幅有限。但是如果忽略了学科发展的历史，或者没有及时推介学科新的研究成果，这样的教材多少是比较令人遗憾的。"马工程"重点教材《美学原理》在谈到"作为审美范畴的悲剧"时，对亚里士多德的悲剧理论做了充分而详尽的介绍，但是就西方文学中的悲剧而言，从古希腊到现代，"悲剧"的内涵和类型已经发生了很大的变化，也相应地产生了很多不同的悲剧理论。仅以古希腊时期亚里士多德的悲剧理论来解释悲剧，既忽视了作为文学类型的悲剧的发展变化，也忽视了悲剧理论的发展变化。特别是中国古典文学对悲剧的理解与西方存在很大差异，如果能将中国悲剧的美学研究成果包含进去，对悲剧范畴的理解可能会更完整、更丰富。

其次，建设真正的中国美学非常重要。美学教材要坚持中国特色，突破西方中心，"马工程"重点教材《美学原理》很注重结合使用中国古典美学资源，特别是论述自然美的第六章第三节，基本范畴和基本理论都出自中国古典美学。全书的每一章节都注意使用中国文学的例子或者中国古典美学中的某些论述。不过，中国美学传统如何与西方美学融合，依然是美学原理教材建设的普遍难题。美学教材的架构，包括绝大多数的理论、范畴都是出自西方美学，即便引述了中国文学或中国美学思想，往往只是作为对西方理论的证明或进一步的解说，没有真正形成体系。该教材也存在这方面的问题。

最后，美学属于哲学的二级学科，很多美学教材着重构建美学理论体系，传达美学知识，对当下的文学、艺术现象和审美实践不够关注，即便以文学作品或文学现象为例进行分析，也多为中国古代文学作品、西方古典文艺作品，极少涉及大学生可能更熟悉的当代文学艺术，这在很大程度上影响了学生学习美学的热情和兴趣。仅靠抽象说理，脱离具体的审美文化经验，不能回应现实问题，只会让学生觉得学习美学是无用的。我国的文学创作和各种艺术早已有了长足的进步，也取得了出色的成绩。文艺存在的方式出现了电子媒介、读图时代等前所未有的新变化。美学教材不应该只是美学知识的灌输，美学研究应该立足现实，应该通过美学教学帮助大学生将自身的审美经验上升到美学的高度，将美学学习转变为自身生活和发展的需要，通过学习美学课程有意识地塑造完整人格，学会体味人生，过有意味、有情趣的生活。"马工程"重点教材《美学原理》在举例和论证方面非常审慎，怎样把这些新领域的新现象在教材中进行合理科学的阐释，是需要注意的问题。

任何一部教材总是需要不断完善的。习近平总书记在文艺工作座谈会上的讲话已经为建构中国特色社会主义美学体系指明了方向，"马工程"重点教材建设以马克思主义美学为指导，以中国文化精神为主体，以西方美学为参照，继承和弘扬中国美学，结构清晰，脉络分明，观点新颖，是美学教材中的上乘之作。随着"马工程"重点教材《美学原理》在高校广泛应用，必然有助于进一步推进当代美学教材建设，彰显美学课程对青年学生的重要价值。

搭建文化交流之桥，探寻文化创新之路

——以《比较文学概论》为中心

邹　赞[*]

习近平总书记在哲学社会科学工作座谈会上的讲话中指出："坚持以马克思主义为指导，是当代中国哲学社会科学区别于其他哲学社会科学的根本标志，必须旗帜鲜明加以坚持。"[①] 在加快构建中国特色哲学社会科学方面，习近平总书记强调了学科体系和教材体系建设的重要性，"要抓好教材体系建设，形成适应中国特色社会主义发展要求、立足国际学术前沿、门类齐全的哲学社会科学教材体系"[②]。以习近平总书记为核心的党中央高度重视意识形态工作，旗帜鲜明要求将马克思主义基本原理、思维方法和科学精神贯彻到教育教学全过程当中。为了全面落实党中央治国理政新理念新思想新战略，确保教材建设以马克思主义为指导思想，积极弘扬社会主义核心价值观，中宣部、教育部决定启动"马克思主义理论研究和建设工程重点教材"计划，由高等教育出版社负责出版发行。目前，新疆大学人文学院已经严格按照教育部相关要求，全面推广使用"马工程"教材，定期选送主讲教师参加专题培训班，切实优化教材使用效果。

笔者自 2012 年起为新疆大学中文系各专业开设《比较文学》课程，

---

* 邹赞，北京大学比较文学博士，新疆大学人文学院教授。主要从事比较文学与文化研究。

① 习近平：《在哲学社会科学工作座谈会上的讲话》，《人民日报》2016 年 5 月 19 日，第 2 版。

② 习近平：《在哲学社会科学工作座谈会上的讲话》，《人民日报》2016 年 5 月 19 日，第 2 版。

该课程系中国语言文学所辖各专业的核心课，共 32 学时，计 2 学分，采用的教材为陈惇、孙景尧、谢天振主编的《比较文学》（第二版、第三版）（分别由高等教育出版社 2007 年、2014 年出版）。该教材尽管内容丰富、视野前沿，但由于存在章目杂多，部分内容系学术论文摘编等原因，本科生接受起来有较大难度。因此笔者在授课过程中辅以乐黛云教授撰写的《比较文学简明教程》作为参考教材，该书列举的鲜活案例有效弥补了《比较文学》过于抽象和倚重理论的不足。从 2016 年开始，笔者积极响应教育部号召，开始采用"马工程"教材《比较文学概论》，同时为汉语言文学和中国少数民族语言文学专业的本科生讲授该课程，现结合教学实践经验，谈谈对这部教材的几点认识。

首先，"马工程"重点教材《比较文学概论》（以下简称《比较文学概论》）强化指导思想和宗旨意识，开宗明义地指出："本书以马克思主义为指导，以比较文学及其理论的百年发展为基础，以比较文学学科理论的创新为特色，从而使继承与创新相结合。"[①] 该教材的马克思主义特色具体表现在三个方面：一是凸显马克思主义方法论的指导意义，用历史唯物主义和辩证唯物主义视角去提炼问题意识，将文学放置到上层建筑的整体框架当中，聚焦其与经济基础之间的关联互动，以文本为依托，考量、发掘"艺术生产与物质生产"之间的动态关联。二是注重发掘马克思恩格斯宏伟理论大厦本身所蕴含的"世界文学"和"比较文学"思想。以往的比较文学教材在介绍"世界文学"概念时，往往津津乐道于歌德对"世界文学"构想的首创权，"马工程"重点教材《比较文学概论》则重点评述了马克思恩格斯在《共产党宣言》中提出的"世界文学"思想："马克思和恩格斯在这里不仅分析了世界文学产生的历史必然性，而且明确地指出这种'世界文学'所具有的多民族性和地方性，蕴含着丰富的比较文学思想。"[②] 不仅从观念史的意义上精准描绘出马克思恩格斯对于"世界文学"构想的创造性贡献，而且发掘出这种构想所携带的比较文学意味，前瞻性地将"世界文学"

---

① 曹顺庆主编《比较文学概论》，高等教育出版社，2015，第 11 页。
② 曹顺庆主编《比较文学概论》，第 12 页。

和"比较文学"结合起来讨论。三是从马克思恩格斯对弱势民族文学和文化的重视、对世界各民族文学一律平等的重要论述中获得启发，认为马克思恩格斯对欧洲中心主义的批判与比较文学的学科史发展实际上完全吻合，倡导比较文学必须突破欧洲中心主义的禁锢，自觉将亚非拉等第三世界文学从被遮蔽的、失语的叙述状态中拯救出来，从纯粹关注西方文明内部的"家宴"转向东西方文明之间的对话交流。正是基于这种认知，《比较文学概论》设立专门章节讨论"跨文明研究"，尝试在批判"文明冲突论"的前提下重估跨文明对话的可能性，倡导一种多元文明观视野下的"跨文明比较文学"，以之取代此前学界达成共识的"跨文化研究"，期望为比较文学中国学派赢得更大程度的国际认可度发挥作用。

其次，《比较文学概论》教材编撰思路有意识摆脱本质主义的线性叙述模式，"避免机械地将比较文学学科看作一个静态的线性发展过程，而是遵循辩证唯物主义思想，将其视为'涟漪'式的动态发展过程与螺旋式的上升过程"①。以往的比较文学教材大多沿袭比较文学从法国学派到美国学派再到中国学派的编排思路，这种处理方式带有明显的进化论思想痕迹，并且容易给人造成几个学派之间截然割裂的错觉。"马工程"教材《比较文学概论》令人信服地更正了那种将法国学派等同于"影响研究"、美国学派等同于"平行研究"的简单认识，细致发掘出各个学派内部存在的观点上的复杂性和差异性。所谓"法国学派""美国学派"之类命名，虽然有助于提升入门者对于比较文学学科的整体认知，但其本身却忽略甚至有意遮蔽了内在的多元特质。比方说学界在批评"法国学派"时，一般会列呈两点重大缺陷：一是偏离了以审美为特征的文学性，沦为文献资料的实证考辨，致使比较文学蜕变为文化史甚至文献整理研究，名不副实；二是法国学者与生俱来携带文化优势心理，聚焦于本国文学对他国文学的影响，形成一种"放送－影响"的单边主义模式，民族沙文主义的印记清晰可循。这种指责如果放在梵·第根、卡雷和基亚那里，可以说并不为过，但与此同时我们绝不应

---

① 曹顺庆主编《比较文学概论》，第 14 页。

当忽略巴尔登斯伯格（Fernand Baldensperger）与西门·热纳（Simon Jenue），前者率先采用基于科学事实的考证方法研究外国文学对法国文学产生的影响，代表作《歌德在法国》《巴尔扎克所受的外来影响》显然是对"放送－影响"模式的逆向改写；后者则不仅在文化史料之外考虑到美学因素，还前瞻性地将关注视野投向亚洲和非洲，表现出一种尝试超越"法国中心主义"和"欧洲中心主义"的努力。① 基于此，《比较文学概论》倡导并实践"复杂性思维"，将既往同类教材必设的"影响研究"一章改为"国际文学关系与相互影响"，"首先是强调影响的国际关系，其次是强调了影响研究的相互性和多向性、对话性和变异性特征，这样既肯定了法国学派的实证性国际文学关系影响研究，又打破了以往教材的单一的实证性影响研究，论证了文学影响中的科学性与审美性、实证性与非实证性"②。

一般的比较文学教材编撰模式，讲完"比较文学是什么""如何开展跨文化比较""比较文学的学科史"等基本理论问题之后，会沿着两大板块展开具体论述，一个是"文学范畴以内的比较文学"，另一个是"文学的跨学科研究"。《比较文学概论》在结构体系上体现创新思维，突破了以往教材"影响研究""平行研究""跨学科研究"三分法，共分为十章，具体包括：绪论，介绍学习比较文学的意义；第一章，比较文学总论，简介比较文学的定义、历史与方法；第二章，国际文学关系与相互影响；第三章，比较文学与翻译研究；第四章，形象学、接受学与变异学；第五章，文学的类型研究；第六章，比较诗学；第七章，文学的跨学科研究；第八章，总体文学；第九章，跨文明比较文学；第十章，比较文学前景展望：世界文学时代的到来。③ 在涉及具体的模块时，注意到"主题学""形象学""比较诗学""文类学"在更大意义上属于"文学内部的跨文化研究"，科学处理了"主题学""形象学"

---

① 陈惇、孙景尧、谢天振主编的《比较文学》（高等教育出版社，2014）对此有较为详细的阐述。
② 曹顺庆主编《比较文学概论》，第15页。
③ 曹顺庆主编《比较文学概论》，第14页。

等在研究方法上既涉及影响研究也涉及平行研究的存在状况，显现出了高度自觉的辩证思维。

再次，该教材积极响应国家政策导向，自觉呼应中国在国际地缘政治位置大幅度提升的时代语境，彰显中华文化的主体位置和文化自信，发挥比较文学学者的跨学科优势，坚持讲好中国故事，打造中国特色的跨文化研究话语体系。习近平总书记在文艺工作座谈会上的讲话中指出："实现中国梦必须走中国道路、弘扬中国精神、凝聚中国力量。"① 习近平总书记强调文化交流与文化创新必须立足本国实际，任何时候都要坚持中华文化的主体性和社会主义核心价值观，但同时也要开眼看世界，"坚持和弘扬中国精神，并不排斥学习借鉴世界优秀文化成果。我们社会主义文艺要繁荣发展起来，必须认真学习借鉴世界各国人民创造的优秀文艺"②。《比较文学概论》牢固立足中国文学和中华文化的根基，从本土文化发展现状中提炼问题意识，自觉警惕"强制阐释"可能导致的文化霸权和单边思维模式，提高政治站位，清醒地认识到："无论是'拿来主义'，还是'送出去主义'，其实都是中外文化交流问题。这个问题处理得好不好，不但影响我们的文学学习与文学研究，还直接关系中华文化发展的兴衰，甚至直接关系着国家和民族的前途和命运！"③ 为了突破西方学术话语的霸权地位，打造中国特色的跨文化研究话语体系，该教材鲜明提出"跨文明比较文学"和"变异学"的理论与方法。以"变异学"而论，尽管其本身的独创性与科学性尚有待进一步讨论，但是这种勇于提炼具有中国特色学术话语的努力确实值得赞赏。该教材将"变异学"与"形象学""接受学"并置，设立专节详细介绍，既涉及"变异学"的基本原理和理论核心，也分专题讨论了"跨国变异研究""跨语际变异研究""跨文化变异研究""文学的他国化研究"四种表现形态。作为本教材的创新亮点之一，"变异学"一方面契合后现代主义、解构主义强调差异性的理论语境，另一方面正面应

---

① 《习近平总书记重要讲话文章选编》，中央文献出版社，2016，第198页。
② 《习近平总书记重要讲话文章选编》，第201页。
③ 曹顺庆主编《比较文学概论》，第2页。

答了当今世界异质文明之间交流与对话的现实情境。变异现象在人类文化交流史上比比皆是，比如赛义德提出的"理论旅行"概念就注意到理论话语会随着时空变动而产生变异，但是法国学派和美国学派都没有将这一现象上升到本体论和认识论高度。该教材敏锐发掘欧美比较文学理论在论及"可比性"时，重视"同源性和类同性"却忽视了"异质性"，因此主张打破"求同思维"，着重发掘"异质性"作为可比性一大前提的合法化，"变异学主张在这种类同性的基础之上，再进一步分析研究对象之间的异质性，阐释其中发生的变异及探索其深层文化机制"①。"变异学"从文学的跨国旅行、文本的跨语际实践、文学的跨文化对话等多个场域发挥重要作用，尤其对于我们思考中国文化对外传播，思考在全球化语境下如何拆解和改写西方大众传媒对于中国形象的误读均具有十分重要的现实意义，"比较文学变异学有利于促进异质文明的相互对话，建构'和而不同'的世界，实现不同文明之间的沟通与融合"②。

最后，《比较文学概论》融学界前沿论争于教材当中，以辩证唯物主义态度对待此消彼长的比较文学危机论，联系社会文化语境，对斯皮瓦克、巴斯奈特等人提出的骇人听闻的比较文学死亡论展开有理有据的阐释和批驳。该教材还特别关注"世界文学"观念的变迁，点睛式介绍了大卫·丹穆罗什等人对"世界文学"观念的创新性阐释。此外，教材聚焦"文化研究"对比较文学的影响，对全球化背景下比较文学学科的发展走向提出真知灼见。

马克思主义基本原理告诉我们要以全面、发展、辩证的眼光看待问题，"马工程"重点教材《比较文学概论》是一次成功的尝试，但也还存在可以继续优化的空间。一是建议在"绪论"部分增加"'一带一路'倡议与跨文化交流"，将习近平总书记关于"一带一路"倡议及构建人类命运共同体的重要思想贯穿到课堂教学中，帮助学生正确、深入认识到新形势下学习比较文学的重要价值。二是部分章节疑似论文摘

---

① 曹顺庆主编《比较文学概论》，第169页。
② 曹顺庆主编《比较文学概论》，第161页。

编，对本科生而言显得过于抽象，修订时可以考虑增加鲜活的案例，在简洁明了阐释基本原理和方法论的基础上，加大案例分析的比重，尤其是应当补充一些容易与当下社会文化产生共振的经典个案。三是应当增加"海外汉学"等重要分支学科的专题介绍，随着国家层面越来越重视文化输出和软实力建设，海外汉学的重要性愈益凸显，一大批具有分量的研究成果应运而生，这种兴盛与海外汉学在比较文学教材中所占据的位置极不相称，"这些成果至今还没有很好地转化为高质量的教材内容，甚至没有给予这一'分支'学科应有的地位，在成绩斐然海外汉学研究面前，我们的比较文学教材更新显得有些滞后，在学科规范上显示出研究目标的'空位'和不连续性"①。

教育部"马工程"重点教材是一项自上而下的全国性教材建设工程，充分体现了国家意志，集中反映马克思主义理论中国化取得的最新理论成果，"教材是政治性、思想性与学术性的统一体，直接关系到形成科学的世界观、人生观、价值观和培养人、造就人的问题"②。如今，"马工程"重点教材系列通过教育部推介、高等教育出版社定期培训、试点单位实践检验等环节，呈现出令人欣慰的使用效果，部分教材甚至已经翻译成外文，开启了环球旅行。③ 笔者以为，只要坚持学原著读原文悟原理，真正掌握马克思主义理论的内在精髓，就一定能够吃透"马工程"教材《比较文学概论》的基本精神，并且借助于灵活多样的课堂教学，将教材中的思想精粹升华为指导实际行动的精神指南，为实现中华民族伟大复兴的中国梦贡献力量！

---

① 尹建民：《海外汉学研究的学科定位与比较文学教材编写》，《潍坊学院学报》2017 年第 3 期，第 87 页。

② 张春海：《贴近实际 紧扣实践 讲清道理——"马工程"教材建设稳步推进》，《中国社会科学报》2016 年 3 月 21 日，第 1 版。

③ 2016 年 8 月 30 日，"《国际共产主义运动史》俄文版首发式"在京举行。该书是我国第一部输出外文版权的马克思主义理论研究和建设工程重点教材，生动体现了"中国视角、国际表达"，提高了我国学者在国际学术领域的话语权和影响力。参见张胜《"马工程"教材首次输出外文版权——〈国际共产主义运动史〉俄文版首发式举行》，《光明日报》2016 年 9 月 1 日，第 3 版。

彰显中国特色，深化内在认同

——《外国文学史》使用体会

李先游*

2015 年，马克思主义理论研究和建设工程重点教材《外国文学史》正式出版。该教材自觉整合吸收了自改革开放以来我国外国文学研究的新进展、新成就，用马克思主义中国化的最新成果丰富和发展了外国文学史学科建设，实现了外国文学在我国精神文明建设中的新突破。可以说，该教材的编纂和使用是我国当代外国文学史教学和研究上的一个里程碑。依照刘云山同志所做的动员和指示，我们目前教育教学工作的核心任务就是"深入实施马克思主义理论研究和建设工程，研究攻关是基础，转化运用是关键"[①]。因此，对于高校外国文学史教学一线的工作者来说，当前迫切的任务就是用好"马工程"《外国文学史》教材，让青年学生更好地掌握这一理论创新成果，深化对马克思主义理论中国化和学术化的认识，将新时期的文化自信、理论自信贯彻到每一节课堂。经过一年多的实际使用，笔者认为该教材有以下特点。

一　结构创新：东西合璧彰显全球视野

"马工程"教材建设最初的动因来自对新形势下大学教材多样化的反思与整合。中宣部和教育部从主流意识形态的现实需要出发，倡导注重运用马克思主义的立场、观点和方法指导教材建设和学术创新，着重

---

* 李先游，中国人民大学比较文学博士，新疆大学人文学院讲师。主要从事外国文学与西方文论研究。

① 彭国华、张烁：《深入实施马克思主义理论研究和建设工程，为实现中华民族伟大复兴的中国梦提供理论支持》，《人民日报》2013 年 10 月 21 日。

呈现主流意识形态的话语要求。故而"马工程"教材建设的价值和意义，就体现在如何进行大学教材的自主撰写和自主选择这一问题上。我们看到，"马工程"《外国文学史》教材第一次打破了东西方文学分割并置的编写体例，以马克思主义的历史唯物论为基础，切实从目前中国青年学生的认知实际出发，以文化素质的全面提升和培养为目标，形成了完整的体系化的外国文学史观。这一改变，既有利于整合目前培养计划中的课程重复和知识割裂，又便于科学全面地阐发我国当下外国文学成果的生产机理和评价背景，可谓是真正的结构创新。

首先，"马工程"《外国文学史》将东方文学的知识内容糅合进教材，弥补了我国长期以来对"外国文学史"定位模糊的缺憾。众所周知，自 1917 年周作人先生编写《欧洲文学史》以来，我们业界所说的"外国文学"就一直是个很不严谨的称谓，它实际的描述对象是以欧美文学为主体的西方文学。现在回过头来看，这种"中国/外国"二元对立式的表达方式既有特定时期政治因素的影响，也显示出我们过去在文化上和理论上的不自信，说明我们在很长一段时间里，无法为中华文化之外的世界文学找到一个恰如其分的界定方法。所以，当我们沿用旧习向学生概述"外国文学"的基本组成时，欧美文学和东方文学就被人为地分割开来，而由此便致使具体的教学过程中易于出现内容上的散乱遗漏或价值上的彼此遮盖。这无疑增加了教师授课的困难，将我们的教学效果打了折扣。

比如，对于上古文学这一部分，在之前诸多的外国文学史教材中，荷马史诗和希腊悲剧是教学重点。在具体的教学过程中，学生对滋养西方文学产生的文化土壤会有切实的认识，但也会形成疑问：与此同时期的世界是什么样子，其他地域的文化又有哪些特点？对于这样自然形成的追问，"马工程"教材编写专家就做出了很好的安排和解答，既顺应了问题产生的天然语境，又还原出世界文学的本真面貌。我们看到在"马工程"《外国文学史》教材的第一章"古代文学"中，第一节概述了上古时期四大文明古国文学初萌的基本状况，第二节和第三节以并置的形式安排了"古印度两大史诗"和"古希腊的史诗和戏剧"，这就鲜明地传递出既不"崇尚"西方又不"忽略"东方的思路。而学生也很容易在这种体例编排中认识到，上古先民蓬勃的艺术创造力不是由某个唯一的"中心"激发而扩散的结果，而是真正源于自由天然，源于人类对美好世界的图式化想象。

其次，"马工程"《外国文学史》教材体现出鲜明的包容性，有利于凸显该课程在文化素质培养方面的要求。就新疆大学目前本科教学的实际情况来看，外国文学史课程属于中国语言文学专业各方向的基础课。而在具体授课计划的执行过程中，往往出于对知识系统性的追求还需要辅之以《20世纪西方文学》和《东方文学》这两门课程。所以，无论是从课时的安排上，还是从教师的精力分配上，如何真正使"外国文学史"成为一个有机的知识整体就是个难题。而"马工程"《外国文学史》教材切实地展现出以史为纲、学贯中西的特点。该教材以马克思主义的世界观和方法论，既揭示了人类历史发展的规律，也还原了文学的基本发展规律。该教材在古代部分、中古部分以及19世纪20世纪文学中，都全面地整合了世界文学的整体状况，将传统的《外国文学史》、《东方文学》和《20世纪西方文学》融入一炉。

可以说，作为教育教学过程重要依托的教材，是学科发展和育人方略的晴雨表、方向标，所以"马工程"《外国文学史》教材的这种打通东西的全局性结构调整，不仅仅是在篇幅上、容量上做出调整，更是在思路上展现出前瞻性，它符合社会主义意识形态建设的要求，真正达到了兼顾文化建设和信念培养的效果。

二 点面结合：观点鲜明强调中国立场

正如很多思想家教育家所产生的共同感受，"马克思主义理论研究和建设工程重点教材体现了最鲜明的中国特色、时代特色、实践特色和名副其实的高质量、高水平"[1]。伴随着"马工程"的推进，我们一线教师看到的是教材的更新进步，我们体会到的是党和政府对高等教育的

---

[1] 胡树祥：《编写使用好马克思主义理论研究和建设工程重点教材》，《中国高等教育》2015年第3期。

高度重视，对高等教育认知程度的日益深化，对建设中国特色的现代学术形态的坚定决心。在"马工程"《外国文学史》教材的编纂推行中，中国特色、中国声音、中国立场是贯穿始终的强力文化标记。

回顾中国高等教育发展史，那是一部革旧鼎新、锐意进取的历史，是结合中国实际，将马克思主义基本原理活学活用的历史，是实事求是不断实践发展创新的历史。全面改造旧中国学科体系、深入探索新的学科结构是不可逆转的历史潮流。1949～2003 年，我国先后多次对学科专业分类体系进行过大的调整。从新中国成立初期全面学习和仿照苏联高等教育模式，到 1953 年依照建设和发展的原则设置高校专业 215 种；再到 1961 年中共八届九中全会上刊发《高校六十条》来规范高校教育教学全流程；直至 2012 年教育部发布《普通高等学校本科专业目录（2012 年）》，设法学、哲学、农学、文学、经济学、工学、教育学、历史学、理学、医学、管理学、艺术学 12 个学科门类，合计一级学科 92个，二级学科 506 个。① 我们认识到，注重精神文明建设，从宏观上将坚定的主导性和包容的多样性结合起来，将意识形态的指导作用和社会文化的具体要求结合起来，这是新时代学科发展的内在要求，是深化教材改革和教育创新的思想前提。所以我们认识到，"马工程"《外国文学史》教材时时处处体现着深入推进中国特色社会主义文学理论进教材的主旨意图，重视点面结合，史论结合，文化自信和理论自信相结合。

具体来看，"马工程"《外国文学史》教材在三个方面将中国立场鲜明地展现出来。

第一，将马克思主义的基本立场和思辨逻辑贯彻在内容编排上。该教材最明显的变动体现在对 20 世纪文学格局的认识上。在朱维之先生等人编写的《外国文学史简编（欧美部分）》第六版中，下编"20 世纪文学"依照 20 世纪前期现实主义文学、20 世纪前期现代主义文学、20 世纪后期现实主义文学、20 世纪后期现代主义文学的格局划分为四大部分。这种安排的好处在于能够凸显现实主义和现代主义的基本特征

---

① 刘伟：《新中国成立以来马克思主义理论学科建设研究》，硕士学位论文，兰州交通大学，2016，第 33～37 页。

和主要区别，但不足也显而易见，很容易给学生留下"现实主义和现代主义是全然割裂的创作思路"的印象，故而削弱了对 20 世纪西方剧烈变化的社会文化现实的关注。而在"马工程"《外国文学史》教材中，编者有意识在概述部分强调了 20 世纪世界格局的巨大变化以及由此所形成的矛盾复杂的社会思想震荡。依照这一思路形成了体例上依照时间的二分：20 世纪上半期和 20 世纪下半期。这种安排看似简单，实际上却最能够切近现代西方文化实际，也最能够彰显马克思主义文艺观的唯物主义特征。我们看到在每一部分中，编者将各国同时期经典作家作品平行并置，直接展示出现代主义文学纷繁复杂异彩纷呈的状貌。另外，在第一部分 11 节、第二部分 12 节的宏大篇幅上，我们也能感受到编者将文学经典事实和当下研究热点相结合的用意。

第二，注重文学表达的"和而不同"，将富于东方文化特色的阐释思路和惯用语应用在对外国经典作品的解中。例如，实际教学中，《浮士德》这部长篇诗剧是西方文学史上的重镇，却让很多教师困苦不已。且不说歌德思想的深邃复杂，单就该诗剧的基本结构一项，就让许多一线教师感觉施教乏力。在"马工程"《外国文学史》教材中，这个问题被举重若轻地解决了。教材在简介主要人物和情节时讲道："在浩渺的宇宙中，'至善'是至高无上的君主，是创造万物的本原。与天帝对立的'魔鬼'，则是'至恶'的化身。它与代表'至善'的天帝是对立的统一。二者相生相克、相辅相成。"①这样寥寥数语，通过"至善""至恶""相生相克、相辅相成"这样富于中国特色的语言表达，身处东方文化背景的学生就很容易能够理解歌德构思的深意，而梅菲斯特的"我就是恶，就是否定的力量"所标示的基本内涵也昭然若揭。可见，文艺经典的超越性价值往往不会被地域、民族、国家等具体的现实力量所阻挠，反而这种价值通过我们特征明显的个性化解释却能焕发出璀璨光芒。

第三，为基本判断添加富于东方特点的艺术而诗意的解释。朱光潜先生曾经指出：中国只有诗话而无诗学。这句话有两层含义：一是客观

---

① 聂珍钊主编《外国文学史》（上），高等教育出版社，2015，第 263 页。

地评价东西方特殊的文化背景形成了文学理论的不同样态；二是朱光潜先生也由此告诫大家，中国的诗话传统是我们发声的基础，中国的文艺观来自对个性化而极富启示意义的诗意情结的表达。这种评价对于当代学人而言，既是鞭策又是鼓励。所以当我们看到"马工程"《外国文学史》在讲到列夫托尔斯泰的生平时，编者有意提到了影响托尔斯泰思想形成的一件"小事"：托尔斯泰的大哥把"有秘密"的小绿棒埋在森林，以此祈祷人人和睦相处。可以说，对于概述作家生平而言，相较于以往对"托尔斯泰主义"或"心灵辩证法"的强调，这个小绿棒的故事实在是太过于感性和普通，然而恰恰是这个细节，令我们内心所有的敏感神经都被深深地触动了，显然，这就是"老吾老以及人之老，幼吾幼以及人之幼"的异曲同工的表达，更是"托尔斯泰主义"和"心灵辩证法"最初萌动的基石。可见，中国的教材要适应中国学生的接受心理，不是将陌生而新鲜的学术术语译介进中国就行。人同此心心同此理，以我们固有的接受心理和情感结构为基础的教材，才能在更深层面上激发学生和读者的内化认同，才真正有助于中国立场文化自信的实现。

因此，从提高理论自觉和创新能力的角度来讲，"马工程"《外国文学史》在整体设计上注重中国元素和中华文化接受背景，将多样化的学术思路和思辨成果整合在能够最大限度为我所用的文化建设事业中。点面结合，有原理有材料，有观点有背景，很好地处理了教材编写中的日常生活感性认同和非日常体验的理性阐发之间的关系。

三　分析中肯：言简意赅注重能力培养

对于教育教学这项浩大的工程，教材是非常重要的一方面，它是知识的汇集、思想成果的凝练。而落实到具体的操作上，教师的职责就在于将教材优势高效地转化到实际中。正如中宣部、教育部领导在"马工程"重点教材示范培训班上强调的，一线教师要"吃准吃透工程重点教材的基本内容和基本精神，努力掌握工程重点教材的指导思想、总体框架、重点内容、主要观点，深入了解本学科、本专业最新研究成果和前沿动态，把培训的成果体现在教学实践中，把教材优势转化为教学优势"①。当下，我们就要以提升学生的认知能力、解决问题的能力为出发点，最大限度地挖掘和发挥教材的优势，用"好教材"，同时"用好"教材。

如前所述，"马工程"教材的编订整合了高校教材多样化的状况，故而，以新理念新思想新战略深化马克思主义中国化的理论成果，推进社会主义核心价值观建设，就是"马工程"教材的统一思想标识。以《外国文学史》教材的编纂来看，体例清晰、容量丰富、思想性强、学理扎实是其显著特点。这不仅事关教材自身，更重要的是这种态度和思路有益于学生在当代多样化的社会思潮面前，立场坚定，拥有明辨是非的能力。这不但是文学专业的社会责任和时代要求，它也是一切社会科学共同的价值追求。

我们所面对的青年大学生是在全新的文化语境下成长起来的社会主体。在自我社会化的过程中，他们接受新事物的能力强，反思和调整的节奏快，与之相辅相成的，他们对新媒体所构筑出来的个体存在感的反应也很激烈。所以，我们必须承认，伴随着信息获取渠道的便捷，教材这种传统的知识载体在当今正经受着巨大的挑战。然而有挑战就有机遇，"马工程"教材就顺势而为，以其严谨准确学术程度高成为社会主义意识形态建设的排头兵。具体来看，该教材在两方面进行了有益的尝试和开拓。

一方面，在研究异域文化的过程中兼顾特殊性与普遍性，使学生认识到"属人"专业的特点和价值，培育和激发学生的人道主义精神和人文主义情怀。例如在讲解泰戈尔名作《吉檀迦利》的艺术价值时，编者加入了很多汉译的泰戈尔诗作。这种安排承继了之前所提及的"梵我如一"的观念。"梵我如一"是指个体灵魂与宇宙灵魂的统一，而在泰戈尔的心中，这种统一不是被动机械的，而是时时刻刻提醒着个体灵魂不懈思考的力量。由此，《吉檀迦利》在内容上的丰富性、艺术上的创新性，就和"个体与宇宙的统一"这一伟大命题联系在一起。在这

---

① 姜乃强：《中宣部教育部联合举办重点教材示范培训班》，《中国教育报》2011 年 8 月 1 日，第 1 版。

部分的编写上，我们看不出什么花哨的技巧或者新鲜的提法，反而是最简单的方法起到了最高效的作用——在印度民族国家普遍文化心理的大背景中，将泰戈尔诗作的审美感受力的特殊性强调出来。当学生在课堂阅读这些诗作时，教师就很容易引导学生反思自己的精神历程，阐发"大我"和"小我"的辩证发展关系，进而达到他山之石可以攻玉的效果。这样一来，我们从教材中就汲取了双重的养料，教育效果就自然会稳定增长。

另一方面，整合学界的新近热点问题和当代研究成果，积极调动学生的求知热情。"马工程"《外国文学史》教材由首席专家聂珍钊先生主持编写，郑克鲁先生、蒋承勇先生担任副主编，杨慧林、赵毅衡、朱立元、陆建德、胡亚敏、罗钢等进行专家审议，故而学术价值很高。整体上看，"马工程"《外国文学史》下册的"20世纪文学（下）"一章中，编者增加了莫里森、大江健三郎、马哈福兹和库切，使得20世纪文学史呈现得更加完整，也将诸如历史记忆、种族歧视、性别问题等后现代背景下的地区性的社会性话题展示了出来。

而尤其突出的改变在于，编者们对大家耳熟能详的作品进行了更加透彻更加深入的阐发。典型的例子出现在陀思妥耶夫斯基这一节。众所周知，传统的文学史教材立足于陀思妥耶夫斯基小说的复调特征，以《罪与罚》为例，阐发其作品思想上的多义性和意识流手法的运用。这样的分析一年年承继下来，似乎对《罪与罚》的批评被巴赫金"垄断"了。① 客观地说，这些论断和评价都是批评史上的珍贵成果，都很有价值。然而我们也必须承认，这类评价过于神秘，而同某种秘不可宣的个人体验捆绑在一起。就像有批评家指出的，"时间和自然法则支配着世俗的存在，而复活则是摆脱了时间和自然法则的自然状态"②。什么样的世俗？何谓自然？如何复活？这种带有很强模糊性的感受式批评会使

---

① 以朱维之、赵澧、黄晋凯主编的《外国文学简编（欧美部分）》为例，从2004年的第四版至2016年的第七版，对《罪与罚》的分析一直没有任何变化。

② 〔美〕克纳普：《根除惯性：陀思妥耶夫斯基与形而上学》，季广茂译，吉林人民出版社，2003，第317页。转引自梁坤主编《新编外国文学史：外国文学名著批评经典》，中国人民大学出版社，2009，第277页。

我们的学生对作品的认识退回到"意会"，会挫伤学生思路创新的积极性。这种状况在"马工程"的《外国文学史》中得到了改变。编者提出了全新的"心理对位体"的说法，以此将《罪与罚》的结构特点、人物关系、思想主题都串联起来。我们看到"心理对位体"来自主人公的双重人格，它决定了小说的整体结构总处于相持的状态中。而这种紧张的相持拓宽了人物的内在心理结构，由此"正是在'心理对位体'结构中心的苦难制约下，整部小说的各个艺术要素才融为一个密不可分的有机整体，主人公的内心世界也以前所未有的幅度和深度展现在读者面前"①。这样，我们之前反复讲到的"平等的声音""多声部"等描述性的话语，被客观准确科学的理性解答所取代。这种突破非常重要。它能够极大地鼓舞和刺激有志于进行学术探索的青年同学，让他们感受到文学批评的活力、魅力和张力，敢于表达出自己的意见。

总而言之，坚持一切从实际出发，实事求是，在实践中检验和发展真理，是马克思主义最重要的理论品质，也是马克思主义不断发展、充满活力的关键。而"马工程"的《外国文学史》教材恰好体现了这种精神。自2004年中共中央决定实施"马克思主义理论研究和建设工程"至今，这一工程已走过了近15年的历程。所有奋战在教育教学工作一线的教师，都是"马工程"重点教材的受益者。我们学习和使用"马工程"教材，就等于重新进了一次学校，对自己今后做人做事做学问都有重大的影响。我们要共同努力，师生齐心培育求真务实、科学严谨的良好学习风气。

① 聂珍钊主编《外国文学史》（上），第390页。

❖ "开学第一课"：经验与个案 ❖

以电影的方式建构和传播良好新疆形象

邹 赞

课程名称：影视文化导论

授课教师：邹赞

授课主题：以电影的方式建构和传播良好新疆形象

一 教学目的

帮助学生认识到当前形势下新疆社会发展所面临的机遇和挑战，及时了解学生的思想动态，以新疆题材电影为文本对象，分析这些影像文本在建构和传播新疆区域形象方面的策略、得失，引导学生正确认识新疆的历史与当下，树立热爱祖国、民族团结的坚定信念，以积极健康的精神面貌投入学习、生活当中。

二 授课内容

1. 了解学生在假期的所见所闻，邀请学生代表讲述家乡的变化，引导学生深入认识党的治疆方略所取得的显著成效。

2. 以观众对央视春晚新疆节目的评价为个案，引导学生思考新疆地域形象的建构路径及其现状，并由此和本课程相连接，提出"如何以影像的方式建构和传播良好新疆形象"的话题。

3. 话题引出的背景：新疆紧扼东西方陆路要冲，历来是兵家必争之地；随着科技的进步，该地区又陆续探明富藏各种自然资源。新疆的政治、经济地位有了进一步的提升。国家西部大开发政策的出台和实施，新疆成了热点受惠地区，受到国外各种势力的觊觎；形形色色的"小动作"不断影响该地区社会与经济的稳步发展。西方反华势力与民族分裂组织相互勾结，通过境外各类纸质媒介、广播、网站和网络视频，恶意捏造事实，大肆扭曲历史事实，诋毁新疆各族群众的生活现状，编造出"妖魔化"的新疆形象，妄图达成挑拨民族关系的政治阴谋。同时，由于新疆地处偏远，自然环境较为恶劣，加之历史上形成的"蛮荒落后"印象，因此，在内地媒体的宣传报道和内地人的心目中，新疆形象往往被幻化成一个神秘的"异域空间"，一个想象的"他者"。境外媒体对于新疆的极端偏见和刻意妖魔化，严重损害了新疆地区在对外传播中的良好形象，加大了反恐行动和反分裂斗争的复杂性。内地媒体和内地人对于新疆形象的误读，很大程度上是缘于对新疆的历史和文化缺乏足够的认知，容易形成定型化的新疆印象。从这一意义上说，新疆区域形象的建构与传播，既是宣传党的民族政策、展示新疆良好社会状况的现实需求，也是关系到新疆长治久安和跨越式发展的重要战略任务。

新疆区域形象指的是疆内外对于新疆地区的总体印象和评价，区域形象建构是政府公共关系传播的核心内容，也是一项具有重要意义的软实力建设。新疆区域形象的建构与传播必须借助于大众传媒，国内已有学者初步尝试从对外传播的角度研究境外纸媒、广播和网络媒体对于新疆的报道，也有一些新疆本地学者敏锐地察觉到新疆区域形象建构的重要性和急迫性，从宏观战略的意义上呼吁学界重视这一问题。令人遗憾的是，作为新疆区域形象建构和传播的理想媒介，新疆题材电影在建构新疆地域形象、展示新疆各民族文化多元共生、传播富有现代意识的新疆精神方面的重要作用，尚未引起学界足够的关注，欠缺相关的理性思考。

在以视觉文化为主导的读图时代，电影具有其独特的传播优势，它是一种综合性的视听媒介，擅长运用丰富的电影语言和非线性编辑手段，集"可观看性"和大众娱乐性于一体。同时，电影也是意识形态国家机器的最佳装置，担负着社会教育和传播立场、价值观念的功能。

新疆题材电影以新疆各族人民的生产生活、新疆的自然环境及其历史文化为表现对象，是新疆区域形象建构的重要主体之一，它借助于纪录片的真实记录、剧情片的合理虚构叙事，将新疆地区的历史文化、民族风情、现实优势和发展潜力，真实、准确、全面、有效地传播给新疆内外的社会公众，一方面有助于揭露境外反华势力和分裂组织的弥天谎言与险恶用心，另一方面可以帮助公众消除偏见、减少误读，对新疆地区形成良好的总体印象与积极评价，为新疆的区域发展战略营造健康有利的国际国内舆论环境。

三 授课内容简括

简要梳理新疆题材电影发展史：第一个阶段是改革开放之前，尤其是"十七年"期间。这一时期的新疆题材电影大多由内地制片厂投拍，由吴永刚导演、王玉胡编剧的《哈森与加米拉》被称为"第一部新疆少数民族题材电影"。赵心水执导的《冰山上的来客》更是创下了反特类型片的经典之作。随着新疆电影制片厂的成立，新疆本土拍摄了《两代人》《远方星火》等优秀作品。这些电影注重于展现新疆的地域风情和民族风情，将宏大叙事的政治主题与个人情感的微观视角结合起来，总体上属于以阶级斗争取代民族话语的模式，《冰山上的来客》以荒凉的帕米尔高原为背景，塑造了汉族、塔吉克族、维吾尔族等多个民族的英雄形象，传达了保家卫国、"秩序坚不可摧"的政治信念；同时，反映屯田垦荒的纪录片呈现了各族人民共同建设边疆的时代风貌。

从改革开放到20世纪90年代末，新疆题材电影进入第二个发展阶段。1979年，天山电影制片厂恢复成立，推动了新疆题材电影的区域化和民族化进程，这一时期的电影强调历史叙事和民族叙事的融合，或讲述三百年前叶尔羌河的爱情传奇，或以轻喜剧的方式表现少数民族的婚恋观，或以现实主义的手法再现市场经济转型与传统道德观念之间的冲突碰撞。少数民族编导队伍获得长足进展，锡伯族女导演广春兰更是以极具新疆地域特色和民族情调的电影风格创造了"广春兰时代"。天山电影制片厂拍摄的少数民族题材电影和维吾尔题材电影均列全国首位，在建构和传播新疆区域形象方面取得了显著成绩。

21世纪以来，深受全球化语境与多元文化影响的新疆题材电影，进入了第三个发展阶段。天山电影制片厂成功改制，政府加大了对它的投入，一批新疆题材电影伴随着新疆区域经济的发展集中涌现，形成集群效应，《库尔班大叔上北京》《美丽家园》《吐鲁番情歌》《买买提的2008》《望山》《大河》《鲜花》等或触及民族地区的乡土社会，或展示少数民族青年勇于挑战困难、寻求梦想，或反映民族文化与现代化转型之间的复杂张力，或凸显少数民族女性的情感命运，或书写边地都市的文化景观，以丰富的题材、多维的视角建构出全球化背景下新疆各民族的文化诉求与精神生态。

四　主要观点

1. 新疆区域形象的建构分为民众形象、政府形象、新疆的自然生态和文化精神形象几个层面。民众形象和政府形象都关系到怎样再现和塑造"新疆人"的问题，这是新疆区域形象建构的核心议题，即要真实展示新疆各族人民的生产生活与精神风貌，通过影像记录与艺术加工，传播一个总体上勤奋乐观、热情好客、和谐共处、爱国爱疆的多民族共同体；至于新疆的自然生态和文化精神形象，前者可借助于影视人类学意义上的纪录片形式，将富有边地风情和民族特色的自然景观与物质文化以影像的方式进行传播，后者则必须有机地融合到其他层面的形象建构之中。

2. 新疆题材电影在"光影五十年"的发展历程中涌现出大量优秀作品，塑造了多个民族的典型形象，真实地展示出新疆各民族在党的领导下同舟共济的历史命运，成为传播新疆区域形象的重要渠道。

3. 新疆题材电影在建构新疆地域形象时，应当避免过分"原生态"的民族奇观化展示，避免因文化和生活习俗上的差异而将少数民族形象本质主义化。既要历时地呈现新疆悠久的历史和地域文化，也要从共时角度反映现代背景下民族文化面临的转型与挑战；既要避免以猎奇的视点去消费少数民族文化习俗，也要注重凸显少数民族的主体位置和"生产性"视角，尤其是不能忽略人口较少民族的影像塑造。

4. 军垦题材电影是新疆题材电影的重要组成部分，也是展现中原农耕文化与草原文化、汉文化与少数民族文化交流互动的场域。

5. 新疆题材电影应紧密贴近现实生活，遵循现代传播规律，实施"走出去"的文化传播战略，为新疆的民族团结和边疆多民族地区的经济社会发展提供坚实的舆论向导和有利的舆情环境。

五　思考题

1. "形象"是客观真实的再现吗？何为"新疆形象"？

2. 如何打破大众传媒对新疆形象塑造的刻板印象？

3. 新疆题材影视剧在建构新疆区域形象的时候，如何处理民族传统文化与现代文化元素之间的关系？

原载《名作欣赏》2014 年第 6 期

中国古代文学与思想政治教育

课程名称：中国古代文学史

授课教师：冯冠军

授课主题：中国古代文学与思想政治教育

为深入贯彻全员育人，全方位育人的理念，学校要求每位老师都要上一堂思想政治课。提到思想政治，我们一般都会觉得自己对这个话题已经非常熟悉了，因为从小到大都要上思想政治课，从小学到大学，上了十几年了，大都是抽象的大道理，而且考试的时候需要背诵的内容比别的课程还多。这实际上是对思想政治的误解，不是思想政治本身的问题，而是我们对思想政治的理解存在偏差，讲授政治思想的方法不到位。

一 什么是思想政治

要理解思想政治首先就要回答什么是"思想"，什么是"政治"这两个基本问题。

我们一般认为，思想是客观存在反映在人的意识中经过思维活动而产生的结果，是人类一切行为的基础。这里需要注意的有两点：其一，思想是客观存在的，每个正常的人都会有思想，而且思想是人类所特有的，是人区别于动物的根本标志；其二，思想是行为的基础，也就是说人的行为是由其思想所决定的。那么，人的思想又是怎么来的？毛泽东

---

* 冯冠军，新疆大学教务处副处长、副教授。

同志说："人们的社会存在，决定人们的思想。……感性认识的材料积累多了，就会产生一个飞跃，变成了理性认识，这就是思想。"人的社会存在千差万别，个人的性格、生活环境、受教育程度、成长经历都会有差异，因而每个人的思想也会各有不同，这就会给社会的发展带来一系列的问题，每个人都按自己的想法去做事，千人千面，带来的必然是混乱。这就牵涉到政治问题。

什么是政治？词典解释：政治是政府、政党、社会团体和个人在内政及国际关系方面的活动。政治学的解释是：政治是民众将自己的权利出让出来，委托给公共机构及其人员代为行使。孙中山先生关于政治曾经做过一个通俗的解释："政"就是众人的事，"治"是管理，所谓政治就是管理众人的事。众人的事为什么需要管理？因为人是社会的动物，人要在这个世界上生存生活靠个人的力量是不行的，需要协作，协作就需要有人或者机构来组织协调。小到家庭、班级这样的单位需要管理，需要有家长或班长、班委这样的人或者组织来处理这个单位各种各样涉及成员利益的事，否则家庭或班级会成一盘散沙，成员的利益无法得到保障。同理，社会成员更需要有人来进行管理，这就是政治。所以政治是人类社会的发展运行的需要，没有政治社会就会进入无序的状态，每个人各行其是，社会最终会陷入混乱。

理解了什么是"思想"、什么是"政治"，两个词合在一起，我们基本能够回答什么是思想政治。从字面理解就是对思想的管理，正式的定义是它是一定的阶级和政治集团，为实现一定的政治目标，有目的地对人们施加意识形态的影响，以转变人们的思想和指导人们行动的社会行为。在社会活动过程中，每个人都有思想活动，必须解决好人的思想问题，才能有效地把一个群体凝聚在一起，才能调动人们的积极性，把工作做好。

思想政治工作古已有之，而且其形式和方法多种多样，我们所熟悉的哲学、宗教、艺术、道德等都可以说包含了思想政治的内容，换句话说，统治集团是通过哲学、宗教、艺术、道德等多种方式完成对其社会成员的思想管理的。人一旦降临到这个世界上，要想脱离开思想政治教育独立生活是根本不可能的，古今中外概无例外。所以说，我们必须承认思想政治教育始终存在，时时刻刻在影响着每个人。而且正确的思想政治教育能够启发我们的觉悟，提高我们认识世界和改造世界的能力，帮助我们建立正确的世界观、人生观、道德观。

二 中国文学自古就担负着思想政治的重任

既然思想教育形式包括了艺术，那么，文学作为艺术的一个门类，自然就承担了思想教育的功能。古人很早就意识到了文学的教育功能。

中国有着源远流长的"诗教"传统。"诗教"说法最早见于《礼记·经解》："孔子曰：'入其国，其教可知也。其为人也，温柔敦厚，《诗》教也……其为人也，温柔敦厚而不愚，则深于诗者也'。"作为中国最早的"诗论"，孔子强调了三方面的内容，其一是诗歌的宣达心志；其二是诗歌的政治功用；其三是诗歌的教化功能。自孔子提出"诗教"理论后，后来的儒家对其都有论述。如王阳明就在一篇名为《训蒙大意示教读刘伯颂等》的文章里这样论述"诗歌"讽诵在改善人格上的教益："古之教者，教以人伦……其栽培涵养之方，则宜诱之歌诗以发其志意……今人往往以歌诗、习礼为不切时务，此皆末俗庸鄙之见，乌足以知古人立教之意哉！"对其间的道理，王阳明解释说："大抵童子之情，乐嬉游而惮拘检，如草木之始萌芽，舒畅之则条达，摧挠之则衰痿。今教童子，必使其趋向鼓舞，中心喜悦，则其进自不能已。"强调诗歌"发其志"的人格启发意义，并特别强调诗歌适应儿童"草木萌芽"的生命特点。为此，王阳明还说："故凡诱之歌诗者，非但发其志意而已，亦所以泄其跳号呼啸于咏歌，宣其幽抑结滞于音节也。"如此的"诗教"才可真正起到"趋向鼓舞"、令人"中心喜悦"的作用，亦即"诗可以兴"的作用。

随着历史的发展，孔子"诗教"的影响已远远超出诗歌的体裁范围而成为整个文学领域的价值追求，"兴观群怨"说成为历代文论的精神中枢，影响了 2000 多年的中国社会。

"诗教"的核心命题在于"教化"，即"启发情性"、宣扬伦理道德，并兼以"博学多识"之实用功能。因此，"诗教"所呈现出的并非单纯的文学命题，而是一种具有多重内涵的关系命题——人创造了诗歌，而诗歌又作用于人。儒家希望通过这种生活化的"诗教"理论，即在日常生活中体味诗的意蕴和乐趣，把抽象的哲理和道德等融入日常行为中，如《论语》"侍坐"章所言："莫春者，春服既成，冠者五六人，童子六七人，浴乎沂，风乎舞雩，咏而归。"这就是希望在日常行为里渗入"诗歌吟咏"的文学活动，达到潜移默化，润物无声的作用。这种教育方式在当代同样能够发挥作用。

三 中国古代文学中的思想价值

中国古代文学作为 5000 年传统文化的智慧结晶，通过长期的历史积累形成了一整套完善稳定的精神价值体系，其中包括对社会人生的思考、对人的价值观的审视、对社会责任感的认同等。挖掘中国古代文学内部所蕴含的深厚的思想文化资源，对于我们了解中华民族的文化心理和审美趣味、中国传统文化的基本构架和精神追求有着重要的意义。

首先是高度的使命感和责任感。中国传统的知识分子提倡"修身、齐家、治国、平天下"（《礼记·大学》）。从屈原、孔子，到曹雪芹，古代的知识分子形成了一种关于道德和人格的传统。他们大多以道自任，以天下为己任，往往具有强烈的济世情怀。在这样的人生观的影响下，中国文学始终以高度的使命感和责任感关注着个体的生命价值。

从"知其不可而为之"（孔子），"天行健，君子以自强不息"（《周易·乾》），到"天下兴亡，匹夫有责"（顾炎武《日知录》），蕴含其中的是一脉相承的积极进取精神，表现出强烈的社会责任感和历史使命感，并扩展为民族品格和民族精神。

其次是"以民为本"的仁爱精神。中国古代关于人民、国家、统治者三者之间的关系，早在先秦时期就有明确的见诸文字的解说，孟子就认为："民为贵，社稷次之，君为轻"（《孟子·尽心上》），"亲亲而仁民，仁民而爱物"，便是告诫统治者应重视人民的地位，体现了"以民为本"的仁爱精神。以仁爱之心处理伦理关系，因此就要求"老吾老以及人之老，幼吾幼以及人之幼"（《孟子·梁惠王上》），《易传》把孟子"爱物"的思想概括成"君子以厚德载物"的命题，认为人类应该效法大地，把仁爱精神推广到大自然中，以宽厚仁德包容与爱护宇宙万物，使人类与自然之间建立起一种和谐的关系。宋儒张载进一步提出"天地万物一体"之说，指出："民吾同胞，物吾与也。"这种以民为本、民胞物与的仁爱精神，可以说广泛地反映在自诗、骚以来的中国古代文学作品中。

最后是中和之美的人生追求。儒家经典《中庸》提到："中也者，天下之大本也；和也者，天下之达道也。致中和，天地位焉，万物育焉。"中和，追求平衡与和谐。孔子对《诗经》的总评论是"《诗》三百，一言以蔽之，曰'思无邪'"。无邪，就是纯正，无过无不及，达到适度中和的审美境界。"无邪"是中和之美的具体表现。"思无邪"从艺术方面看，就是提倡一种"中和"之美。《论语集解》引孔安国注所谓"乐而不淫，哀而不伤，言其和也"。但"思无邪"还有表示思想纯正的意思。孔子认为文艺的形式在于充分地表达思想内容，也就是"辞达而已矣"（《论语·卫灵公》）。《论语·雍也》篇也说："质胜文则野，文胜质则史，文质彬彬，然后君子。"这说明孔子重视文艺形式与内容的完美统一。这种以中和为美及内容与形式相统一的美学观点，也就使得孔子更注重雅乐在陶冶人们道德情操，促进人们性格完善上的作用。

中和之美不仅是人生追求的最高境界，同时也是审美追求的最高境界，它表现在关于中庸、不偏不倚、过犹不及的人格修养和性情之美上，并且，它又强调美善和谐统一、形神和谐统一等。正是这种"和"的审美理想和人格境界，使得中国文化洋溢着一种和谐柔美的精神，使人生欢乐而不迷狂，平静而不呆板，达到一种均衡、稳定、平和、典雅之美。

通过学习中国古代文学，一方面学习古人的审美追求，学习前人的优秀艺术成就，另一方面也是学习中国古代长久以来形成的优秀的民族精神，可以提升人格、净化精神世界，塑造积极健康的人格。从这个意义上讲，学习中国古代文学本身就是一种接受思想教育的行为，意义重大。

四 结语

中国古代文学是中国传统文化的一部分，传统文化是凝聚民族的重要力量。习近平总书记说："中华文化是中华民族生生不息、团结奋进的不竭动力。要全面认识祖国传统文化，取其精华，去其糟粕，使之与当代现代文明相协调，保持民族性，体现现代性，加强中华优秀文化传统教育。运用现代科技手段开发利用民族文化丰厚资源。"2013 年，习近平总书记在 8 月全国宣传思想工作会议上提出"四个讲清楚"，其中就提到"要讲清楚中华文化积淀着中华民族最深沉的精神追求，是中华民族生生不息、发展壮大的丰厚滋养，中华民族最深沉的精神追求"，中华民族最深沉的精神追求很大一部分就在中国文学中。学习好古代文学不但可以提高个人修养，培养高尚的情操，对于"坚守中华文化立场、传承中华文化基因，展现中华审美风范"，同样意义重大。

《大学》导读

和　谈*

　　课程名称：中国古代文学史

　　授课教师：和谈

　　教学目的与任务：让学生通过"开学第一课——《大学之道》"进一步了解中华优秀传统文化，树立文化自信，加强道德修养，培养家国情怀，激发历史使命感，自觉为国家的繁荣、富强、民主、文明、和谐、美丽而努力奋斗。

　　教学内容："四书五经"之首——《大学》

　　教学设计：从英国伦敦威斯敏斯特大教堂的无名墓碑引入，通过故事讲述的形式，让学生深入思考人生的意义和实现路径。之后，采取对比的方法，引出"四书"之首的《大学》，并与西方的经典进行比对，让学生知道，我国 2000 多年前编定的经典《大学》是如何博大精深，以及古代对读书人的要求都包含哪些方面。作为今天的大学生，我们到底应该从传统的经典中学习什么、如何学习，应该怎样继承和发扬中华优秀传统文化，为国家的繁荣富强做出自己应有的贡献。

一　导入课堂教学

　　教师导入语：大家进入新疆大学已经六个多月，对大学的学习生活也都有所了解。我想问大家几个问题：大学到底是教大家什么的地方？大学与中小学有什么不同？你心中的大学应该是什么样的？你为什么要

*　和谈，博士，新疆大学学报编辑部副教授。主要从事中国古代文学研究。

上大学？

找几个学生回答。（答案肯定各不相同，但都要予以简单评价、肯定）

我们今天的第一课就要讨论、学习中国古代"四书五经"之首——《大学》，看看中国古代的"大学"到底学些什么，对读书人有哪些要求。

但是，在讲这部《大学》之前，我们先看一组图片。

放幻灯片，让学生看英国伦敦威斯敏斯特大教堂的无名墓碑（打开PPT演示）。

二　讲解关于无名墓碑的来历、名气以及内容

《光明日报》专门有篇文章介绍这块墓碑，它十分有名。据说，凡是到英国去进行国事访问的国家元首，都要去伦敦威斯敏斯特大教堂瞻仰一下这块墓碑。这块墓碑到底是谁的？这个教堂的墓地里，只有英国皇室成员和像牛顿这样的世界级名人死后才能被安葬其中，它为何会被放到在威斯敏斯特大教堂？

答案仍然是个谜。至今无人知道这块墓碑主人的名字。也无人知道是谁把它弄进来的，只知道这块墓碑太有名了。

这块墓碑为什么出名？大家看，它出名是因为墓碑上的文字内容，这么短短的一段文字，让它名扬四海。

英文原文如下：

When I was young and free and my imagination had no limits, I dreamed of changing the world. As I grew older and wiser, I discovered the world would not change, so I shortened my sights somewhat and decided to change only my country. But it, too, seemed immovable. As I grew into my twilight years, in one last desperate attempt, I settled for changing only my family, those closest to me, but alas, they would have none of it. And now, as I lie on my death bed, I suddenly realize: If I had only changed myself first, then by example I would have changed my family. From their inspiration and encouragement, I would then have been able to better my country, and who knows, I may have even changed the world.

翻译成汉语，全文是这样的：

当我年轻的时候，我的想象力从没有受到过限制，我梦想改变这个世界。当我成熟以后，我发现我不能改变这个世界，我将目光缩短了些，决定只改变我的国家。但这也似乎不可能改变。当我进入暮年后，我的最后愿望仅仅是改变一下我的家庭。但是，这也不可能。当我躺在床上，行将就木时，我突然意识到：如果一开始我仅仅去改变我自己，然后作为一个榜样，我可能改变我的家庭；在家人的帮助和鼓励下，我可能为国家做一些事情。然后谁知道呢？我甚至可能改变这个世界。

据说，南非总统曼德拉在经历了多次挫折和磨难之后，辗转来到英国，当他看到这块墓碑时，内心深受震动。他决心从改变自己做起，然后影响并改变自己的家庭成员，再影响周围的人，最终成为南非的总统，为自己的国家做出了巨大的贡献。

据说，这块墓碑深深地影响了许多世界名人，让他们深受启迪和教育。

三　讲解"四书五经"之首——《大学》

教师提问：大家都读了上面这段话，你是否有所感触？你觉得写得是否充满了人生的哲理？

找几位同学回答。

教师讲解：在我国2000多年前，有一篇文章叫《大学》，本来是《礼记》中的一章，但后人觉得这一章太重要了，于是把它单独拿出来，作为一部书、一门课程，与《中庸》《论语》《孟子》合称"四书"，并且置于首位。这篇《大学》到底讲了些什么？它究竟有多重要？我们来看看它的内容。

放幻灯片，展示《大学》的核心内容：

大学之道，在明明德，在亲民，在止于至善。知止而后有定，定而后能静，静而后能安，安而后能虑，虑而后能得。物有本末，事有终始。知所先后，则近道矣。古之欲明明德于天下者，先治其国；欲治其国者，先齐其家；欲齐其家者，先修其身；欲修其身者，先正其心；欲正其心者，先诚其意；欲诚其意者，先致其知。致知在格物。物格而后知至，知至而后意诚，意诚而后心正，心正而后身修，身修而后家齐，家齐而后国治，国治而后天下平。自天子以至于庶人，壹是皆以修身为本。其本乱而末治者否矣。其所厚者薄，而其所薄者厚，未之有也。此谓知本。此谓知之至也。所谓诚其意者，毋自欺也。如恶恶臭，如好好色，此之谓自谦。故君子必慎其独也。小人闲居为不善，无所不至，见君子而后厌然，掩其不善，而著其善。人之视己，如见其肺肝然，则何益矣！此谓诚于中，形于外，故君子必慎其独也。

教师讲解：大家看，我国古代的大学，学的是什么？他们是怎么要求的？他们学的是做人、处世、治国、平天下的道理！早在3000多年前，中国就有了较为高级的学校，学校的名称叫作"成均""上庠"，也就是古人的"大学"。在他们的"大学"里，知识的学习是初级阶段的学习，他们要求学习者必须从自身的品德修养做起，努力参加社会实践，为人真诚、诚实，讲求诚信，精诚团结，为学做事怀有一颗诚心，还要为人正直，心术要正，做事公道正派，做到了这些最基础的，才去修身，在家里孝敬父母长辈、敬重哥哥姐姐，爱护弟弟妹妹和子侄辈，使家庭和睦、和谐。在处理好家庭关系之后，出来做官，承担治理地方以至国家事务的职责，为官一任，造福一方，亲近百姓，为百姓做事，最终让天下太平、天下大同。

《大学》开篇讲："大学之道，在明明德，在亲民，在止于至善。"古人要求进入"大学"学习的人，必须培养高尚的品德，还要"亲民"，就是我们现在讲的"群众路线实践教育活动"，当然，也有的人解释说是"新民"，"使人民新"，影响和教育群众，更新他们的文化知识和思想意识。也就是我们现在说的引领社会道德和正气的意思。古人对于大学，要求十分高，比我们现在的大学要高很多，他们讲大学最终培养出来的人是"止于至善"，到至善的程度就可以了。但什么是"至善"？只有圣人才能做到"至善"！这就是说，古代"大学"要培养的终极目标是"圣人"！

这可是中国 2000 多年前的"大学"啊！

我们现在的大学，有没有这样明确的培养目标？

我们再来对照一下伦敦威斯敏斯特大教堂的无名墓碑。这块无名墓碑上讲的内容，我们 2000 多年前的《大学》上早就讲过了，而且讲得比西方的更好、更全面！

《大学》给我们指明了，在"大学"里，应该怎样学习：第一，要参加社会实践，这就是《大学》所讲的第一步："格物"；第二，是努力学习知识，这是《大学》讲的第二步："致知"；第三，在参加实践并获得一定量的知识之后，必须"诚意"，以诚待人、精诚学习、讲求诚信；第四，在学习和为人处世中要"正心"，让自己心术要正，待人做事要公平公正、正直无私；第五，在完成上述四步学习与教育的基础上，进一步加强"修身"，使自己成为品德高尚的人；第六，尊老爱幼，协调好家庭成员之间的关系，让家庭成员之间关系融洽，生活和谐美满，是谓"齐家"；第七，在知识、能力、品德都具备，家庭关系和谐、无后顾之忧的情况下，为治理国家贡献自己的聪明才智，是谓"治国"；第八，将自己的胸怀放置到天下的层面，努力"平天下"，这不是进行武力侵略，而是让天下和平、安定、太平。

古人的家国情怀就是这样一步一步培养出来的，所以他们能"富贵不能淫，贫贱不能移，威武不能屈"，能"穷年忧黎元，叹息肠内热""致君尧舜上，再使风俗淳""何时眼前突兀见此屋，吾庐独破受冻死亦足"，能"先天下之忧而忧，后天下之乐而乐"，能"位卑未敢忘忧国"，能"人生自古谁无死，留取丹心照汗青"，能"苟利国家生死以，岂因祸福避趋之"，能"我自横刀向天笑，去留肝胆两昆仑"。

所有这些，都是古代"大学"要求的内容，也是"大学"教育的结果。

古人上学读书，最根本的，就是品德教育！所以古人讲三不朽："太上立德，其次立功，其次立言"，没有好的品德，知识再多、能力再强，教育也是失败的。由此可见，我们所有的大学生，必须继续加强思想品德的教育，并且要坚持终身，不断进行自我教育，坚持培养一个读书人的刚毅、正直、勤勉、无私、敬老、孝亲、爱国、博爱的精神品质，努力实现自己的人生价值。

四　小结

"天行健，君子以自强不息"，"地势坤，君子以厚德载物"。《大学》是 2000 多年前读书人的规范性课程，其"明明德""亲民""诚意""正心""修身""齐家""治国""平天下"的情怀与自律精神，至今仍具有很强的现实借鉴意义，希望大家细细阅读，铭记在心，努力践行。

新疆地区先进文化名片

——抗战时期新疆学院的话剧创作及演出

安 凌 *

课程名称：中国现当代文学史

授课教师：安凌

主题：新疆地区先进文化名片——抗战时期新疆学院的话剧创作及演出

教学目的：回顾抗战时期新疆学院在林基路教务长的具体指导下，在赴新中国共产党人的帮助下，如何通过话剧创作及演出，培养各族进步青年共同走向革命的道路；如何通过话剧活动向全疆人民宣传抗战，并通过宣传活动树立新疆学院"引领新疆先进文化"的文化形象。

通过对新疆学院创作演出话剧的分析、结合 2017 年春晚新疆小品创作演出得失，引导学生认识到，团结创新的精神、精湛的专业技能、坚定的马克思主义信仰，是新疆学院自抗战至今必须坚守的传统，是一所高校不能丢弃的精神核心。

课程设置：前三项内容用时不能超过 15 分钟，自第四项开始详讲。本堂课共有三次课堂讨论，贯穿六条专业知识点，并有课后思考一项。

一 新疆学院和新疆大学（和同学们一起快速重新梳理自己学校的历史）

1924 年，新疆俄文法政专门学校。

---

* 安凌，南京大学戏剧戏曲学博士，新疆大学人文学院教授、博士生导师。主要从事中国现代戏剧史及新疆汉语文学史料研究。

1928 年 8 月，改称为新疆省立俄文法政学校。

1930 年 9 月，改为新疆俄文法政学院。

1935 年 1 月，改建为新疆学院。

1941 年，省建设厅农业学校并入新疆学院。

1950 年 10 月 1 日，新疆学院更名为新疆民族学院。

1953 年 11 月，西北民族学院畜牧系兽医班并入新疆民族学院。

1954 年，复名为新疆学院。

1960 年 10 月 1 日，正式成立新疆大学。

1962 年，新疆大学与新疆师范学院合并。

1962 年 7 月，新疆大学机械、电机、工电等 3 个工科专业划入新疆矿冶学院。

1978 年，学校被国务院确定为新疆唯一的全国重点大学。

1979 年 4 月，新疆大学由教师培训部、三平分校划出成立新疆师范大学。

二　校训校歌

校训：团结、奋进、求实、创新（确定于 1985 年）

1938 年，新疆学院教务长林基路以延安"抗大"为榜样，提出了"团结、紧张、质朴、活泼"八字校训。

校徽：确定于 1995 年。

校徽总体图案是两个同心圆，其寓意是各民族师生团结和谐。校徽中心图案为新疆大学最早的教学楼——红楼。"天山"图案表示新疆大学的地理特征——天山脚下。"1924"为新疆大学的创立时间。"六朵花瓣"图案象征新疆大学学子满天下，桃李花盛开。两圆之间，是以汉文、维吾尔文、英文书写的"新疆大学"校名。

校歌：作词：林基路，作曲：石明，确定于 1938 年。

校歌释义：该校歌歌词源于时任新疆学院教务长、著名共产党人林基路诗作《我们正青春年少》。校歌以爱国主义精神为主旋律，以担当历史和时代责任为主题。

课堂讨论1：2017年央视春晚新疆小品为何会引起争议？那是不是当代新疆的真实形象？缺少的究竟是什么？

三 新疆学院话剧演出的开端

抗战开始之前新疆已经有话剧演出了，主要是民族语言话剧，他们从苏联、中亚国家、印度等学习的话剧，在民族现代学校里演出，新疆曾经出过好几位了不起的乌孜别克族女校长，所以女校也演出，而且这些学校演出的话剧曾经给内地赴新官员和考察者留下了深刻印象。他们在演戏的民族学生身上看到了不同于当时汉族学生的那种健康活泼开朗的特质，对于此前他们以为的"蛮夷"文化有了深深的敬意。

但是这不是一种全社会普及的现象，汉语社会的戏曲仍然占据重要位置，而且是旧戏，我们在现存珍贵史料中看到的，还是演出戏曲，有些是维吾尔族演员。

这种状况的改变，确实与抗战有关。

1937～1938年，中共从延安派遣大批共产党员赴新，参与建设新疆文化。

专业知识点：新疆学院和新疆话剧都有了不同的局面。首先，话剧在迪化大中学校兴起，因为迪化大中学校的负责人多为共产党员：

新疆学院院长兼教育厅厅长 徐梦秋（孟一鸣）

新疆学院教务长 林基路

省一中校长 李云扬（李志梁）

女中教务长姚秀霞（朱旦华，就是毛泽民的妻子）

四 时代"文青"林基路教务长

林基路自己读中学的时候，就在家乡广东省台山县组织话剧演出，后来参加革命，到上海在"左联"也是从事话剧演出活动的，他在编剧、导演、舞台表演方面都有经验，而且他喜欢写诗歌、小说，所以他是很有文艺情怀的人。1938年他到新疆学院，马上着手组织话剧活动，他为学生编、导作品，带学生上街演出，到社会去演出。

1938 年 10 月，新疆召开第三次全疆各族人民代表大会，受大会邀请，新疆学院出演《死里求生》一剧，这是一个在内地演出非常普遍的抗日主题小话剧。同时女中演出《一个受伤的游击队员》，一中演出《牺牲》，师范学校演出《塞外狂涛》，但是，最受欢迎的却是哈萨克文化协会演出的《黑眼睛》。

这次演出受到全市人民的热捧，大部分观众恍然大悟什么是话剧。这年冬天，迪化妇女协会公演《朔风》，为前线士兵募集冬衣。

1938 年，迪化学联组织了一次比赛，这次比赛以竞技的方式传播话剧艺术，引发了远离抗战战场甚至远离抗战消息的新疆各族人民对抗战极大的热情。

比赛分为大中学校和小学两个组，评委清一色是中共党员：

新疆反帝总会秘书长　黄火青

《新疆日报》总编　李啸平

其他：林基路、李志梁、朱旦华、

新疆学院教师　许亮、于村

《新疆日报》为比赛出了三期专刊，详细报道参赛队伍演出剧目等等。（10 - 28，11 - 3，11 - 4）

演出结束后还举办了座谈会，著名学者杜重远、陈纪莹、萨空了旁听了座谈。

冠军是新疆学院《呼号》，由林基路编导。

对于戏剧来说，最重要的永远是合演，当时经常上演的是秦腔、新疆曲子戏、京剧，而且不是内地那种经过梅兰芳这样的艺人改革过的剧目，而是传统的侧重于鬼神、凶案、色情的剧目，新疆学院的剧目并不合演，但是仍然取得了不俗的成绩，这是因为它在人们心里代表着精英文化，代表着现代文化，这一点毋庸置疑，所以新旧文化的斗争也反映在抢夺观众的斗争中。

专业知识点：案头剧作和舞台本。

课堂讨论 2：这个剧自抗战胜利后再也没有演过，我们怎么才能创作既服务于社会需求又具有久远魅力的剧作？林基路教务长是外表文秀却有一身硬骨的革命者，也是充满了浪漫青春色彩的编剧和导演，一个人怎么才能在服务于国家的时候还保持自我的初心？

新疆学院没有女生，演出经常向女中借人，于是有人告到省政府，说伤风败俗，其主要原因在于，女中基本掌握在盛世才夫人手中，女中学生受到新疆学院学生的影响，思想发生了变化，不利于她的管理。于是，1939 年，省政府出台《暂时取消男女合演新剧》的通令，由于这个通令实在与社会发展背道而驰，而且此时新疆已经开始广泛放电影，连远至塔什库尔干也放电影了，所以这个通令非常可笑。通令规定，女生 12 岁以上不能和男生同台演剧、跳舞，但是可以合奏乐器和合唱！女生已婚者，只要她家庭同意本人愿意，就可以和男生同台演剧跳舞了。自此男女不再同台演出了，直到国民政府收复新疆后才取消。

五　新疆学院话剧活动的专业化

1939 年初，沈雁冰、张仲实开始在新疆学院任教，在他们的努力下，1939 年 4 月成立了"新疆文化协会"，他们二人亲自组织新疆学院的同学，开始学习创作话剧，召开创作会议，尝试创作出反映新疆现实的剧本。十余位民汉同学集体创作了三幕话剧《新新疆进行曲》，最终由沈雁冰做了文字整理。这是报告剧。

专业知识点：宣传演出的戏剧常见的创作和演出样式。

剧作表现时间段：1933 – 4 – 12 ~ 1937 – 7 – 7

第一幕"黑暗的前夜"

第二幕"新时代降临"

第三幕"六大政策的胜利"

（第四幕"拥护抗战"因为时间太长取消了）

专业知识点：戏剧的线索："事"的发展，而不是"人"的贯穿。

舞台布景和道具也都是同学们自己动手制作，此剧在 1939 年 5 月演出引起轰动。它真的是抛砖引玉的那块砖。

1939 年 8 月，导演王为一，演员赵丹、徐韬、朱今明、叶露茜、余佩珊受杜重远邀请来新疆，想在九一八纪念日演出抗战戏剧，于是指导排练《战斗》，除了他们自己人，新疆学院的十几位同学参与演出，排练地点就是新疆学院礼堂，演出之前海报贴满迪化，首演地点是维吾尔族文化协会俱乐部，其中有一场要有天幕，天幕上出现了星星月亮夜空，观众误以为把俱乐部后墙推倒了，这是新疆学院制作的舞台效果。

专业知识点：舞台必须是设计和制作的，不能是"买"的，因为只有你知道舞台的精髓是什么。

此后，新疆学院学生利用假期进行旅行演出，到新疆其他地方去宣传抗战。1939 年 9 月，成立了"戏剧运动委员会"，招收了 20 多名演员进行全方位的培养，他们中间有日后新中国第一代维吾尔族导演，专业课是由上面这些人承担，但文化课全部由新疆学院承担。新疆学院自己由于林基路、杜重远、沈雁冰的重视，一直积极培养戏剧骨干，他们还演出了《魔窟》《边城故事》等剧目来锻炼自己的演出能力，1944 年新疆学院成立了景新剧团，公演《黑字二十八》。

课堂讨论 3：回顾《新新疆进行曲》的演出，我们今天怎么才能创作出既代表新疆大学最高水平，聚焦总目标，同时反映新疆现代文化进程的"叫好又叫座"的戏剧作品和小品？我们已经给"访惠聚"工作提供过一个剧本并且在人社厅工作队演出了，现在我们正在搜集材料创作另外一个"访惠聚"工作组的剧本。在校读书期间，你们怎么才能通过自己的专业技能宣传我们的学校呢？

六　结语

新疆学院对新疆话剧运动的发展起到了直接的巨大的作用，不仅仅是宣传了抗战，而且使话剧成为地处边陲的新疆各族群众最喜爱的文化活动，新疆学院的话剧活动曾经是迪化地区的文化品牌。

课后思考：我们学校每年都有"三下乡"活动、有研究生支教团，同时，我们的学生在自治区每年举办的各类重大活动中占据着志愿者队伍中最大的比重，活动结束后，学校还要奖励参与这些社会活动的同学们。因为他们传承了一所高校投身祖国、服务社会的历史传统，而对一所近百年的老院校来说，传统是它的生命。他们像几十年前我们的前辈一样，向全社会展示着新疆大学是一所什么样的学校。

你可以离开，去其他学校，那是你的自由；但是如果你不，那么，对于你置身其中的学校，你能做些什么？

教育戏剧：理论与实践

"教育戏剧"在边疆多民族地区高校课堂教学中的运用

安　凌

教育戏剧（Drama in Education）缘起于欧美国家，是指运用戏剧技巧从事教育活动的一种方式。它先在非艺术类学校课程或人才培养体系中出现，以后在社区教育等终身教育过程中实施。作为教学手段的教育戏剧最早广泛运用于语言教学和法律学校的教学中，作为理论则是现代才得到逐步完善。教育戏剧的理念背后是实证主义哲学、艺术人类学等现当代极具影响力的思想。在演教员、教师或者艺术指导者的组织指导下，教育戏剧以人的表演天性和交流愿望为依据，通过大量的即兴表演、角色代入、模仿、团体游戏等方法，让参与者在表演和互动中发挥想象力、表达思想和情绪、学习体会其他人的意愿和情感；同时学习表演技能，培养心智平衡能力，以美感的方式与人相处；学会自我调节与团队合作。在美国，"经过教育戏剧熏陶的美国许多大学生，尤其是那些著名大学的高材生……都有一个比较自信的服务社会、表现自我。效忠国家的主题和主体"[①]。近几年来，在高等学校教育中，教育戏剧常常作为社会科学、自然科学和艺术等诸多课程的教学手段，培养学生的角色创造能力，带动他们领悟社会角色，学习自我体验自我反省自我激励，帮助他们尽早进入职业活动的模拟情景中。同时，教育戏剧也逐步走入社区、走入监狱、走入各类人群中，通过表演和观看的方式，帮助需要的人进行心理疏导，宣扬文明与进步，传播正能量。

---

① 白水：《教育戏剧的探索与实践·序言》，载张生泉主编《教育戏剧的探索与实践》，中国戏剧出版社，2010，序言第 2 页。

　　近年来，我们的教师和学生以教育戏剧的理论为指导，将理论与新疆高校的教学和社会实践需求相结合，共同进行了教育戏剧在课堂教学和社会宣教服务中的实践，形成了一套卓有成效的办法，取得了一定的社会反响。

一　非文本教育戏剧手段在第一阶段的实践运用

　　教育戏剧是以教育为目的而以戏剧为手段的，它有两种基本的模式：文本教育戏剧和非文本教育戏剧。其中，"非文本教育戏剧不以文本戏剧作品的排练演出作为教学的重点，而是以即兴表演和戏剧游戏作为主要的教学内容"。"即兴表演（或创作）是指在没有先期计划、事先准备（包括文本）的情况下，依靠对于'此时此刻'来自于直接环境和人的内心情感的刺激作出直觉的反应而进行的表演"，"运用这种方式会创作出与表达、演绎某种现已存在的、完成式的艺术作品的表演完全不同的新的艺术思维模式和新的戏剧结构、新的艺术形式、符号和表演方式"。其主要目的"不是扮演或者模拟角色（尽管即兴表演的许多练习在其它的教学阶段里可以改编或者发展成为角色扮演、创造的小品），而是培养学生完全的自发性和即兴表演的能力"①，并在多次训练后，把"表演"演进为"出自天然"。

　　在第一学期的专业课教学中，我们主要的教学任务是帮助学生完成从应试教育向素质教育的转化，激发学生为自己的看法读书写作的自主学习精神。由于此前学生一直遵照教师的教学指令、学习教师指定的教学内容、完成教师布置的书面作业，而最后的考核则是考查学生对指定教学内容的理解与记忆，因此，学生入校后仍然习惯读教材（而不是作品）甚至背教材，逐字逐句地记录教师的讲述，上课不提问也鲜有回答，下课后不讨论课堂或作品内容，而是留在宿舍刷手机，因此我们遇到的实际问题除了自主学习习惯的培养，还有学生如何在现实中与人交流、互动互助，把自己的"朋友圈"从向内的一张屏幕变为向外的大

---

　　①　范益松：《关于教育戏剧的思考》，载张生泉主编《教育戏剧的探索与实践》，第10页。

学和社会。在这方面，非文本教育戏剧的理念和实践方法成为最合适也最迅捷的手段。

首先，用即兴表演刺激学生的多重感官功能，激发学生的想象能力，再以想象激发学生的日常生活记忆。我们把学生分成几组，每组表演时，其他同学用手机拍摄；事后互相猜测对方感受、评价对方的表演。先进行无台词即兴表演，例如表演约会就要迟到却找不到合适的衣服—忘带手机—出门遇雨雪又回去拿伞—在公交车上接电话心虚；又如表演雪后初晴—衣着单薄出门赏雪—母亲追出来加衣服—在雪地里喝到母亲亲手煮的热咖啡，等等，在这类表演结束后，询问学生是否想起了自己的真实经历、是否想起了谁，是否感受到了冷、是否闻到了咖啡的香味，等等，有部分很活跃的同学在表演中动作会比其他同学多，表情夸张丰富，对指令变化的反应也更快。

其次，要求学生模仿课堂热身表演来撰写即兴表演的文本。事实证明，在热身表演中最活跃出色的学生，在后来的学习中，能很快创作出很好的即兴表演训练文本。

例如，刚下课食堂人非常多，A 看到角落里有一张空桌子还没被人发现，占住桌子。这时 B 端着盘排骨走过来，征求 A 的同意是否可以坐在她对面，A 同意。B 放下排骨，刚准备坐下，突然觉得肚子一阵剧痛，翻了翻自己的包发现没有带纸。A 递过自己的纸巾，B 接过，转身去了厕所方向。A 来到窗口，想吃肉却发现饭卡里钱不够了，只能打素菜。打饭阿姨手滑，不小心在 A 的菜中打了一块排骨。A 回到座位，拿起筷子夹住那块排骨，刚准备塞进嘴里，B 回来了。B 看了看 A 夹住的排骨，又看了看自己的盘子。（新疆大学林基路艺术剧社编剧、人文学院中文系汉语言文学 2015 - 1 班王雅妮，表演训练小品作业）

一般来说，在教师带领学生所进行的无台词即兴表演中，都会选用专业表演训练的教材，这些教材要求的表演动作和情感相对更丰富，难度也就稍高，因为教材本身针对的是专业院校表演专业的学生，他们在高考艺考阶段已经接受过专业训练了。而学生自己创作的这类训练文本虽然具有一定的模仿性质，动作与情感要求都相对简单，但更多来源于自己对于日常生活的观察，对于一些细微的心理活动的体验，反而更加适合普通非艺术专业的学生进行表演训练。也就是说，在无台词即兴表演训练之后，有些同学不但完成了这类表演的教学目的，而且体会到这类表演训练的真正精髓，因此写出更适合教育戏剧课堂教学的训练小品。同时，在学生社团招新活动中，这类训练小品极适合作为考试项目出现，它用时很少，却能考察新生是否擅长与人协商、能否观察并回应别人的需求、能否表达自己的利益诉求等。

又如，你正在宿舍里拿手机自拍，突然发现脸上长了一颗痘痘。你凑近看了看，发现真的有。你不相信地从桌子上拿起镜子又看了一会，终于相信。你气急败坏地在宿舍里走了几圈，突然跑到桌子边拉开抽屉，开始找芦荟胶。拿起一罐，不是，再拿起一罐，还不是。翻了几个瓶瓶罐罐，终于找到了。你开心地打开瓶口开始挤芦荟胶，挤一下，没出来，挤两下，还没出来。你又使劲挤了一下，还是没出来。你生气地把芦荟胶扔回抽屉里，瘫在椅子上。突然手机震动，你拿起手机一看，有人约你出去吃饭。你喜笑颜开，准备回复。但是突然想到脸上的痘痘，用手摸了摸，还略微有点痛。最终你心痛地拒绝了别人的邀约。（新疆大学林基路艺术剧社编剧、人文学院中文系汉语言文学 2015 - 1 班蔡兴娟，表演训练小品作业）

这是单人表演训练小品，它更多考查学生做表情的能力，这段小品中人物所做的表情都是比较夸张的，也许会带来面部的扭曲变形，因此具有一定的"丑角"特征，所以学生要"放得开"。我们的学生是从各地考来的，在原来的学校都是尖子生，但进入大学，最被看重的学习能力并非"尖子"这样的竞争机制所能培养的，在过渡阶段有些失落是难免的，此段小品中所表达的敢于轻微自黑的幽默心理对于这种失落是有效的治疗。进一步说，就是一个具有适当自黑能力的人，他也具有一定的心理自我调节机制。

热身训练要达到的目的是让所有的同学都从书桌边站起来，面向自己的同学大方表演，而热身表演小品的创作则是让他们重新关注自己生活中的细节，恢复感官的审美活动能力。这类自创小品完全可以在班级活动或者晚自习中表演并得到同学们的评价，这又在某种程度上让来自不同省份不同民族不同家庭的学生们能更快熟悉班集体，多少宽慰了离家的孤独感和学习过渡期的失落感。

需要特别说明的是，在此阶段，有极个别的学生始终无言站立，拒绝做任何动作，没有什么特定的表情，也不能说出理由，但如常听课甚至考试成绩很不错，这类学生需要特别注意是否需要专业心理疏导和干预。这一点我们已经在教学中有过先例。

二 文本教育戏剧手段在第二阶段的实践运用

"文本教育戏剧主要是指围绕着现存的戏剧文本，以最后完成这些文本的二度创作，也就是说以舞台表演为目标而进行的教育戏剧活动，它基本上是按照戏剧演出的程序来进行教学，包含了所有戏剧演出的创作环节，从分析剧本，分析人物，粗排，细排，舞美，灯光、服装、人物造型、道具、音乐、效果设计、制作、各部门的协调合作，包括装台、走台、合成、彩排直到以文本戏剧的最后完成形式——舞台演出和观众见面。"[1] 首先，在完成了第一阶段的表演训练之后，挑选出本学期主要讲述的诗歌流派及诗人的名作，让学生自主选择朗诵的诗歌，要求学生自己配乐并且在班级微信群中商讨避免重复选曲，在宿舍里给舍友们朗诵试音。之后，直至学期末，每堂课都以配乐诗朗诵开始；第二学期则从开学就选诗配乐。其中，第一学期的诗朗诵要求朗诵者背对所有同学，尽量做到每个人都能清楚听到每一个字，完全依靠声音传递诗歌情感；第二学期则要求面对所有同学，要有表情及动作的表演。此项要求既是对第一阶段表演训练的延续，同时更好地实现了文学史课诗歌段的教学目的：诗歌是朗诵的艺术，是声音的艺术，而不是默读的文本。此外，除了声音的传情训练和动作的配合之外，自主配乐加深学生对诗歌文字的理解，又初步打通学生对于文学与艺术之间的通感。

在进入第一学期戏剧段教学之前，需要做特殊的课堂教学准备工

---

① 范益松：《关于教育戏剧的思考》，载张生泉主编《教育戏剧的探索与实践》，第10页。

作。第一，向学生提供大量舞台图片。大多数学生虽然看过多部影视剧，但是进入大学之前看过话剧和戏曲演出的凤毛麟角，往往全班无一人看过现场戏剧舞台演出，所以对于舞台没有任何概念，这就需要教师事先准备东西方戏剧舞台经典图片。通过一次性向学生提供数百张舞台图片，并要求他们存入手机或其他便携式电子产品，既给他们形成初步的舞台概念，也方便上课时随时查看。

第二，提供一份以碟片为主以文本为辅的精读目录。过去文学史戏剧段教学要求学生阅读的文本比较多，但是要求学生观看的演出却比较少，两者无法形成对等关系。当然，在文学史教学中，学生的阅读量直接决定了最终的教学效果，面对着完全没有读过作品也没有任何文学阅读积累的学生，文学课几乎无法进行下去，所以教师都把要求阅读一定数量的作品看作实现自己教学目标的最重要保障。但是在戏剧段的教学中，这种思路并不适用。因为戏剧是舞台艺术，剧场性是戏剧的生命，这种特性无法从阅读中获得。所以，在戏剧段教学中，不应该强调阅读量，而应该强调阅读与观剧的完全对应。在不看演出的情况下，阅读一本与阅读十本差异不大；但在看过演出的前提下，每读一个文本，对于无论是课堂教学内容的实现还是发掘学生的潜力，其意义都不可同日而语。换言之，观看与模仿戏剧舞台艺术，是文本教育戏剧手段得以实现的最重要保障。①

第三，在先观看演出的基础上，要求学生在课前粗看剧本，与观剧时抱有"如果我是导演""如果我是舞美"这样的预想相配合，在粗看乃至于以后的精读过程中，也引导学生带着"如果我要把这个文本搬上舞台""如果我要把这个文本本改编成当代舞台本"的预想去阅读剧本。在精读时段，更是要求学生挑选自己最喜欢的台词，与舍友或者同学对台词，通过有声阅读来感受不一样的文学文本。这一要求的目的是在学生的意识里建立初步的舞台感。但在具体实践中发现，这种要求给学生提供了新的阅读兴趣点，因此虽然要求粗看，实际上学生读的比往

---

① 此段讲授中我们为学生提供的演出光碟为《玩偶之家》《高加索灰阑记》《死无葬身之地》《恋爱的犀牛》《生死场》《牡丹亭》（青春版）。

常更细致甚至挑剔，他们会直接指出一些在舞台上无法实现的描绘。

第四，按照新疆大学人文学院本科教学大纲，中文系学生进入大学之后的第一门文学课为《中国现当代文学史》，将这门课放在第一学期讲授，是经过多重考量的：此课程没有字词方面的障碍，又需要学生自主阅读和思考，这就让学生无法用以往的语文课学习经验来应对，而必须尽快找到属于自己的学习方法。在这门课的历史线索中，易卜生及其《玩偶之家》由于胡适在《新青年·易卜生专号》上的大力提倡，从而对包括戏剧但绝不仅限于戏剧的新文学产生了深远的影响，甚至成了一个时代青年人走出家庭走向社会的精神偶像。在传统教学中，往往教师口述剧作内容，或者布置阅读但又不是精读，给学生的直观印象不深，学生也就无法体会其对中国社会和中国文学的影响。采用教育戏剧的手法，是让学生在看过演出之后朗读台词，所选用的台词即最后十五分钟娜拉与海尔茂的对话；之后马上让学生朗读胡适《终身大事》台词。经过多人反复尝试之后，学生对于五四新文学所提倡的"个性解放""妇女解放"等有了情感的触动和切身的体验，同时也对这种教学法有了领会，即自主阅读和思考，通过自己的活动去理解文学史的结论，而不是依赖所谓课堂笔记。

第五，要求学生理解作品所属时代背景和社会风俗文化，在课前准备阶段稍微查阅一下相关的时尚、风俗图片，在朗读台词时根据现有条件稍微设计服饰，使普通课堂教学带有更多的舞台表演感觉。衣饰会部分改变说话者的心态、声调和体态，这种改变不是外来的要求造成，而是人在不知不觉中的一种本能意识。例如，在对台词时，饰演海尔茂的同学穿一件西装背心，戴一副相对考究的眼镜，有同学还用眉笔画上髭，学生的声音表情会自然而然发生变化；又如，在《中国古代文学史》教学中，有老师要求学生以对台词的方式朗诵长篇叙事诗，很多女生会把头发简单扎成髻，穿上长及脚面的裙子，用彩色丝巾系在腰间，有的还披上妈妈的大披肩，这种装扮让她获得了传统女性的自我感觉，朗读的声音和情感的表达方式都发生了令人惊奇的改变。还有，学生戴上林基路烈士常常戴的鸭舌帽朗诵《囚徒歌》，陡然增加了慷慨激昂的豪情，因为这顶帽子让他找到了林基路的感觉！也就是说，当我们用教育戏剧的方法去设计一堂课，并将我们的思路传递给学生，学生不但立刻心领神会，而且积极参与课程设计，对于老师和学生这都是很奇妙的感受——无论我们怎么看待自己的课程，它终究是属于学生而不是我们私有的，师生从不同角度共同设计一堂课，丰富一堂课的审美感受，实现师生不同追求方向的创新，这正是理想的课堂氛围和教学效果。

三　非文本教育戏剧手段在第三阶段的实践运用

在上述两个阶段的目标得以实现的情况下，学生参与课堂朗诵、表演的热情已经被充分调动起来，同时，学生也具备了"这是我的大学""这是我的专业课"的主动参与意识，为进阶实践做好了准备。这一时期的学生已经跃跃欲试要进行自己的剧本创作和表演了。如何保持学生对于专业课的持久兴趣、如何实现学生自主阅读和思考的深化，是我们在第二学期课程教学中要完成的任务。同时，文学是人学，如何通过文学作品的阅读思考分析和演绎，来帮助学生培养健康完善的人格，也是我们在文学类课程教学中要实现的最终目的，也就是说，通过文学史的学习，学生除了掌握基本常识和作品分析方法之外，还应该建立一种终身的习惯：通过文学作品的阅读、通过表演戏剧小品来缓解自身的压力、以审美方式宣泄情绪，达到心理的平衡和健康，即亚里士多德在《诗学》里所说的"通过引发怜悯和恐惧，使这些情感得到疏泄"①。

我们采取三个步骤来进行这一阶段的学习和实践。

第一步，邀请学生面向同学们做一个即兴表演，主题一般都与学生在大学里遇到的一些与人沟通方面的问题或是自我认知方面的问题有关。例如，喜欢异性但是不自信，不知道怎么当面表达，同时担心被拒绝。我们设计的主题是鼓起勇气偷偷在自己喜欢的人书桌里放了一个苹果，结果被误会是其他人的表白，事后又没有勇气去承认苹果是自己放的，最终别人表白成功。表演过程是哑剧形式，学生需要依靠自己的表

---

① 〔古希腊〕亚里士多德：《诗学》，陈中梅译注，商务印书馆，2005，第63页。

情和肢体动作完成这个小品，时长一般都只有 2～3 分钟。在表演结束的那一刻，要求所有学生用一两句台词来表达主人公一瞬间的心情。学生的台词五花八门，也说明了他们面对这类可能发生在自己身上的"遗憾"有着不同的反思和自我缓解甚至自嘲方式。这个即兴表演的主题不仅仅和感情有关，它其实意味着在大学阶段每个人都必须学会表达自己的愿望、为自己争取机会，而不是等待老师或者其他人来发现，也就是说，人格成长的重要一步是了解自我和当众说出自我的追求和渴望。

第二步，在做完上面一个项目之后，再邀请同学们来做一个有完整对话的即兴表演。我选择了来自凯瑟琳·乔治《戏剧节奏》中所提供的一段小戏①，这是一段已经有了一定冲突和节奏的对话，我为这段对话设计了几个不同的故事前情和舞台，之后分别找几对同学来，让他们设计人物关系和下面的故事如何进行，但不要告诉我们，而是通过朗读这段对话的语气、停顿、情感等，传递出甲乙之间的关系实质和故事的走向。例如，其中一种设计是：一对曾经共患难的夫妇，有一个十岁的女儿。墙上挂着俩人的结婚照。妻子在做饭，女儿关着门在做作业，丈夫心事重重看报纸，之后他站起来把结婚照取下来，从镜框背后取出一张纸，此时妻子（或女儿）走入。旧的沙发，新的茶几，落了灰的结婚照，还有由好几扇门组成的舞台空间——没有私密性的中国式客厅。在这个场景设计中，同学们需要通过甲乙对话的情感信息来猜测那张纸是什么、夫妻之间的感情是一种什么状态，他们怎么看待中途出现的女儿。由于不规定甲乙角色，后续情节发展的线索也由朗读台词的学生设定，场景具有了一定的悬疑特征，它激发了学生的想象力，也让初涉表演和导演的学生对于戏剧的"代言体"本质有了非常具体的感知。每个情境表演结束后，由教师和学生一起进行猜测和评述，随着表演次数的增多，学生会本能地赋予这些场景以更加复杂的前情与人际关系。这个即兴表演会重复进行很多次，只要故事前情和舞台情境不一样，重复的台词对于观众来说每次都是全新的。即兴表演结束后，我请两位女生

---

① 〔美〕凯瑟琳·乔治：《戏剧节奏》，张全全译，中国戏剧出版社，1992，第 19～20 页。

上前，低声要求她们仍然朗读这段小戏，一个表演出猫玩老鼠的笑意，另外一个表演出恐惧又不敢走开的纠结。表演结束后，让同学们先猜测她们所表演的是什么样的情感，接着布置课后作业：写出一段故事前情和合适的舞台情境，使得这段表演合情合理。这一要求是延续前一个项目中以一两句感受性台词结束表演，但又多出了对故事情节的构想和对舞台画面的构想能力的训练。

第三步，在前两个即兴表演训练中，学生既恢复自己的表达感受和感情的能力，又锻炼了想象能力和读图能力，而在第三个即兴表演之后，学生就能开始自己剧本的创作了。这次的即兴表演是安排一段故事完整冲突激烈的开放式小戏，其设计思路是要让学生既能继续创作也能进行前情创作，也就是这个小戏所包含的故事和冲突必须向着两个方向都能延伸，它将成为学生可以写作三年的"自己的园地"。我们的设计是请三名同学，分别表演一位勤工俭学想给女友买一件衣服但并不想把所有的打工所得花光的男生，一位只想由男友陪伴（而不一定是由他付钱）买一件心仪的衣服的女孩子，以及一位在服装店打工非常想获得好的业绩的女大学生。我们只告诉学生三人的关系和心思，由学生现场分配角色、组织语言、描绘舞台，接着就是表演，准备到表演结束不超过十分钟。学生们的表演千姿百态，但无一例外地以"不欢而散"结束剧情。这说明了这个年龄段学生的价值取向：不愿为了现实琐事让周围的人失望，但又不想放弃自我去取悦他人，哪怕是所爱的人或者亲人，同时不知道怎么妥善处理自我设定与他人期许之间的关系。在短时间内解决不了的问题，只能在慢慢成长的过程中反复去思考和探索才能有一个自己和亲人满意的解决方案——因此，我们要求学生用手机拍下同学们表演的视频，接着每次假期继续或者回溯十分钟的戏：一个假期继续写十分钟，可以添加一个新角色，而一旦添加就不能再去掉这个角色；下一个假期则往买衣服之前写十分钟，也可以添加一个角色，添加之后也不能再去掉。在这个过程中，同学们一边在继续学习其他专业课程并扩大阅读和观剧范围，一边在做各种社会服务工作，而在一段段戏剧创作过程中，自身的经历和反思不断进入这个剧本中，对人性的思考也在不断深化。很难说他们是为了创作而观察思考，还是观察思考了再进行创作。

这个项目进行到第三个步骤，已经显现了诸多成果，其中最重要的有四点：其一是把一个剧本的写作持续了三年，已经形成了自主写作习惯；其二是在专业课学习和阅读过程以及社会实践活动中已经有了用心搜集素材的习惯；其三是意识到表演无处不在，所以开始尝试着在与人相处的时候不要太过自我和任性，而是顾忌对方的反应；其四是通过切身体验，认识到教育戏剧的手段在学习和社会工作中具有的巨大威力，因此也开始学习使用这种教育戏剧的手段。近年来新疆大学人文学院多名毕业生在各自工作的学校、单位以及生活的社区或指导学生运用教育戏剧手段进行国家通用语教学、学生心理疏导，或自己写作、指导表演即兴小品宣传自治区政策法规等。

四　文本教育戏剧手段在第四阶段的实践运用

与非文本教育戏剧手段多用于对学生学习习惯的养成、心理健康的维护、与人交流技巧的提高、社会服务能力的增强等不同，文本教育戏剧手段主要在专业课学习中发挥更大的作用。

我们采取两个步骤来进行这一阶段的学习和实践。

首先，在《中国现当代文学史》有关曹禺和老舍剧作的讲授中，布置学生先看《雷雨》《日出》《原野》《北京人》《家》《茶馆》《龙须沟》等舞台演出光碟，再精读文本。在这个过程中，每堂课都安排十几分钟，由同学们表演这几部剧中的经典段落，目的是训练读台词的能力；自习课也安排学生对台词并拍摄视频传给教师，教师并且对学生台词课的表现进行评价、提出建议。在学生对台词都有了自己的分析，并在表演中自主处理台词的朗读之后，布置一篇剧本作业，演出时长在25分钟左右，主题是在以下题目中任选一题：（1）从繁漪和周萍第一次在周公馆见面写起，写到鲁贵发现他俩在客厅里；（2）从陈白露中学毕业遇到诗人写起，写到她于绝境中遇到潘月亭；（3）从焦阎王开始算计仇家的地开始，写到仇家家破人亡，花金子嫁入焦家。这个剧本的难度很大，因为它既不能偏离原作，人物都要和原作性格一致或者有因果关系，所以看起来像是仿写，但它又确实是不折不扣的独创。这项习作设计的思路是受到了"同人小说"写作思路的极大启发，但又比"同人小说"要更加有深度，因为摹本是中国话剧史最优秀的经典，是中国话剧堪与世界经典剧作媲美的舞台传世之作。同时，这项习作设计的思路也来源于俄罗斯著名的形式主义批评理论家什克洛夫斯基关于文学是"戴着镣铐的舞蹈"一语的启发。让学生随意创作和让学生在对经典的补写中创作，其区别即舞蹈和戴着镣铐的舞蹈的区别。当然，这项设计也一次次地提醒作为教师的我们，学生的理解力和创造力是惊人的，绝不要低估；只要我们合理设计、积极启发，不存在完全没有创造力的学生。

其次，在第七学期的选修课教学中，建立创作团队，结合此前已经学过的课程，指导学生将中外文学经典文本改写为以当前的新疆为背景、以多民族文化交融为主旨的戏剧文本或者电影文学剧本，类型可以是都市言情、都市悬疑、文化交融反思等。原来的底本要么是中外小说，如《太平广记》《明清笔记体小说》"公案系列"或者外国文学短篇小说集等，要么是中外戏剧文本，如《西厢记》《琵琶记》或者布莱希特《四川好人》等，也可以是一个时代很多诗歌的戏剧串写，即赋予同一时代很多首抒情诗以一个贯穿的戏剧动作并借此反映时代的长画卷等。这项教学设计的出发点是促使学生对以现代思想重新阐释和烛照中外古今一切文学经典有更加生动的理解。高校教育强调创新，一切创新都不是无根的气球，而是建立在对传统的继承和扬弃的基础上，再加之以今人的理解与阐扬；同时，教育部对于优秀传统文化进校园也是大力提倡的，比起为考试而学习中外优秀传统文化，毫无疑问，让这些文化重新发挥其作用，成为其创新的起点，传统文化也才能重新进入我们文化的血脉。我们的学生更容易接受网络、微信等快餐或碎片文化的影响，这不是坏事，但会造成文化接受的偏颇与盲区。因为剧本写作的需要去阅读经典、选择经典文本、把历史现象和历史中的人性描写与当下都市人性进行联想思维，真正地感受和理解自己身处的才是历史上最好的时代，并将这种感觉艺术化审美化地表现出来，学生所学到的就不仅仅是经典文本的故事结构和人物塑造，而是在故事的摹写与改变中，在人物及其命运的比较和改变中，深切体会自己存身其间的社会是一个怎样和谐幸福的社会。

此外，在这个项目的进行中，学生需要学会团队合作，学会发现自己的长处和短处、同伴的长处和短处，以团队合作为契机，学会更多反省自己欣赏伙伴，既不妄自尊大也不妄自菲薄，以更成熟平和的心态对待自身的"不能"和伙伴的"能够"，提高自己的情商。同时，学生还需要分工查阅相关时代的社会学研究著作、历史学研究著作、民族学民俗学研究著作以及风俗时尚类著作，并与当下比较。背景的查阅极大地拓宽了学生的阅读面，并在准备毕业论文之前锻炼了学生查阅文献的能力。最后，剧本的写作在提交之前需要学生分角色对台词并在这个过程中对台词进行润色处理，电影文学剧本的写作则需要学生心中始终有镜头，写出的是镜头前的表演，这都锻炼了学生自己创作表演和制作剧本和微电影的能力，而在社会宣传活动中微戏剧和微电影已经是常用的手段。上海某医院宣传一种疗效好的肿瘤手术时，就向我们的学生预约微电影剧本，最终这个剧本及制作得到了认可。

以非文本和文本教育戏剧的手段来进行课堂教学、团队意识培养、人格培养和心理自我疏导，这种思想同样适用于其他行业的宣传和社会宣教工作。

五 教育戏剧在新疆大学落实总目标新战略中的作用和实效

新疆大学是多民族文化交流与融合的文化园地，同时也为实现新疆社会稳定和长治久安总目标承担着重要的历史使命，作为人民教师，我们对此有着清醒深刻的体悟。在这场旷日持久锱铢必较的斗争中，教育戏剧作为最乐于也最易于为广大学生和群众接受的宣教手段，必能起到积极的作用。我们做了多次尝试，积累了一定的经验，希望能与高校同人分享并起到抛砖引玉的作用，使我们的教育戏剧实施获得更多的成就。

首先，新疆作为多民族生活地区，国家通用语教学任务非常必要，但由于历史原因，这项工作也面对教学方法等方面的探索。文本教育戏剧手段在语言教学中的巨大积极作用是经过国外语言教学实践证明了的，相关经典理论也是很多的。在新疆大学国家通用语专业教学中，运用教育戏剧的理念和方法对各民族学生进行人格教育和思政教育，属于在自治区首开先例，其经验和教训对全疆高校都具有生动而深远的意义。今年10月，我们在刚刚从预科转来的少数民族新生中做了大胆的尝试。这批新生过去中小学都就读于民族语言学校，虽然学习了国家通用语并且取得了一定成绩，但以其程度要在本科段熟练掌握通用语还是有一定难度的。我们鼓励他们直接用国家通用语创作一部小戏，内容是新生的几种大学生活方式之间的冲突和取舍。之后我们对这个语句不太通顺主题也不太明确的文本进行了两轮仔细修改，把这种修改过程呈现给少数民族学生，让他们理解为什么做这些语词修改；接着对参演学生进行逐字逐句的读音纠正，之后帮助他们进行了表演训练和排练。正式表演时，少数民族学生语句流畅，舞台动作活跃，表情幽默又有青春活力。这个剧在新生表演中获得了最佳创意奖。这次尝试非常成功，学生对比自己写作和老师修改，明白自己的语病是什么；在背诵国家通用语文本的过程中纠正读音，体会语言在交际过程中蕴含的情感色彩，并在一个只有十分钟的戏剧表演中树立了学习和运用好国家通用语的自信心，他们在舞台上表现的正是对国家通用语的真切感受。

其次，帮助有家庭困难的少数民族学生正确认识问题，牢固树立对党、政府、学校和老师的信任，建立对自身光明未来的信心，以健康乐观的态度对待自己在生活中遇到的困惑和压力，并给予家人以正面的影响。例如，我们有一位学生，她本人就读于住宿制汉语言学校，是国家免费教育的最大受益者，她对党、国家和社会是充满了感恩的，进校后学习也比较刻苦积极。由于家人触犯了法律，受到了法律的惩处。这之后她明显表现出自卑和压抑，班主任谈话后反映，她并不是对法律不满而是对父母不满，同时担心自己的学业受到消极影响。经班主任多次劝慰，她虽有好转，但比起刚入校时则失去了学习的专注度，经常心事重重。于是我们安排她担任主演，与同学们一起复排一部讴歌民族团结，旗帜鲜明反对宗教极端思想的小品①，用于新年文艺演出。在排练过程中，指导老师以说戏的方式打开她的心结，并以训练她表演技巧的方式释放她压抑的情感，再以让她给其他同学说自己人物创作想法的方式，帮助她尽快调整情绪，恢复对学业和人生的信心。在一次次排练中，她越来越轻松自如，排练结束后同学们给予她肯定，她脸上露出了笑容。排练期间的专业课她也恢复了过去的刻苦和专注。

新疆高校有很多少数民族学生，在受教育的过程中他们从学校接受的是完全正面的教育，但因为身处环境的复杂，难免会受到亲戚朋友的影响，极个别学生也会出现一些思想的困惑。针对这样的困惑，对其进行思想政治教育是必要的，但教育戏剧作为思政教育辅助手段，让学生以"演别人故事"的方式获得了一个反观自己思想的旁观视角，在故事和情感的演绎中，学生会自然地厘清自己的思想认知，做出正确的选择。

最后，在进行高校教学改革尝试的同时，同时增强新疆各族大学生的责任意识，并通过他们的教育戏剧实践活动，把总目标所指出的核心思想传播到社区和农村，服务于新疆的社会稳定和生产建设。国家给南北疆优秀学子提供了"内初班""内高班"等高质量教育资源，率先在新疆地区实现高中全免费教育，同时，新疆高校学生也是国家大力资助的对象。可以毫不夸张地说，只要不是自己放弃，新疆几乎没有因贫困不能完成学业的学生。因此，新疆大学每年都要组织很多特定的写作活动，包括"返乡大学生的体会和作用""感恩伟大祖国感恩伟大的党"等主题，开学时也会要求以班级为单位召开类似的座谈。这就要求学生关注各类新闻媒体对新疆正在发生的各类变化的报道和描写，并结合自身经历和思考去写作、发言。这些活动效果都很好，但如果以教育戏剧的方式去做，那么效果会更加理想。

我们做了这样一次非常成功的尝试。为宣传自治区访惠聚工作，帮助南疆农民更好地理解这项工作对于他们的意义，自治区某机关访惠聚

---

① 新疆大学人文学院中文系汉语言文学 2012－1 班李明芳创作《我们都是新疆人》，已于 2015 年 5 月首演，首演效果非常好，得到了校团委的高度肯定。

工作队向人文学院预约一个小品剧本，内容是资助女孩上大学。在这个小品创作中，我们需要完成这样的意义传达：有困难求助驻村工作队和党组织，不要求助别有用心的人和势力；驻村工作队的职责就是帮助农民们脱困，无论是思想困局还是生活困难；女孩子和男孩子一样可以依靠自己的努力成为社会栋梁；教育改变命运。为此，该单位把他们的工作材料提交一部分作为创作素材。我们的学生成立创作小组，其中半数是少数民族同学。学生在读了资料之后仍然无从入手，因为剧本需要的是带有情感色彩的细节，而细节来自生活本身，他们没有这个生活经历，仅仅靠文字是体会不到这些感受的。换句话说，南疆农村女孩需要党组织和驻村工作队的帮助才能实现的理想，对于我们的很多学生来说，是他们生活中依靠个人努力和惯性就已经实现了的。在指导老师的指导下，创作组同学开始调研活动，包括假期去农村住几天、访谈自己的亲戚、在志愿者活动中去接近农村的女孩子们。调研结束后，再阅读驻村工作材料，学生带着完全不同的心情和视角，在这些文字材料中体会到主人公们的奋力挣扎，体会到宗教极端思想对弱者的桎梏和毁灭，体会到党和政府在这场斗争中所做出的艰巨努力，体会到驻村工作队的队员们通过不懈的努力为南疆带来的翻天覆地的变化。最终我们提供的剧本《三个小花帽》得到了驻村工作队的认可，已经多次演出。这之后我们又接到了写作任务，即通过戏剧小品的演出，宣传基层党组织的建设和作用，让南疆广大群众牢牢树立信念：听党话感党恩跟党走，有事求助党组织，党员是最亲的人。我们再次建立创作小组，少数民族学生超过半数，这些学生要么自己就是学生党员，要么正在积极争取入党，所以这次创作也是他们坚定自己信仰、重温入党誓言的过程。

这类学习项目的要点有：在已经接受过教育戏剧训练的三年级学生中挑选有热情有才华的学生，成立创作小组，组员中必须有相当数量的少数民族学生。因为少数民族学生在调研中有显著优势，同时与观众有着相同的心理基础和情感表达方式，他们对于剧本的语词运用和语气表达往往有着独到而准确的意见，剧本在经过他们的写作和修改之后，更有生活气息也就更适合演出。此外，调研和阅读基层工作材料在写作准备过程中起到最重要的作用，所以指导老师必须认真严谨地参与和指导这个过程，以正确的世界观帮助学生分析自己在调研中获得的信息。在剧本写作过程中，还可以动员创作组同学在老师指导下，在自己所属的班级成立创作小组，带动同学们编写以"民族团结""反分裂反极端""南疆社会的变化""返乡大学生的体会和作用""感恩伟大祖国感恩伟大的党"等为主题的微戏剧小品，并在班级学习中组织同学们表演。这样更有利于自己的剧本创作，也让更多的同学通过自己的编写和表演深刻切实地体会家乡的变化。教育戏剧与其他教学方式相比，是一种和生活保持着最密切联系的教育理念，它的各类训练项目都是直接与生活关联的，离不开从生活中直接取材；表演本身要求学生提供与自己记忆和经验相关的鲜活的生活场景，包括各民族、不同历史阶段、社会各阶层、各领域以及出现在上述生活场景中的各种职业、身份、年龄、性格特征的人物，还有发生在这些场景中的事件、矛盾和冲突。只要学生愿意，教育戏剧可以说涵盖了人类生活的方方面面。

总之，教育戏剧在我们的教学改革中不仅有益于专业课教学和学生健康人格的培养，而且有着深远的社会意义。在用国家通用语进行的专业课教学中全面推广教育戏剧的理念和方法，即以学生阅读、朗读、改编、表演为主，以教师指导、评议、总结和修改文字稿为辅，每门专业课每学期至少组织全班每个同学参加一次以上的课堂表演、每位学生根据教材和必读书目参与朗读和编写；成立创作小组，作为假期作业布置学生进行社会调研，以戏剧演出的方式参与新疆社会的进步与发展；作为对真善美的内在追求，教育戏剧在课堂和社会两个向度上激发学生懂得什么是真善美什么是假恶丑，随时保持着对自我心灵健康的矫正和维护，师生都通过演出和创作戏剧艺术作品，通过这些作品的具体场景，去理解真实世界的对与错，做一个有科学理性的头脑和独立判断能力，擅长理解他人与群体合作交流的，自尊自信的成年人。

中国现代文学史课堂教学中的
创造性戏剧教学

安　凌

　　创造性戏剧教育是一种广泛流行于欧美的艺术教育方式，指的是学校在课堂教学中，当涉及戏剧内容时采用的初级阶段戏剧教学，在这类课堂中，经由教师事先对课程内容及实践活动进行规划设计，并将学生组织成相应团队，根据团队特点和教学内容特点，建立一种类似于剧场性的课堂互动关系。① 其教学目的不仅在于向学生传授知识，或者是限于某个科目的教学工具，更不在于培养戏剧专门人才，而是致力于在一个短时间内完成的戏剧场景中培养学生的戏剧剧本创作、即兴表演、导演、想象能力，从而发展学生多方面的创作潜力。因此，它需要尽量让大多数学生接触和参与，而不是针对某些对于戏剧或影视有兴趣或天分的学生。

　　中国现代文学史戏剧段的教学，除了要让学生掌握一般的文学史常识外，还要给学生以戏剧文学的熏陶，戏剧并不限于文本，而是舞台上下台前台后多种综合因素的融合；又由于现代文学特具的启蒙性，学生还需要从戏剧的角度来加深对"人的文学"和"个性的文学"的理解；以上教学目标实际上决定了创造性戏剧教学在现代文学史教学中是最适用的课堂教学手段。

　　本文根据教学实践活动谈谈创造性戏剧教育思想在课堂教学中的具体体现与面临的问题。

---

① 　Margaret Faulkes Jendyk，"*Creative Drama-Improvisation-Theatre*" *from Children and Drama*，ed. by Nellie McCaslin，Lanham：University Press of American，Inc.，1985，pp. 15 – 28.

一 课前准备

创造性戏剧教学对于教师的备课有特殊的要求。教师在上课之前必须做好以下准备。

1. 向学生提供大量舞台图片。大多数学生虽然看过多部影视剧，但是进入大学之前看过话剧和戏曲演出的凤毛麟角，往往全班无一人看过戏剧舞台演出，所以对于舞台没有任何概念，这就需要教师事先准备东西方戏剧舞台经典图片。通过一次性向学生提供数百张舞台图片，并要求他们存入手机或其他便携式电子产品，既给他们形成初步的舞台概念，也方便上课时随时查看。

2. 准备一段短小但是含义丰富多变的台词，长度 20～30 行。教师事先为这段发生于甲乙之间的对话设想四段不同的前情，内容涉及夫妻情感、犯罪、父子冲突、阴谋等较为激烈的戏剧冲突，并设定多种对话节奏，将它们打印成两份完全相同的纸本，以备上课时使用。一般影视戏剧类专门学校表演和导演专业的课堂开放式场景小戏都可以借用。

3. 一份既包含文本又包含碟片的精读目录。过去现代文学史戏剧课教学要求学生阅读的文本比较多，但是要求学生观看的演出却比较少，两者形成了不对等关系。确实，在文学史教学中，学生的阅读量直接决定了最终的教学效果，面对着完全没有读过作品也没有任何文学阅读积累的学生，现代文学课程几乎无法进行下去，所以教师都把要求阅读一定数量的作品看作实现自己教学目的的最重要保障。但是在戏剧课程的教学中，这种思路并不适用。因为戏剧是舞台艺术，剧场性是戏剧的生命，这种特性无法从阅读中获得。所以，在戏剧段教学中，不应该强调阅读量，而应该强调阅读与观剧的完全对应。在不看演出的情况下，阅读一本与阅读十本差异不大；但在看过演出的前提下，每读一个文本，对于无论是课堂教学内容的实现还是发掘学生的潜力，其意义都不可同日而语。

4. 要求学生先观看一套同名影片与戏剧。最好的范例是《赵氏孤儿》的电影和话剧。

5. 要求学生在观剧之前粗看剧本，要抱有 "如果我是导演" "如果我是舞美" 这样的预想去观剧，之后再根据自己的喜好精读剧本。这一要求的目的是在学生的意识里建立初步的舞台感。但在具体实践中发现，这种要求给学生提供了新的阅读兴趣点，因此虽然要求粗看，实际上学生读的比往常更细致甚至挑剔，他们会直接指出一些在舞台上无法实现的描绘。

二　课堂教学实践

1. 进入戏剧教学情境。在整个戏剧段教学开始之前，第一节课先花 10～20 分钟和他们探讨《赵氏孤儿》的电影和戏剧不同的表现方式，对于戏剧舞台设计的民族化、导演对于经典的现代理解、演员演出时与电影演员不同的情感把握方式、戏剧与电影不同的打动观众的方式等做一些简单的交流。通过这段讨论给学生建立一种观念：在戏剧段的学习中，必须改变过去从思想、语言和艺术等方面来解读作品和教材的思维习惯，而要从舞台呈现的角度来学习，因此教师要牢牢把握讨论的方向，避免落入与其他文体的分析相同的窠臼中。由于学生没有读过电影和话剧的文学文本，实际上学生的讨论是自然面对着记忆中的银屏和舞台的，所以教师在讨论过程中也应反复强调舞台呈现的细节。这一阶段的教学不仅能提升学生的兴趣，而且能树立他们学习戏剧的自信。当学生发现自己已经能够做到眼前有舞台形象而不是文字的时候，他们就会在后续教学活动中有意识地要求自己随时从舞台出发去思考了。

2. 按照戏剧剧场性的特性梳理文学史线索，并提供大量思考题。简要地说，就是反复从合演不合演、观众爱看不爱看、东西方观众不同的观剧需要和心理、编剧和导演对于舞台的熟悉程度等角度去解释文学史中的戏剧发展、戏剧思潮、创作和演出、启蒙目的实现的方式和可能性。在这个梳理过程中，反复对学生说 "假如你是翻译家，你会选择哪种剧" "假如你是观众，你要看这种剧吗" "假如你是导演，他写的剧本你能拍吗" "假如你是编剧，这样编能演出吗" 这种类型的问题，使学生的思路始终不离开自身实践活动的可能性；同样，所提供的思考题也都不离开这样的思路。例如，时装新戏和时事京剧的成功说明了中国老百姓对于戏剧内容有什么样的特殊要求呢？如果你饰演《日出》中的翠喜，你怎么才能体现作者为她设定的"金子般的心"？把《雷雨》改编成电视连续剧，你作为编剧面对的最大难题是什么？这些问题的回答依赖于对戏剧演出和戏剧情节、冲突的深入理解，但是学生非常乐于思考和私下谈论的。

3. 进入剧作家及其作品教学之前，先演出事先准备好的开放式场景小戏。要求学生自愿组成一对，之后详细讲解前情，但不分配角色，让演出的学生自己商量他们之间的关系，之后稍做准备即对台词。之后让其他学生根据他们的情感和语气猜测他们的关系以及有可能的未来情节走向；再由演出的学生来说明其意图，最后教师具体分析演出和接受之间的差异如何造成。以下是笔者在开始讲述曹禺剧作之前做的一段小戏。

甲：哦

乙：是的

甲：你为什么干这事

乙：这事再好不过

甲：你可别这样说

乙：不，我说真格的呢

甲：请吧

乙：请什么

甲：这是什么意思

乙：没意思

甲：听着

乙：不

甲：真不一样

乙：不见得

甲：哦

乙：你挺好

甲：把它忘掉

乙：忘掉什么

甲：走吧

乙：一定①

　　我自己先设定四种情境，并详细描绘我为这四种情境所设想的舞台。

　　第一种：银行劫案之后，场景是一家酒吧，未到开门营业时间，舞台上有沙发茶几、瓶子、玻璃杯、抹布，还有一只皮箱。

　　第二种：一对受过良好教育的中产阶级夫妇，感情笃深，盼望多年终于生了儿子，儿子却没有活过三个月。他们商量把儿子的遗物都处理掉，在父母的卧室中，一张精致的婴儿床。

　　第三种：一对双胞胎姐妹，姐姐聪明但恶毒，妹妹善良但无知。遗产落在了妹妹手里，姐姐动了杀机。江浙的水景别墅，屋里是暴发户的装修：就是繁复而华丽，一切最贵的东西呈现的是精心的堆积，不是看似随意的摆放。姐姐穿得很阳光而妹妹穿得很俗艳。她们一边交谈一边玩手机。

　　第四种：一对曾经共患难的夫妇，有一个十岁的女儿。墙上挂着俩人的结婚照。妻子在做饭，女儿关着门在做作业，丈夫心事重重看报纸，之后他站起来把结婚照取下来，从镜框背后取出一张纸，此时妻子（或女儿）走入。旧的沙发，新的茶几，落了灰的结婚照，还有由好几扇门组成的舞台空间——没有私密性的中国式客厅。

　　由于不规定甲乙角色，也不说明后续情节发展的线索，所以四个场景都具有一定的悬疑特征，它激发了学生的想象力，也让初涉表演和导演的学生对于戏剧的"代言体"本质有了非常具体的感知。每个情境表演结束后，由教师和学生一起进行猜测和评述，一般第一个场景由两

① 〔美〕凯瑟琳·乔治：《戏剧节奏》，张全全译，中国戏剧出版社，1992，第19~20页。

名男生表演，他们会做出很难预先猜中的角色分配。随着表演次数的增多，学生会本能地赋予这些场景以更加复杂的前情与人际关系。

之后，仍然是这段小戏，分别按照 2 - 4 - 2 - 4 - 2 - 1 - 2 - 1 - 2 节奏和亚里士多德赞许的三段式节奏以及简单的两段式节奏切分，要求学生自己设定前情并注意台词的停顿与前情之间的情感关系，在简单讲解之后，学生一般都会设定出极具戏剧性的前情，并在处理台词停顿时表达充分的情感。结束后笔者和学生一起先猜测和评述，之后讨论哪种停顿方式更符合观众的喜好。

针对这段戏文，布置的思考题是：戏剧的语言是否本身就必须个性化和风格化？假如我们要把甲处理成恐惧，把乙处理成滑稽，那需要什么样的前情与舞台设计？如果这段是喜剧对话，那又需要怎么对台词？

此段教学的目的是让学生换一种方式去读文本，在这段小戏引发了学生的兴趣和自信之后，再提示他们可以在宿舍里拿着我们要讲述的剧本对话，并挑战性别年龄和心理。这样他们在阅读剧本的过程中会自然而然地带着角色感和一定的语气去读，会把自己替代进剧本，即使他们没有出声。

4. 在作家和作品的教学过程中，同样引导学生关注舞台与作家和作品的关系。例如，讲述了曹禺的经历之后，要求学生指出《雷雨》作为阅读文本和演出本的区别，即举例说明哪些是作为编剧的曹禺不应该或不必要写的；如果我们导演《雷雨》，哪些必须忽视。之后就曹禺对舞台的描绘与舞美的手绘图和实际演出时的剧照做比较，从舞美立场出发来重新审视曹禺的描绘。又如，考虑舞台效果，饰演花金子的女演员需要什么样对舞台表现呢？尤其是当她和焦母或仇虎一起时。从每部剧中挑出一个片断来，要求同学对台词，并要求他们面向后墙背向同学们。在他们朗读时，要求同学们边听边想象他们的舞台动作；之后要求朗读者讲述自己为角色设定的情感和语气，再由同学们根据全剧的剧情来评价他们的朗读。这段教学完成后，学生获得的最大收获是对剧中每个人物都有了自己的认知，对人性的善恶冲突有了更切身的理解与体验。

三 课后作业

1. 戏剧段的课堂教学活动结束后，即布置作业一篇。笔者布置的作业是补写名作中的某段重要剧情。例如，从周萍第一次见到繁漪写起，到鲁贵发现他俩在客厅幽会为止，共 15 分钟的对话。这是难度非常大的作业，因为它虽然是完全意义的独创，却又必须符合原作中每个人物的性格发展轨迹。这就需要在自己的写作中反复回到原作去，模仿原作中的人物的言行举止，但又必须设计一个奇特的戏剧冲突，通过这个冲突将所有有关的人物都牵扯进来，并使两个本来没有好感的人心灵发生碰撞。其他如舞台、服装、音乐都必须与时代或人物相符。

作业要求学生在写完之后找同学一起对台词，确定台词不会少于 15 分钟，其间只能换场不能落幕。这个训练从未失败过，学生花费两周时间，反复看剧本和作家评传，还查阅了相关的社会学资料，寻找那个时代的风尚……最后几乎无一例外地提交了一份出色的作业。学生之中的佼佼者所写的剧本冲突合理而且激烈，人物语言是对原作的惟妙惟肖的模仿，周萍和繁漪的性格非常动人。这些剧本所达到的水平经常都出乎预期想象，这也提醒着我们，我们的学生绝不缺乏创造力，倒是我们不该压制他们，而应该激发他们。教育的目的本来就是帮助学生能成长为独立自主的人，帮助他们学会同情和理解周围的一切人，戏剧真是最好的教育方式和材料！

2. 在现代文学史的教学结束后，在与现代文学相关专业的选修课中，再布置一次作业。笔者的做法是在《中国通俗文学》的专业选修课教学中，将学生任意组合成几个小组，要求他们合作将《太平广记》或者明清笔记体小说中的故事改写成现代都市题材剧本，规定每个人写作的长度不能少于 15 分钟，但是只能上交一份整理好的 39～43 分钟的剧本。给每个小组一个统一的成绩，而不会给每个个体成绩。由于此前在文学史教学中曾经详细讲述过南开新剧团是如何完成集体创作的，所以一般学生都会先去查找这段讲课内容，之后再通力合作，每个人都尽量发挥自己的写作长处，并规避团队其他同学的写作弱项，最后上交的剧本非常完整统一，一位作者和另外一位作者交接处几乎看不到缝隙。虽然这些剧本和国内一流编剧团队的作品差距是巨大的，但也已经表明学生的潜力和合作精神都值得我们期待。

如何获得创造性戏剧教学的最佳效果？笔者认为教师在课前备课的方式最为重要，即教师首先要改变传统的备课方式，要做到自己胸中有舞台，并准备大量的舞台演出相关知识和材料，这样才能带动学生从舞台出发思考问题。因为当高居讲台之上的教师满足于将书本上的知识点原封不动地复制给学生时，他们可曾想到，学生在家轻点鼠标，只需输入关键词，便可了解任何他们希望了解的详尽知识，就传授知识这一点而言，比教师更全知全能的应当是搜索引擎①，也就是说，教师这一行业唯一能取代电脑和网络的是他的创造能力，是具备一定知识之后在课堂上活学活用并引导学生互动的示范作用，而这种能力表现在舞台上，正是戏剧永远无法被替代的特性：剧场性。

原载《昌吉学院学报》2012 年第 3 期

---

① 周倩文：《教育戏剧学新探——20 世纪戏剧理论对教育学的研究价值》，载 Richard Schechner、孙惠柱主编《人类表演学系列：平行式发展》，文化艺术出版社，2007，第 205 页。

为自己代言[*]

王晓芳 张 微 胡 静^{**}

第一场

人物

女一号：白婷——女，大二女生

男一号：凌峰——男，大二男生（白婷的男朋友，有极强的大男子主义）

男二号：汪奇——男，大三男生（社联的成员，性格有些"娘"外加自恋）

女二号：江笛——女，大一女生（假小子，凌峰的哥们儿）

男三号：食堂叔叔

地点 食堂

时间 中午 12 点左右

布景 在一个普通的食堂里（左右以台上演员为准），左边斜着的是食堂打饭的大窗口（放一个桌子，桌子前面贴着一张白纸——写着"套餐窗口"）舞台中央放两排桌椅，第一排和第二排斜错开。打饭窗口处可以清楚看见一个穿着白色大褂，嘴上套着透明的塑料口罩的食堂大叔百无聊赖地一手撑着桌子，一手拿着挂在肩膀上的发黑的白色毛巾，眼睛随意地转悠着。白婷坐在第一排吃饭，面向观众。

---

* 剧本版权、演出权和修改权属于作者，未经允许，不得随意发布、演出和修改。

** 作者为新疆大学人文学院汉语言文学 2011－1 班学生。

食堂叔叔 （叹了口气）今儿人咋这么少，还不如早点下班得了。（说完就拿毛巾拍拍自己身上的灰。）

汪奇 （背着书包上场，随手拿出一面小镜子，对着镜子整理发型，妩媚地对着观众）嗨！嗯哼～～（音乐1起）你想每天换N种发型吗？（把镜子收起来）乌市的大风成就你。早晨三七分，中午五五分，下午四六分，傍晚大背头，亲，还额外赠送各种小礼物呦～小石子，树枝子，土渣子，（音乐1止）哎呀妈呀，绝对的杀玛特效果！越南洗剪吹（cui）啊！

汪奇 （翘着兰花指，边指边说，食堂叔叔就开始打饭）我要宫保鸡丁、辣子鸡丁、土豆鸡。（突然用手阻止）不要了，现在是甲型H7N9高发期，这鸡……可吃不起。

食堂叔叔 （打好饭，准备给汪奇）哎，小伙子，我们做出来的都是良心饭，这饭可是经过那个SOS911国际认证的，可是贴过防伪标签的。你怎么能随便乱说呢？到时候嘛，小命保不住，可别怪我没给你说。

汪奇 额，不是吧，你至于吗？我就随便说说。

食堂叔叔 随便说说，你可是不知道随便说说的厉害，随便说说……

汪奇 好了好了，我不会再随便说了，叔，我错了。

食堂叔叔 （把饭给汪奇）（汪奇坐到白婷旁边，随手把书包放在凳子上）哎，现在的年轻人呀！

汪奇 呦！这不是咱社团的白大美女吗？怎么？今儿林妹妹附身了？

白婷 （淡淡一笑）昂～这么巧，你也来吃饭呀。

汪奇 是啊！这么巧，你吃得也是饭呀。（白婷苦笑）

汪奇 讨厌啦，你的笑点明显就余额不足嘛。难道……你们小两口闹别扭了？

白婷 啊？有这么明显吗？

汪奇 我的情商超出了你的想象。告诉你一个好消息，咱社团要换届选举啦，想不想和你那位一块竞选社长呀，白大美女……

（凌峰上场去打饭）

白婷 别提了，我们就因为这事儿吵的。

汪奇　这是为什么呢？

白婷　我是挺想试试的，可是他认为我就该站在他身后，默默支持他，不用去做什么社长。

汪奇　亲爱的，（音乐2起）别人只看到了你的笑容，却没有看到你的坚强；别人有别人的看法，你有你的选择；别人嘲笑你不配竞选，你可怜别人总是等待；别人可以轻视你的努力，你会证明这是谁的时代。（音乐2止）你是白婷，你要为自己代言。

（白婷捂着嘴笑，但笑出声来。凌峰端着饭经过，刚好看到这一幕）

汪奇　（此时，汪奇看到凌峰，站起来，拍凌峰肩）呦，疯子。你也来啦。

凌峰　嗯（凌峰冷着脸坐到第二排吃饭，白婷也不说话）

汪奇　（看一下白婷，再转头看一下凌峰）哎呀妈呀！（边说边做使劲抹脸状）看来水很深呐。（接到一个电话，没拿书包）白婷，我先出去了，你们小两口好好沟通一下哦。

（江笛打着电话从右边上场，以下二人均大声打电话，同时交叉而过，互相嫌弃，既各自通话，又互相干扰）

汪奇　你什么事儿呀，我饭卡里真没钱了。

江笛　喂，爸。

汪奇　哎，怎么了？

江笛　爸，昨天说的转专业的事儿，怎么办啊？

汪奇　我勒个去！你说怎么办，西红柿炒鸡蛋，拌都不用拌。

江笛　爸，听你的，我的事情，你们安排就好了！

汪奇　哎！听哥的就对了！诶？我书包呢？不跟你啰唆了！我要回去找书包了。

（两人同时挂电话）

汪奇　（左顾右盼）我书包呢？（走到白婷旁边）

汪奇　怎么，还磨不开面子呀，（把白婷拉起来，把她往凌峰的方向推）来，我跟你说。（汪奇和白婷做说话状，无声）

江笛　凌峰，你咋一个人？咋不和你媳妇坐一起呀？

（凌峰低着头吃饭，不语）

江笛 咋啦，你们吵架了？给哥们儿说说，让哥儿们开心开心。

凌峰 （烦躁）她……算了，我懒得说。

江笛 谈恋爱嘛……不是失恋，就是被失恋。（清清嗓子，唱）伤心总是难免的，你又何苦一往情深。（拍他的肩）哥们儿，人在江湖混，最好是光棍。

（白婷走过来，站着，旁边是汪奇）

江笛 （蔑视）是你，娘娘腔！

汪奇 你还男人婆呢！

（白婷转头看了一眼汪奇）

汪奇 啊，你们继续，继续。（把江笛拉至后台）

白婷 凌峰，你打算就这样一直冷战下去吗？

（江笛看看白婷，看看凌峰，疑惑的样子，站起来）

凌峰 我跟你说过，女生不要太好强，你一个小女生根本不需要做社长，遭这份罪。

江笛 （做恍然大悟状）哦，原来是这事呀！

汪奇 就你这脑子，你以为什么事呀，切~

白婷 我觉得这并不是遭罪。

江笛 凌峰还不是怕你太累，也是为你好嘛。

汪奇 就你这男人婆，一看就没谈过。哎，（唱）男人婆你不懂爱，雷峰塔会倒下来。

江笛 你个盗版龚玲娜，别打扰人家小两口解决问题，小心我一口盐汽水喷死你。

凌峰 学联的任务重，压力大，更别说做社长了。对一个女孩子来说，不是遭罪是什么？听我的。（站起来）

江笛 （靠近白婷，大包大揽地）就是说嘛，像我，无职一身轻，多好呀。有人曾经说过："宁做时间的富翁，不做时间的奴隶。"

汪奇 拜托，别说话了，一会儿弄出啥事儿咋整呀。（江笛"哼"了一声）

白婷 （不理江，专注地看着凌）一样的工作，男生做和女生做有什么分别？

凌峰 （也直盯着白）别人我不管，你是我女朋友，你就得听我的。

白婷 （气急）我平时听你的还少吗，进哪个社团，听你的，选哪个选修课，听你的，（几乎带哭腔）就连每天吃什么菜都要听你的。（汪把凌拉开几步，江凑近正试图平复自己情绪的白）

江笛 （对白婷，体贴）我从不挑食，我觉得都挺好吃的呀。（白婷猛转头绝望看她）

汪奇 （赶过去拉走江，江仍然不觉得自己有问题）哎，男人婆，你的人生就像一列火车，逛，吃，逛，吃，逛吃逛吃逛吃。（江笛：你……）

（汪奇用手放唇前，做"嘘"状，后把手放嘴前，做模拟拉拉链的动作）

凌峰 我做的这一切不都是为了你好，你为什么总是不听我的？（江笛和汪奇在台上用肢体语言相互挑衅）

白婷 （打断他的话）听你的，听你的，就连竞选还要听你的吗？（语气转缓，带着恳求）我真的很想自己做决定。

凌峰 你的决定本身就是错的。现在大二了，学习任务重，参加竞选压力会更大，你身体本来就弱，能吃得消吗？作为一个女生不需要太拼搏，一切都有我。

白婷 （沉默半刻，转头对着凌峰）我……现在需要一点时间好好想想。

（此时音乐 3 起。白婷开始独白，其他人静止状，保持原来动作。白婷转身的一瞬间，另一个人紧接着走上台前进行独白，以下每段独白皆做此处理）

白婷 我知道，喜欢上一个人，总有一方要牺牲。我努力为他改变，试着做小鸟依人。而他，要我听话，为我做决定。他对我的好，已经变成了束缚我的枷锁。我想去竞选，去证明我自己。我要自己选择。（下场）

凌峰 我很珍惜她，为她做任何事，我都觉得是值得的。我帮她做决定是因为她太单纯，想事情不够周全，怕她受伤害。为什么她总是不懂我呢？

汪奇 拜托，当局者迷，旁观者清。我这个情圣算是看透了。人哪，就应该掌握自己的青春，应该……应该，哎呀妈呀，没词儿了。

江笛 没词了吧。你呀，回你的四医院去吧。（推汪奇，和他一起下场）

（音乐 3 止）

凌峰 难道我真的错了？

食堂叔叔 （拿着勺子，焦急地上场，拍着他的肩）那丫头子真的不要你了。啧啧啧，没事儿，还有大叔我呢！（两人一块下场）

第 二 场

时间 几个星期后

地点 操场

布景 舞台中间有一个红色横幅写着"新疆大学'静怡杯'趣味运动会"，横幅两边放着几个大气球（可以再放一些拉花，依情况而定）。

（白婷身着一身黑色西装，白色衬衫，从舞台右侧上场，指挥着别人干活。汪奇在干活，江笛紧随着白婷从舞台右侧上场）

（江笛默默地看着白婷一会儿）

白婷 （转头对着江笛，嘴角露出微笑）江笛。

江笛 白婷，你……真的变了，（头低着）而我……

白婷 作为一个大学生，不要迷失自己，要活出自我呀。

江笛 嗯（两人相视一笑）

汪奇 拜托，男人婆，你可真是阴魂不散，是不是暗恋我呀。

江笛 （做呕吐状）真是恶心他妈抱着恶心哭，恶心死了。

（凌峰从左侧上场，环视四周）

江笛 （对着凌峰和白婷会意地一笑）额，我先去那边看看（手指

着随便一个地方，下场）

汪奇　那边我刚布置好，我得去看着她，别给我弄乱了。（piapia
地追着她下场）

白婷　好久不见，凌峰。

凌峰　（尴尬地笑）嗯，你……现在还好吗？

白婷　挺好的。

凌峰　（看着白婷）看来你这次的决定是对的。

白婷　是的，这几个星期我组织了几次活动，我终于感受到实现自
我价值的快乐。我想我们还是彼此眼中的那朵花（凌峰有些诧异，又有
些激动地看着白婷），爱情不是生活的全部，我们，只看不摘。

凌峰　（怅然若失）是吗？也许我是真的错过了。

白婷　（笑着）凌峰，我们还是朋友，而且明天还将成为竞争对
手。（向凌峰伸出右手，凌峰迟疑了一下也伸出了右手）那……我们选
举台上见！（说完对着凌峰笑了笑，转身挥了挥手，大声说着）再见。

（音乐 4 起。凌峰静静地看着白婷离去。）

凌峰　看来爱，不是一味地给予。（下场）（音乐 4 停止）

江笛　（突然拿起电话）爸……以后我的事儿还是我自己做主吧，
（自信地笑）因为……我已经长大了。

　　　　　　　　　　　　　　　　　　　　　　　　　　　（谢幕）

风波[*]

李明芋^{**}

场景

教室内，三张桌子，两张桌子并排，左桌后有一张桌子。时值夏天，考试将近。

（王刚上，身穿黑色无领短袖，蓝色牛仔裤，白色运动鞋，背着书包）

王刚 （抓着双手，做端正状。朝观众，清清嗓子，不同音调）啊啊啊啊啊——（破音，清嗓）假如生活撂倒了你。普希金。（竖起手指，从观众面前划过）假如生活撂倒了你，表墨迹，表叽歪，表咋呼，表吱声，（跺脚，手往地上指）你奏要趴着，也表起来。一直坚定不移地往前（身体做蠕动状态往座位方向去）故丘……故丘，一直故丘……

（宁宁上，身穿白色短袖，牛仔中裤，背着单肩白包）

宁宁 嗨——嗨——我说那个（学着王刚身体做蠕动状），你帕金森啊！

王刚 （冲到宁宁身边，插着腰，头朝前）说嘛呢说嘛呢！倒是你，也该减减肥肥了，教室的椅子都坏了一大片了。

宁宁 你——（一把推开王刚）闪开，你个灵活的小排骨！（把书包放到桌子上）别耽误国家栋梁学习！

王刚 （踉跄到一边，双手放在嘴边，惊吓，往后退，朝观众）哎哟妈呀——栋梁长成这样，让我这善良的小老百姓情何以堪呀（泪崩状）

---

* 剧本版权、演出权和修改权属于作者，未经允许，不得随意发布、演出和修改。
** 作者为新疆大学人文学院汉语言文学 2012 - 1 班学生。

宁宁 （拿出书，狰狞）信不信我分分钟钟，（手撕状）徒手撕了你！

王刚 得——你还是啃书吧。（看了看宁宁，跑过去把宁宁书抢过来，晃书）看嘛书呀！走哥哥带你潇洒潇洒去。

宁宁 （嘲笑）你这放荡不羁的生涯，快结束了吧。（凶狠）还敢抢老娘的书，你是想死了还是不想活了。（过去夺书，坐到位置上）

王刚 （跑过去）你这人——（脚翘凳子上，手摸鼻尖，拍大腿，得意）大爷的好日子才刚刚开始。

宁宁 （背着王刚）刚开始？嘿！这要上断头台的人，就是不一样。昨天还哭爹喊娘的说，（哭腔，学男声）要是再挂科哥们就被学院强制性降级了，（转过头，朝王刚）怎么今儿个就有这么大的勇气破罐子破摔了。（敲敲脑袋）一定是我早上醒来的方式不对。

王刚 （哼小调，大摇大摆走到前台）这你就不懂了吧。俗话说得好呀，这龙生龙，凤生凤，我也不能生个耗子光会打洞吧。（挑眉）我告诉你吧，哥这是要翻身的节奏！你就等着看吧。

宁宁 得，就你那咸鱼样，还翻身。人家咸鱼要真腌半年，早死菜了，哪还能翻身。你翻给我看，你倒是翻呀。

王刚 嘿——你还别这么瞧不起人，我呀，（神秘，将宁宁拉到前台）这次可是——哈哈，你自己想去吧。

宁宁 （把他手拨开）把你蹄克从老娘身上拿开。（朝观众）现在的人呀，不吃药就出门，这不影响治安么！（朝王刚）趁老娘还没动粗，（指着外面）你现在能跑多远跑多远。

王刚 （大幅度甩腿，朝观众，不好意思）既然你这么想知道，我还是告诉你吧，陈磊答应让他女朋友考试的时候帮我。你想，有个学霸带我超神，哪里不会抄哪里了，so easy——（转过身，宁宁已经在座位上看书）嗨——

宁宁 逗比——

（陈磊和李娜牵手上，陈磊身穿黑色带领短袖，蓝色牛仔裤，斜挎着书包，李娜身穿白色长裙，抱着书）

王刚 （见陈磊和李娜，殷勤）哟，这不是咱们班的模范情侣嘛，这是什么风把你们给吹来了。

（陈磊和李娜欲坐座位上，王刚连忙跑去用手擦桌子凳子）

宁宁 （微笑，温柔地）娜娜，你们也来复习了。

李娜 嗯。（将书包放下，朝向王刚）谢啦。（陈磊坐下，找书）

王刚 （手往宁宁身上一擦，猫着腰）这话说的，小的都折寿了。

宁宁 你妹。（拍拍衣服）

王刚 （朝宁宁）你妹。（朝李娜）小主近来容姿秀美、俏丽非凡呀。

李娜 （抚摸秀发）那是自然的。

宁宁 （抬头，朝王刚）别这么恶心我行不？

王刚 （转头朝向宁宁）去你的！你不会看上我了吧？（李娜偷笑）

宁宁 （惊吓）欧——买——噶——（看看娜娜，不好意思，戴耳机看书）

王刚 （谄媚望向李娜）娜娜，（把她拉到前台）明天我的去留就在于你了，只要我这次过了，（昂头，得意）爱疯6，7，8，LV 神器，你随意挑——（陈磊急忙上前拉王刚，使眼色）

李娜 （打断，做停止手势）卡——

王刚 就知道你朴素，你也别嫌贵，这样吧，哥们请你吃个奢华凉皮——

李娜 等等，（诧异）你什么意思？什么去留，什么过了？

王刚 （不好意思，捂脸）就是明天的考试。

李娜 考试？！

王刚 （上前一步）就是磊哥跟你说的那事儿，明天……（陈磊上前捂住王刚的嘴）唔——

陈磊 刚子，刚子，（朝李娜笑笑，向王刚轻声）你别着急。

王刚 （拿开陈磊手）你说说我能不急么，你昨天不是说你媳妇答应了吗？

李娜 我答应什么了？（朝陈磊）怎么回事？

陈磊　那个——那个——我回去跟你说。

李娜　不行，现在说！（两人同时）王刚不行，现在说！

陈磊　其实是这么回事！

王刚、李娜　说。

陈磊　（拉着李娜的手）明天你帮他作弊，（拍着王刚的肩）你负责抄。（摊手）皆大欢喜！

王刚　（举双手）我赞成！

李娜　（朝向王刚）我反对！

陈磊　（将李娜拉到一边，王刚紧跟）媳妇，兄弟嘛，（抛媚眼）就帮帮他。

李娜　别的忙我可以帮，但这个忙我帮不了。（朝王刚）王刚，你以后有什么事可以直接来找我。（朝陈磊）你没有权利替我做决定。

陈磊　（摇摇李娜的手）媳妇，媳妇，别生气，这不是兄弟有难，我就应下来了。我想你这么大方，不可能拒绝的。

王刚　嫂子，别的忙我不需要你帮，（求乞）明天这个忙——你得拉兄弟我一把。

李娜　不可能！

陈磊　（对李娜，半乞求半生气）怎么不可能，你一口一个不答应，一口一个不答应。这不是让我在兄弟面前下不了台吗？（小声，合拢双手）媳妇，就这一次，你就答应了吧。就当给我个面子，给我个面子。

李娜　（扭头）面子面子！我就是你的面子吗？你有没有想过事情的严重性。

宁宁　（取下耳机，上前拉李娜）娜娜，娜娜。别生气，有话好好说。（白王刚一眼）

王刚　（朝宁宁）这有你什么事儿。

宁宁　（朝王刚，小声）悄悄——

李娜　（朝王刚，坚决）这件事我绝不可能帮你！

陈磊　（无奈）娜娜，你别这样行吗。

王刚　靠，（朝陈磊，讽刺）你媳妇成绩好，瞧不起我这样的人！

　　宁宁　（拉着娜娜）王刚，你少说两句，（朝娜娜，温柔）娜娜不是那样的人。

　　李娜　我成绩就是好怎么了！

　　王刚　你了不起！就我这样的人不行！

　　陈磊　这哪儿跟哪儿啊。哎，我说，这才多大点事！

　　王刚、李娜　你闭嘴！

　　宁宁　（朝陈磊使眼色，朝王刚）你行了。走，我给你划重点去——（拉王刚，王刚不情愿，宁宁硬拉他到位置上）

　　同步〔王刚欲上前，宁宁抓住他衣服，将他按到座位上，王刚站起来，宁宁把他按到座位上。王刚动了胳膊一下，宁宁立马站起来，宁宁坐下，王刚坐下扶着自己的头张扬动嘴不知说些什么（无声表演），王刚由一开始激动变得慢慢沉默下来〕

　　李娜　（陈磊拉李娜手）你现在对这件事是怎么打算的？

　　陈磊　你也看到了，明天就要考试了，刚子就算是复习也来不及了，（低头）我不想不顾兄弟情义，让王刚降级。

　　李娜　我也不想，只是这事儿我们根本没法儿管。

　　陈磊　怎么没法管，只要你答应。

　　李娜　我答应？（甩开陈磊手）你怎么就是不明白呢！

　　陈磊　是，我什么都不明白。但是我知道，我不会让我兄弟降级！

　　李娜　你能不能冷静一点？！

　　陈磊　（激动）怎么冷静！他是我兄弟！我就是不明白，你帮一下他又能怎么样！

　　李娜　（冷漠）怎么样？！我不想在这些无谓的事情上再浪费时间了。

　　陈磊　浪费时间？（冷笑）李娜，那你是不是觉得我也在浪费你的时间？

　　李娜　（冷漠）我没这意思。

　　陈磊　那你什么意思？我就不明白了。你为什么就不能替王刚想想！你别那么自私行不行！

　　李娜　（惊讶）我自私？我怎么自私了，难道像你那样就是无私了。（闭上眼睛深呼吸再睁开眼睛）既然你这么想帮他，这个忙，我帮！但是你要清楚，我现在不是在帮他，而是在帮你！

陈磊 （愣住）我？

（王刚抬头望向二人）

李娜 （盯着陈磊）如果没被抓住，你就成了英雄，而我心理上就会一直有个黑点，这个黑点，于你来说，什么都不是！如果被抓住了，（指王刚）他绝对只能被开除！（失望，转身不看陈磊，停2秒，突然转头）那时候，你能为我做些什么！（指王刚）你又能为你的好兄弟做些什么！

陈磊 我——

李娜 （收拾书本，平淡冷静）事情由我们去做，后果由我们承担，你承担了什么？（走到前台，近距离沉声，慢慢地，有力地）你没权利替我们决定！陈磊，你才是我们当中那个最自私的人！（轻轻撞陈磊肩膀，下场）

（陈磊呆立原地，之后双手捂脸）

宁宁 （愤怒）这下你爽了吧！（收拾东西）你太有面子了！（温柔地）娜娜，等等我——（追下场）

陈磊 （走向前台独白）我想做一个好哥们，一个好恋人，可是却事与愿违。我妄想自己的决定必然是最好的，可是我错了。我是自私的，我没有权利替他们中的任何一个人做决定，因为我无法替他们承担任何后果，也无法为他们的人生负责。

（陈磊叹气，回头收拾东西）

王刚 磊子，（站起来，羞愧）对不起。

陈磊 这和你没关系。（沉默一秒）刚子，这个忙，我帮不了你了。（下场）

王刚 （拿起书包，走向前台，独白）直到现在，我才明白，于人于己，我都成了一种负担。我不该以兄弟之名介入他们的感情，我该做的，是为自己的人生负责。不管这次结果如何，我都要凭借自己的努力去改变现状！我保证！

（落幕）

《雷雨》补写

季海婷[*]

人物

周朴园——某煤矿公司董事长，年五十二岁。

繁漪——其妻，年三十二岁。

周萍——其前妻生子，年二十五岁。

鲁贵——周宅仆人，年四十五岁。

周冲——繁漪生子，年十四岁。

场景

屋中是两扇棕色的门，通外面；门身很笨重，上面雕着半西洋化的旧花纹。右边有一扇门，通着书房。左边也开一道门，两扇的，通着外间饭厅，由那里可以直通楼上，或者从饭厅走出外面，靠中间门的右边有一很大的窗户，上面挂着深褐色的窗帘，一直垂到了地面。

墙的颜色是深褐，屋内所有的陈设都很富丽。靠近左面门放着一套很大的沙发，沙发的右边有一个木制的小桌子，上面放着一盏金黄的台灯和一部电话。在沙发与右门的中间是一张圆桌，上面放着茶壶和茶杯，围在桌子四周的是五个小圆板凳。在中门左边放着一个半人高的旧式紫檀小衣柜在上面，和柜平行的，放一条很矮的紫柜长几，摆着瓷器、古董一类的精巧的小东西。

开幕时周朴园坐在沙发上，穿着一件圆花的官纱大褂，大指套着一

* 作者为新疆大学人文学院汉语言文学 2010 - 1 班学生。

个斑指。手里拿着烟斗，一口一口有节奏地抽着。鲁贵在旁边站着。

  鲁 （看了一下表）老爷，十一点了，估摸着大少爷快到了。

  周 （吸了一口烟）哦，你去请太太下来，告诉她大少爷快到了。

  鲁 （习惯性地躬下腰）是，我这就去。

  繁漪从自己的房间里出来，穿着深紫色的旗袍，面无表情，脸色略显惨白。

  繁 不用了，我来了。

  鲁 （谄媚的笑着）老爷，您看太太下来了，老爷您正想着太太，太太就下来了。

  周 （冷冷地）嗯。

  繁漪不理会鲁贵，径直坐在沙发的另一头。

  鲁 老爷，太太。我去瞧瞧少爷到了没有。

  周 嗯

  鲁 从大门下。

  周 （抽着烟斗）冲儿呢？

  繁 上学去了。

  周 哦。

  二人沉默。少顷，鲁从大门进来，手里提着两个黑色大皮箱，随后跟着周萍。周萍穿着一件淡蓝色的长袍子，脚上穿着一双黑色的皮鞋，因长途坐船坐车脸色略显憔悴。

  鲁 老爷，太太。大少爷到了。您说巧不巧我刚到大门口，就瞧见大少爷的车到了。

  萍 （来到周朴园面前）爸爸。

  周 嗯到啦？路上还好吧？

  萍 （怯怯的）是，爸爸。路上还好。

  周 （指了指繁漪）这是你母亲。

  萍 （面向繁漪，恭恭敬敬的）母亲。

  繁 （淡淡的）恩。

  周 我还有事，鲁贵，你带大少爷去休息吧。赶了一宿的路，也应该累了。（面向繁漪）你去安排一下，今天晚上我们给萍儿接风。

繁　恩。

周站起来了，从中门出。同时

鲁　（拿着行李）大少爷，我去给您放行李，您不知道，您的房间还是太太给收拾的呢！

萍　（对繁）谢谢您，让您费心了。

繁　（淡淡的）没什么，快点上楼吧。

萍　是。

灯暗

一个月后下午

周萍穿着西装在客厅来回踱步，很紧张，像是有什么事苦恼着他。经过桌子的时候，突然拍了桌子一下，像是有满腔的怒火终于可以发泄一样。

周冲从大门进来。穿着黑色的学生装，背着书包，脸上红扑扑的。

冲　（讶异地）哥哥，你怎么了，谁招惹你了？你告诉我，我告诉爸爸去，不，我告诉妈妈去，我让妈妈帮你，（豪气的）哥哥，你说，谁招惹你了？

萍　（语气平静）冲儿，哥哥没事。今天这么早放学？

冲　（不理会萍问题）哥哥，你别怕，等我去叫妈妈。（说完就冲上楼，边跑边叫着）妈妈，你快下来！哥哥被人欺负啦！你快下来！妈妈，妈妈……

萍　（欲阻拦）冲儿！

萍　（慢慢回到桌子旁，坐在板凳上，像一个千年木乃伊似的，喃喃自语）我为什么不能像冲儿这般无忧无虑，我为什么感觉如此压抑。（突然抬起头，像是在向谁质问似的）为什么要让我生活在这样一个家庭？天哪！让我死了吧！死了吧！

繁　（边下楼梯边说）无论你怎样气闷，你好歹还有个盼头，不想在这里生活你还可以选择走。

萍　（听到繁漪的声音，立刻坐了起来）母亲，您下来了。

繁漪全身都是黑色，拿着一把蒲扇。

繁　（不理会萍）我在这已经生活了十五年了，以后还不一定会有多少年，我想我这一辈子怕是会永远这样下去。（看向萍）你才来一个月已经受不了了，我想你应该无法想象这十五年来我是怎样过的，哼，我自己都无法想象。

繁漪说完坐在了沙发上，周萍没有说话，只是站在沙发旁。

繁　（看了一眼周萍）坐吧，你父亲不在，就别那么拘谨了。

萍坐在板凳上。

繁　（望着萍）说说，你怎么了。

萍　没有怎么，只是心情不好。

繁　哦，是在你父亲那里受气了吧。

萍　恩，您是知道的，爸爸他对我很严厉。

繁　哼，他永远都是这个样子，从不留情面给别人，我想你时间久了就会习惯，像我一样，已经对这样的生活麻木了。你知道吗，在这个家里我从不把自己当成一个有血有肉的人，我把自己当成一具死尸或一根木头，这样我才熬过了这么些年！

萍　（语气同情）您别这样消极，我知道这个家太磨人了，您生活了这么些年很不容易，可是您还有冲弟啊！

繁　是啊，我还有冲儿，我可怜的孩子。但愿他永远不会遭遇到我这样的命运。

萍　母亲，冲弟那样活泼可爱，他会快活一辈子的。

繁　（无限担忧）但愿吧！（自嘲）你瞧，冲儿让我下来安慰你，现在反倒是你来安慰我了。

萍　母亲，您别这样说，我没事，倒是您要保重身体呀！

繁　恩。

萍　冲儿呢？

繁　他的功课还没完成，我叫他在房里做功课。

萍　哦。

周　从大门进来，繁和萍站了起来。

萍　爸爸。

周　（语气严厉）你怎么还在家，刚刚在公司里不是让你赶紧去把李发的那笔款子要回来吗？

萍　我……

周　哼，这点小事都做不好，一笔小小的款子，你要了一个月，你说你还能干什么，周家怎么出了一个你这样的窝囊废。

繁　朴园，你别说了，他刚从乡下回来，难免会有事情做得不好，你就别计较了

周　真不知道他脑子一天到晚在想什么，（向萍）再给你三天时间，三天后我要看见那笔款子放在我的桌子上。

萍　可是……是。

周　我先去休息，晚饭的时候叫我。

繁　好。

周从楼梯上。

音乐班得瑞《莎莉花园》

萍　（颓废地坐在沙发上）我真的不知道该怎么办了，爸爸想要逼死我！

繁　（语气同情）萍，别这样，事情总是会解决的。

萍　我没办法解决，爸爸说得对，我是窝囊废。

繁　别这样想自己，是你爸爸太不通情理了，太冷血了。你应当为你还能在这个家感到痛苦而庆幸，这至少证明你还有感受，不像我，我已经没有任何感觉了，一颗心仿佛早已不会跳了。

萍　可为什么受苦的总是我们这些可怜的人?? 这不公平，太不公平。

繁　（绝望）这个世界早已经没有公平了，老天早已瞎了眼。

萍　（无奈）是啊，（宣誓一样）可是我不服，你看着吧，我一定能改变我的命运！我不要这样永远压抑！

繁　你能这样想就最好不过了，好了，别想了，你父亲还让你要款子去，快去吧，晚了又要挨骂了。

萍　恩。（转身欲下，又回头，真挚地）今天和您的谈话我感到很

开心，没想到在这个家我还能这样无所顾忌地说话。

　　繁　（苦笑）这也没什么，我只是可怜第二个我而已。

萍注视繁，轻轻叹气。（音乐停）

灯暗

大概两个月后晚上两点

音乐班得瑞 – Adagio of the Highland

　　沙发旁的桌子上点着一支蜡烛，灯火摇曳，整个大厅显得昏暗，诡异，一切都看不清楚。繁漪坐在沙发上，烛火照在她的脸上，显得娇媚无比，只见她穿着一身素白色的旗袍，静静地坐在沙发上，时不时地往门口望。周萍从中门上。（音乐结束）

　　繁　（惊喜的）回来了。你父亲已经走了吗？

　　萍　（倒了一杯茶）已经走了。

　　繁　不知道是什么急事让你父亲半夜就往矿上赶？

　　萍　我也不太清楚

　　繁　（微笑）吃了吗？我让人给你弄些吃的。

　　萍　（坐在沙发上）不用，我已经吃过了。

　　繁　（关心）那累了吧，我看你脸色不太好。

　　萍　不累，今天父亲走了。

　　繁　（笑）我知道，你怎么了，你不是刚送他走吗？我看你是真的累了，说话都颠三倒四的。还是快去睡吧。

　　萍　（语气略带撒娇）不要，我想和你说话。

　　繁　（笑了笑，没有说话，只是看着周萍）。

　　萍　（看着繁漪，继续说道）我今天特别高兴，因为我今天要干一件伟大的事。

　　繁　（疑惑）伟大的事？

　　萍　恩，你记得我曾经说过我一定要改变自己的命运吗？

　　繁　恩，记得，你说你不要永远这样。

　　萍　没错，你知道吗？我发现我爱上了一个人，这让我的命运不再显得那么悲苦，相反我觉得我现在很幸福。

繁　（不信，惊讶）你……你说你爱上一个人。

萍　恩。

繁　（痛苦）她是谁？

萍　远在天边，近在眼前。（凝视繁，一字一字）就是你！

音乐

繁　（不知所措）我……你别这样说，别这样，我是你的母亲啊，我们怎么可以……

萍　为什么不可以，而且你根本就不是我的母亲，（指着长几上的照片说）我的母亲是她，不是你。在我眼里你只是一个需要疼惜的女人。

繁　（疑虑）可是，你的父亲……

萍　（冷冷的）难道你怕他吗？你不是告诉我，这十五年里，你是怎样过着生不如死的日子。（看见繁漪很痛苦，语气转温和）我们都是这个家的可怜虫，难道可怜虫之间就不能互相怜惜吗？

繁　（突然爆发，但马上变成低泣）萍，你说得对。我们是应该互相怜惜，可是我是你父亲的妻子，如果我们……那我们不就……（哭得更伤心）那怎么可以？

萍　（憎恨）我父亲，哼，我恨他，我但愿他死，就是犯了灭伦的罪我也干！

繁　（哭倒在萍的怀里，低声说）萍，别这样，你这是让我死啊！

萍　（一只手轻轻地搂着繁漪的腰，另一只手轻拍着繁漪的背劝慰）你不会死，我不会让你死，我们一起改变自己的命运。（音乐完）

忽然窗外传来一声咳嗽声，繁漪和周萍马上就分开了，向窗外望去。

萍　（厉声）谁？

没有人回答。

繁　（惊慌）外面像是有人。

萍　（故作镇定）这么晚了怎么会有人？

繁　（用手帕擦干自己的眼泪）我们还是先走吧，被人看见就不好了。

萍　（犹豫了一下）好吧，那走吧。

（落幕）

学生学习感言选登

· 学生感言选登一 ·

时光如梭，不知不觉，已经在大学里接受了快 10 年的教育了。从本科时的基础教育，到研究生时期的提升领悟，到今天博士阶段的自主研究，近 10 年来的读书历程，让我感受到中文系教育一方面要培养学生的专业知识、学术素养和科研能力，另一方面是让学生成为一个更优秀的人。就我的亲身体验而言，我在新疆大学中文系所接受的戏剧教育起到了重要的作用。

每一位中文系的学生，或多或少都要接触到戏剧。从关汉卿、汤显祖，到曹禺、郭沫若，再到莎士比亚、奥尼尔和萨特，他们的作品是每一位中文系学生所无法回避的经典。当然，我们的戏剧教育不仅仅是阅读文学史、作品选上的文本，更是观看演出、剧本创作和登台表演。后者不仅仅需要老师有扎实的中文学术素养，同时还需要有专业的戏剧知识。幸运的是，本科入学时恰逢安凌老师南京大学博士毕业归来，成为我们中国现当代文学课程的主讲教师。安老师在对本科生的教学中，除了对专业知识的教导外，还主动将自己的专业知识融入实践教学之中。首先，在文学史教育中，她反复强调，戏剧文本不同于小说、诗歌等其他文学形式，具有剧场性。演出的方式、景片的布置、舞台的设计同样重要；同时需要去诵读表演才能真正把握作品。多年过去了，我依然记得大一时在她的课堂上曾分角色朗读曹禺的经典剧作《原野》时的情境。另外就是指导我们进行剧本创作。从大一到大三，每一年都有一次课程作业是剧本写作，三年来，作业篇幅从一幕到多幕，创作从个人到团队合作，从原创故事到改编经典……对我们的要求的提升贯穿本科教育的始终。最后，就是让我们大量欣赏经典舞台演出剧作，安老师从她的收藏中挑选出一些经典作品，组织全班同学在课余时间观看，并且在随后的课堂中进行讨论，现在还记得有《雷雨》《秀才与刽子手》《赵氏孤儿》《恋爱的犀牛》《萨勒姆的女巫》等。

本科毕业后，我有幸成为安老师的一名硕士研究生继续深造，在研究生的培养上，安老师同样贯穿了戏剧教育，除了观看演出外，特别要求我们亲自参与戏剧演出。这些演出是同本科生一起，在老师的指导下自编、自导、自排、自演。在研究生二年级时，我先后参与演出了两次演出，其中《环保生活》获得了自治区的奖励，我本人得到了宝贵的演出经验和从事学术研究的独特视角。

戏剧教育不仅仅能够让我们做一个更优秀的中文系学生，更重要的是让我们成为一个更好的"人"。矛盾与冲突是戏剧的生命力之所在，剧本的阅读、创作、表演诠释的过程，就是不断揣摩、理解人与人之间的诸种矛盾、误解和冲突的过程，需要我们不断地进行角色扮演，不断地换位思考，不断地理解和倾听每一个角色的所思所想，这是戏剧学习的过程，同样也是我们每一个人在生活中无时无刻不在经历的人生。戏剧以这样一种形式，提供了一种让我们感悟生活、理解生活理解个人的机会。

老师说，表演又被称作"表演人类学"，只要我们活着，只要我们还需要融入社会，那我们就终生在学习表演。在学校的戏剧演出、角色扮演，在这方面是一种锻炼：如何扮演好一个角色，如何向他人（观众）表达，如何把控你的神情姿势。所谓"人生如戏"，我们每个人都有各种角色，同学、朋友、子女、父母，生活中有太多的需要我们去表现的时刻，怎样表达才能让自己在别人眼里更有魅力？怎样才能更好地向别人表达我的喜悦、仰慕、敬佩、痛苦、愤怒……这些，正是戏剧演出与我们生活的相通之处，也是通过戏剧教育所能提升我们的地方。就这个意义来说，在我看来，戏剧教育不仅仅是中文系的必需，同样也是我们的基础教育中所应该重视和贯彻的，它帮助我们成为更好的

"人"——我们每个人都需要一堂戏剧课。

（柳鹏飞，新疆大学人文学院汉语言文学2008－1班本科生、新疆大学中国现当代文学专业2012级硕士生、清华大学文学院在读博士生）

·学生感言选登二·

记得大一的时候，在安凌老师的课堂上，进行过《雷雨》的补写创作，内容是根据原著，补写周萍和繁漪如何发生乱伦关系的情节。

对于刚上了半年大学的我来说，从未接触过这样新颖的学习方式，这种学习方式最明显的好处，就是充分调动了我的积极性和创作欲。补写，必须忠实原著，必须尽量做到好像出自一人之手。所以，首先，我对原著充满了敬畏，十几次通读原著，每一次都有不一样的侧重点。

比如，在最开始构思的时候，因为主人公是繁漪和周萍，所以我侧重研究原著中对于这二人的描写（情节冲突、人物个性、语言、动作、神态等），尤其对于二人的语言，我在阅读的过程中，常常会反复读出声音和感情，以便更好地揣摩人物不同的语言特点，让自己的补写更像他们本人说出的话。但是，我逐渐发现，只研究原著中的周萍与繁漪是不够的。

所以，我转变了策略，开始分别分析每个角色对这二人的影响。对之影响最大的自然是周朴园，他行使一家之主的权力，是这二人精神的直接"摧残者"，因此他的口气往往带有不容违抗的命令性质，表现在语言上，就是几乎不带任何语气词，我为我的发现感到小小的得意。

我以为在读了七八遍原著、研究透人物之后，可以动笔了，但当我提笔的时候，又被难住了——舞台怎么布置？凭着想象，我设计了一个自己非常满意的"典雅、庄重、符合原著"的客厅。可是当我尝试着把它们"搬"到舞台上的时候，我傻眼了：那"可以直通楼上，或者从饭厅走出外面的门""气势磅礴的古油画"等，舞美根本无法处理。在重新布景的时候，我一边修改，一边豁然开朗，戏剧和小说的不同之处，在于剧本中的每一句话都是可演的，和小说的天马行空相比，剧本的限制更多，因为它不仅仅要考虑情节，还要考虑如何演出以及观众的接受。我只好灰溜溜地收敛起研究完人物之后的那份小小得意，重新捧起原著，以十二分的专注来研究舞台布置，研究怎样让人物的行动和舞台相协调，研究怎样在考虑观众观感的前提下设置情节。

我不禁对23岁的曹禺充满了敬意，我才真正恍然大悟什么叫细节之处见功力，才深刻地警醒了作为一名文学专业的学生，应该如何心存敬畏地真正去阅读文学作品，如何穿越时空与作者对话。这种通过自主探究获得的感悟和体会，我想是一辈子都不会忘记的，在八年后的今天想起来，依然历历在目，清晰如昨。因为这种学习方式对我的影响，不仅仅是在专业学习方面，而且对我的成长启示颇深。

从这以后，我首先学会了在生活中该如何判断一个人，因为某人一时的行为必定和他的经历相联系，因此，当我遭遇到极端的人或事，我就会学着冷静地分析事件背后可能存在的因素，并试着去理解他们。所以，我在努力理解的同时，学会了全面地看待问题，学会了换位思考，并且逐渐变得宽容。

其次，我还尝试着在生活中通过倾听他人的语言对不熟悉的人做判断，并在日后验证我最初的判断，现在看来，这可能只是小女孩尝试的游戏，可它确确实实地培养了我在认真倾听的同时大脑飞速思考和判断的好习惯，让我在说话之前三思，避免了不少语言失误带来的麻烦。

再次，从不断校对补写戏剧，并与原著进行比对的过程中，我变得更加认真和专注，我的眼睛更尖了，能敏感地迅速整合与原著相吻合、相承接的信息，并运用到自己的写作中。我认为这是一种无法言传的能力，只能通过不断的练习与自身的悟性去获取。很幸运，我终能初窥门径，而一切都源于一项简单却丰富的学习任务，为我带来了一生的财富。

最后，在理解人物的同时，我更加理解人性，不仅是对作品中人性的重新理解，而且是对生活中所有人和事的重新理解，对于以前咬牙切齿的人或事，我能坦然面对，求同存异；面对未知的困难和磨难，我能平和从容，步步为营。我想，很多人不明白学习的意义，是因为他们只看到了学习本身，却没有体会到学习背后所蕴含的对于人格养成的巨大力量，这种无形的影响，只有亲身经历，方能受益终身。

（史津铭，新疆大学人文学院汉语言文学专业 2009 - 1 班本科生，新疆大学中国现当代文学专业 2013 级硕士生）

· 学生感言选登三 ·

大学里最开心的就是收获戏剧，而这一切都是安老师带给我的。我不但全程参与了老师的教育戏剧课程改革，担任过编剧、场记、导演，获得过奖项，而且，我还受邀编写过反映退伍消防战士生活的多幕剧剧本、"访惠聚"宣传剧本（已经演出了），在读书期间已经卖出过剧本。而我从中得到的益处绝不止这些，这里我只想说说令我印象最深刻的与人格培养有关的体验。

记得在排练心理剧的时候，安老师为了让矜持害羞的各位演员尽快进入状态，说道，表演是每个人的本能。毕业后我成为一名教师，第一次站在讲台上的时候，看着讲台下一双双好奇的眼睛，我化身演员，五十多双眼睛正在观看我。那一刻我意识到我的角色变了，我不再是一个学生，而需要去扮演一个老师。老师是自信的，是温柔的，是文明的，是知识渊博的，而实际上我也会怯懦；我也想在别人冒犯我时，给对方狠狠一巴掌；遇到问题我也希望有人可以帮我解决。但为了扮演好这个角色，我将一切深深藏起来。

而实际上我绝不是仅靠一个面具生活，老师、女儿、下级、同事，等等。在种种角色中，我都必须尽职演出，不管演得好不好，我都必须尽力。我尽量做到礼貌周到，做到乖巧听话，做到尽职尽责。而我清楚地知道内心深处的那个我讨厌虚情假意的奉承，讨厌死板无趣的工作，虽然这样的生活也许看起来很扭曲，但奇怪的是我却享受其中。我明白我们每个人天生都是一个演员，每个人都在表演，从这个角度去观察人生，人生多么有意思！在人生这个舞台上，每个人戴着无数个面具活着。或许有人认为戴着面具就意味着虚伪，意味着假。但我认为正是这千千万万个面具才使得这个世界如此多姿多彩，才使得生活如此有滋有味。同时，以己度人，哪一张面具后面没有一张伤痕累累的脸？哪个人心中没有隐隐作痛的枪伤？我想这是戏剧教会我的重要一课，同情。

戏剧教会我透过纷繁复杂的人生表象去发现人生真相，从而领悟人生的真谛。在这条路上，我俨然还是一个新手，需要修炼得很多，但是独特的视角给予我不同的快乐，在这个苦涩的世界里哑摸出那么一丝甜味儿，是多么幸福。

（季海婷，新疆大学人文学院汉语言文学专业 2010 - 1 班本科生，现供职于乌鲁木齐市第 116 中学）

·学生感言选登四·

离开新疆大学三年多了，蓦然回首，才发现戏剧竟如此深地滋养着我。

十年前，我十六岁，所有的一切都围绕着成绩。生活是背着书包的两点一线，目标是别人口中的好大学。没有业余时间，更没有什么业余爱好。如果一定得说喜欢什么，那就是"有序的"生活和强烈的心理暗示吧——只有抓住每一分每一秒才能考出好成绩，只有好成绩才能确保光明的未来。那时的我并不知道，人生的意义有很多，人生唯一确定的就是不确定。

初入大学，虽然已是大学生的身份，但我的思想仍停留在高中——功利主义，成绩至上。我不能理解为什么有的同学不看教材，不筹备实习，却痴迷于读杂书，做手工，参加社团活动或是四处游荡……为什么这么多人热衷于"没有意义"的事。

法国文学家托马斯·布朗爵士说："你无法延长生命的长度，却可以把握它的宽度；无法预知生命的外延，却可以丰富它的内涵；无法把握生命的量，却可以提升它的质。"那么如何做到呢？人的想法、行动和生活多与遇到的人、经历的事和思考的问题相关。可与丰富的大千世界相比，人一生太短，我们真正接触到的人、亲身经历的事、不得不面对的问题往往是有限的。戏剧给了我途径，或者说，戏剧让我看到不一样的人生，体会不一样的感受，思考不一样的价值。

初遇《恋爱的犀牛》，不知所措，不能理解也无法放下，尤其是着正红色长裙的明明和说着大段独白的马路；《哥本哈根》让我从头哭到尾，不记得是什么点触动了我，只记得那股在心中翻涌的劲儿；《金锁记》让人产生的揪心，以及过后的沉重；《萨勒姆的女巫》中，从不撒谎的妻子站在审判台上撒谎的一瞬间的动容；《秀才与刽子手》中，刽子手拿起笔，秀才胸口长出毛的反差……每看完一部剧，心中就多了点说不清，道不明，但确确实实存在的东西。

看似平淡的生活暗含众多可能，这些可能造就了矛盾，矛盾激化造就了冲突。戏剧写作中的"平地起波澜"让我明白了这一道理。构思《试衣》，每个人物都有各自的性格，暗流涌动，必然打破表面的平和；补写《雷雨》繁漪和周萍的纠葛，既是压抑人物彼此吸引相互取暖的必然，也是矛盾激化、掀起轩然大波的前奏；创作《幸福里的补习班》，退休老人回家，不是简单地放下工作，而是探索另一种生活的开始……戏剧源于生活，更是生活高度的凝练。一部部戏剧犹如一注注营养液，是人生和思想的精华。

安老师说："我愿你沉静而丰富，自信而淡然。"这一切，我通过戏剧学习和实践而获得。人人都爱聚光灯。我也爱聚光灯，但要说感谢，我更感谢聚光灯之外。聚光灯之外，我做了四年场记和音效，从一开始颇有几分酸楚和不甘心，到沉下心来做好每一件具体的事。从恪守本分做好分内事，到熟悉每一环节，配合导演统筹全局。从对各种不切实际设想的吐槽，到从现实出发，从无到有，从有到优的实践。聚光灯外的磨炼，让浮躁不安的我学会沉淀。大学四年我与戏剧相伴意识到了多样的世界，由此，我产生了"世界这么大，我想去看看"的冲动。

我考取了北京某科研院所的硕士研究生。这里有来自全国各地，甚至世界各地学者和学生，研究领域从戏剧、电影、电视到书法、音乐、舞蹈，从传统民俗到前沿设计，从科研理论到实践创作。在这里，我遇到了不同的人，经历了不同的事，也开始思考不一样的问题。而戏剧一如既往地滋养着我，并让我进一步发现新的世界。身处国家大剧院的小剧场，看着曾经在教室荧幕上播放的《死无葬身之地》，剧场的现场感，时空穿梭的错乱感以及深刻的哲学思想给我巨大震撼。演出结束，所有人都起立鼓掌。

那年暑假，作为"工友之家"的一名志愿者，我们编排了话剧《切·格瓦拉》。经过与工友的同吃同住同劳作，加上后续的访谈和关注，再来演绎这部话剧，我更真切地感受到它内在的张力。

戏剧让我发掘了多元的自我，发现了多元的价值，更了解了多元的世界。

此刻的我是一名老师，也有了自己的学生。我想把滋养过我的那些戏剧，双手捧到学生面前，希望这些戏剧同样能滋养他们。

（刘玉红，新疆大学人文学院汉语言文学 2010 - 1 班本科生，中国艺术研究院 2014 级硕士生，现供职于北京第二外国语学院贯培学院）

·学生感言选登五·

大学四年，教育戏剧课是最有意思的。平时总是在舞台上或者电影电视上看到演员表演，从没想过自己也能有机会当众对台词、演剧本片段。这是非常新奇的一种体验。在教育戏剧的课堂上，我可以放松自己，在老师的指导下反复揣摩剧本台词和演出情感。从专业角度来说，它很像中戏、北影、上戏这些艺术类院校的表演课。台词是每一位参与课堂学习的"演员们"的基本功，在正式念台词前，老师会让我们以抽纸条的方式抽取自己的台词，每组两位同学，每一个人只知道自己的纸条内容而不知道对方是谁，这就考验彼此的默契了。我们先熟悉台词，之后开始在全班面前朗读。第一遍读的时候大家还不适应，听起来既没感情，语气也很平淡。老师会请其余的同学点评同时提出意见。第二遍读的时候，效果就好多了。这时，老师又提出要求，为我们设置具体的角色。一段台词或对话，在没有设置具体情节背景的时候，感召力不强。但是当有具体的人物角色时，就有意思多了。我和搭档分别以"等丈夫回家愠怒的妻子"和"喝酒晚归的丈夫"一组角色与"克扣店员工资的老板"及"早对老板心有不满的员工"一组角色共同配合表演相同内容的一段台词。那次的戏剧课让我留下了非常深刻的印象，第一次近距离投身到表演当中去，也是第一次知道表演原来这样有意思。

教育戏剧课对人格培养有很大的作用。我们同学中有不少都是家里的独生子女，普遍缺少包容心和表达爱的能力。在教育戏剧的课堂上，老师让我们分别尝试不同的角色，用表演的方式去表达特定人物的语言和情感。这种实践非常有利于我们站在"他者"的角度思考，去感受不同于自己的人生。无论是男生尝试扮演女生角色，还是相反，都拓宽了我们的感受范围，这种"反串"一开始很难，但随着大家逐渐释放出自己的天性，表演也越来越精彩了。借此机会我们能看到同班同学的另一面，自己也大胆去尝试了与自我截然不同的角色扮演。每周的教育戏剧课都成为同学们最期待也最欢迎的课，我们会因为一位同学真挚深切的悲情表演而流泪，也会因为另一位同学幽默搞笑的表演笑得前仰后合。此外，我在演出中担任音效工作，做这份工作让我非常自信和快乐；有一次演出在我给自己学院剧组完成了音效之后，其他学院剧组也纷纷上前，恳请我给他们的演出完成音效，我很自豪。这是大学期间最值得我们回味的青春记忆。

（郑豆豆，新疆大学人文学院汉语言文学 2012 - 1 班本科生，新疆大学中国现当代文学专业 2016 级在读硕士生）

·学生感言选登六·

收到安老师微信的时候，正在单位边听歌边埋头写材料，正好听到后海大鲨鱼乐队的"我们漂泊在那平庸之海，不管变成钻石或者成为尘埃"这一句，抬头望着窗外的茫茫夜色和万家灯火，心里一下子亮堂起来。

戏剧学习让我大学四年的专业课程变得更加丰富和生动，原本以为中文系是那种整日背书、练字、写文章的"书呆子"式生活，没想到也有江湖快意，有柔软人心，更有"涉江而过、芙蓉千朵"的跋涉之乐，特别是戏剧创作和排演，让我能学着去体察人心，开始主动、独立、批判地思考，也能更勇敢地去尝试。在毕业后入职培训的结业式上，我为诗朗诵节目"命题式"地编写了跟单位有关的诗歌，参与导演了小品节目，还在其中演了一个太监，在另一个戏曲串烧节目中用方言演唱了关中秦腔，这是之前从未想过更别说去尝试的事情，导致了我被大领导看中，直接进入了省分行的机关要害部门工作，是幸运，也是冥冥之中的必然，无论是上台表演时的坦率和不怯场，还是为人处世、识别和抓住机遇的能力，甚至还有自我约束和管理协调的技巧，都通过之前戏剧创作和排演得到了或多或少的磨炼。

最近看了《无问西东》，电影结束的时候湿了眼眶，为剧里展现的文人风骨感动不已，坐在旁边的一位老先生还带头站起来鼓掌，那个瞬间，像受了一场洗礼似的，觉得眼下的烦恼和困顿什么都算不上了。工作之后面对的生活就如歌里唱的一样，不论你是光彩万丈还是常不如意，都是一样不断趋于平庸，而戏剧，就像这漫长路上的一盏明灯，离你有点距离，但始终在不远处，用或明或暗的光亮，让你暖一点，继续有力气能慢慢前行。

离开校园生活的一段时间里，呆板而严苛的工作，让我一度感受力渐失，以前在风中能闻到海，看雪花落下来，胸口会涌起细碎的幸福，闻到桂花香就似重走了一遍童年，后来则常常阴天就是阴天，顶多转身上楼拿把伞，没什么不对，但又好像哪儿都不对。于是开始认真内省，内省是戏剧学习教给我的最重要的能力之一，大学时在安老师的戏剧课上，从学习剧本时的研究和分析文本、了解和领悟情景，到创作剧本时的设定和理解角色、编排和制造冲突，再到话剧表演时的扮演和塑造人物、感受和传达情感，经过戏剧课堂的多种训练，让始终参与其中的我学会走进自己的内心，辨别自己的感受和想法，并能够客观地分析这些感觉，进而去寻求生活中的各种答案，我的工作一开始的时候常常让我觉得是这个年龄不能承受之重，有段时间天天加班到深夜，蓬头垢面下班的路上，觉得深深地失望和痛苦，后来还是通过内省，觉得自己"想避世，更要在世上"，于是积极对心理状况进行回溯和调节，将负面情绪一点点逼出去，通过"精神出体、俯察自身"，渐渐达到"从此江湖岁月寄，仗马持剑两不离"的效果。

戏剧学习很注重体验式的方法，除了阅读和了解书本知识，更多地是通过实践和体验得到情感的共鸣，特别是通过创作和导演戏剧，掌握了另一项重要的能力——同理心，也就是"设身处地"站在他人角度看待事物的能力。在机关部门工作，协调各个层级的关系最为费力，特别是一开始作为"职场小白"，跟一群身经百战的"老油子"斗智斗勇还是挺不容易的，我花了半年时间，积极尝试换位思考，对有的人通过"将心比心，体谅心情"来交好，对有的人通过"想他之想，做他所做"来让他人满意，对有的人则通过"借其所长，弥吾所短"来更好地配合。戏剧作为一种行为艺术，可以说是人类处境的反映，所以社会、职场在某种程度上说也就是一个大的戏剧舞台，每个人都分饰多角，通过观察和体味别人的言语、行为，了解彼此的需求、欲望、相似和不同，得到更多的人生体验，虽然"听过了很多道理，依旧过不好这一生"，但是具备同理心，能让我们更多地理解他人的处境，也会极大地增进我们对自己、对世界的看法，这会帮助我们把自己的人生"过明白"。

"明白"二字看起来容易，其实要耗费很大的时间和精力，人生旅途中，难得"糊涂"，更难得"明白"，戏剧学习点亮了远处的一盏灯，让我明白世事无常、多苦和无用，于是唯有学习积极但不执着，凡事都用心，凡事都不必需。

（伍思楠，新疆大学人文学院汉语言文学 2012 - 1 班本科生，现供职于交通银行新疆分行党委组织部）

·学生感言选登七·

在能够系统地学习"戏剧"这一概念之前，自诩"小资""微博潜水专业户"，长期混迹知乎天涯等众多社交 APP 的资深吃瓜群众——我，若说从没看到过"乌镇戏剧节""暗恋桃花源"等与戏剧相关的新闻或图片，显然是睁眼说瞎话，之所以下意识地屏蔽或过滤了这些信息，是源于不知从何而生的固定认知——戏剧，是一种高雅的艺术，而与之"相配"的，除了观者脑中该有的文化修养、身上应着的精致礼服，还有难以负担的高昂票价，像我这种在漆黑一片电影院里泪流满面都怕被人发现、包里备足卫生纸的"平民"，显然是不能，也不该去主动关注"戏剧"，更别提到现场去看了。

但人生中就是有那么多无法预料的恰如其分，为你备足改变的可能性。原本笃定要去学中医的我阴差阳错地被调剂到文学专业，现当代文学的女老师披着大红围巾，气势十足地宣布期中作业是补写曹禺先生的话剧，并细致地说明话剧剧本写作的各类要求和具体时限，全班的大一菜鸟都被老师那与身高不符的威严吓得战战兢兢，下课便直奔图书馆，搬空了其中能够外借的还能翻得动（有些书本太老旧只余残页）的全部曹先生文集。于我而言，虽然不敢说付出了全部努力，但50本以上的参考资料也是确确实实地一字一句地读下来了，正因如此，才更期待老师能够给予符合自己心理期待的评价，但现实一般都不会如人意。老师仔细到每一个标点符号的批改方式和不时出现的"惊人语录"让我对自己"引以为傲"的写作水平有了全新的认知。

以下截取自安凌老师对我的剧本批语：

"从最后两页多来判断你的写作能力，你是很能写的，对话一句赶着一句，非常紧凑有力，台词充满了动作感，这一段紧张得让人几乎窒息，写得好极了!! 这是很不容易的，所以，你具备一定的写作剧本的潜能。"

"从整个剧本整体来看，这段戏不好看，尤其如果我不是要改作业，我估计我早就坚持不了了，我也就会失去发现你写作能力的机会。也就是说，你给我发现你的机会，但是要考验我的耐性。幸亏我不是普通读者，否则我会放弃通过考验。"

"你有能力，对话写得不错，以后要多在冲突和情节的设定上下功夫，也就是说，你需要把功夫下在课堂之外。"

说实话，委屈、难过是难免的，但反复对安老师的批注进行思考的时候，理智反而最先屈服，并连带激起了情感上"初生牛犊"的傲气。好吧，我承认我现在写得就是这么烂，但我不会一直这么烂的。从老舍、曹禺和郭沫若，到契科夫、易卜生和奥尼尔，再到当时大火的廖一梅，看得懂的就留个几十字的小感想，看不懂的多看几遍，即便只留下一个情节的记忆也好。恰逢新疆大学人文学院心理话剧比赛，汉语言文学专业历来由二年级学长学姐们提供原创剧本，二年级的新生提供演员，本着"学习"心理，我也自告奋勇地报了名。排练时正值乌鲁木齐日日大雪，一年级的课程又排得满，一众主演连带数十群演每天一同踏着齐踝的深雪自宿舍和"天井"间往来，毕竟站上台的是自己，谁也不想丢了份。

正式上台的那天，彼此说着笑话打气，无意间握住同学的手，沾下一片津津冷汗。到如今，当时自己的台词是什么，早已记不清了，只记得舞台下一圈大灯打得极亮，又晃眼又闷热，加上后勤准备的话筒临时失了声，台上的演员个个青筋外露，汗流浃背，抬起做动作的手尽皆带着肉眼可见的颤抖，设计好用以丰满人物形象的小动作全抛在了脑后，紧绷的肌肉只有在观众的笑声中才偶有放松，只有脑中"快完了坚持住！"的自我安慰如字幕般来回播放。奇妙的是，结束后大家下台来的第一句话，并不是预想中的"终于完了下次再也不上台了"，而是"我××地方忘了""太干了，再演一次肯定不是这样""如果不是设备我们效果一定比这个好"的不甘心。

之后的大学生活几乎与"戏剧"绑在一起，与班里志同道合的同学合写剧本并实现舞台演出，一起抢购特价的话剧票，"走后门"去给来新大演出的剧团作后勤，除去毕业论文，我最后完成的一份大学作业也是安老师布置的四人合写剧本，硕士生涯的第一年，又恰巧"捡漏"到一张《暗恋桃花源》的话剧票。《暗恋桃花源》结束后，我无法免俗地摸向后台，想赚张签名平一平票价，不出所料被拦住，却也隐约看着黄磊老师一个人远离人群站着抹泪，脸上并没有什么笑容。臆想也好揣测也罢，我想他也是一时被困住了，就像当初我和同学合写的剧本，找好演员后又反复地修改了台词和动作，并不断强调我们预设的人物特征和心理状态，以求二者符合度达到最高一般，为求吵架效果真实甚至提议两名主演在现实生活中真的吵一架（此方法不可取）。这一切都说明了，演员与他所演绎的人物形象，必须有某些不可言说的情感契合，才能够让观众认可他是在自我展示而不是"演绎"，或者倒过来说，只有一个演员能够与自己所要塑造的人物有共鸣，才能"重现"或者"创造"出一个被受众所接受的人物形象，而只有肢体动作和思维模式共同实现"同步",才能让演员在舞台上表演的时候,给观众以"啊,他在这里就应该这么做",让所有的出人意料在合理的前提下,带给观众应有的情感体验。

毕竟,话剧是由所有在场者及其情感交流共同完成的。

我想,话剧存在的意义,与每一个人能否给自己腾出足够的"思考"时间有着密切关联。正如电影《无问西东》中所说,"看到的和听到的,经常会令你们沮丧,世俗是这样强大,强大到生不出改变它们的念头来。可是如果有机会提前了解了你们的人生,知道青春也不过只有这些日子,不知你们是否还会在意那些世俗希望你们在意的事情"。戏剧是体验人生的最好方式,亲眼所见的重要性在于切实的情感体验,每一次直视他者,都是在自我直视,重点在于你是否容许自己花费时间来进行一场或许毫无结论的自我辩论。但正如我与话剧结缘的开始源于"不甘心",想必每个人心里都有一份日日蠢动的"不甘心",只等有什么轻轻一敲……

(刘雪宁,新疆大学人文学院汉语言文学 2012 - 1 班本科生,云南师范大学中国少数民族文学专业 2016 级在读硕士生)

·学生感言选登八·

在我进入大学之前,我对所谓文学不怎么感兴趣,除了教科书以外,读过的书并不多。可以说我只是茫然选择了一个专业,对自己的专业一无所知,也无所谓其他专业。进入大学以后,我对文学有了一个全新的认识。在这些全新的认识中,戏剧课程带给我的收获占其中很大的一部分。

在上戏剧课之前,我对剧本啊、编剧啊什么的都一无所知,看话剧也好,看电影电视剧也都是瞎乐呵,看过后也不会有什么思考。而在学习了戏剧课程的内容后,经历了看话剧、写剧本、演自己写的剧本、多次扮演老师、成立团队学习古典文学作品的改编……这一切的一切都让我感到了新奇和有趣,同时我自主阅读了很多很多作品。后来我受邀创作关于消防战士生活和"访惠聚"主题的剧本,就会有许多的对话和故事冒出来；再看舞台剧时，则会格外注意剧中人是如何对话、如何着装、舞美如何布置舞台、演员如何走台步、编剧如何在恰到好处的位置楔入一个"含泪的笑料"，等等。

在对我们进行编导演训练的同时，安老师也要求我们写影评、电视剧评，除了关注情节、对话之外，我就开始注意谁是编剧、谁是导演，不同的编导有什么个人特点。看的过程中也会看导演是如何运用镜头来表达情感的，也会吐槽一些情节的不合理设计等，如果知道是谁的小说改编的，那就会找来小说看看。我认为，这种将保持终生的阅读和思考习惯，要归功于教育戏剧课程带给我的思考和收获。

戏剧课程不仅带给我上述的感触，也在生活中深深地影响了我。记得有一次假期兼职，做超市导购，工作中开始观察每一个进出的顾客的服装、表情、神态以及说话时的表情等。在《晨报》实习的时候，哪怕一条极小的线索我都能追下去，一个态度非常恶劣的人我也能打开他的话匣。我具备了比一个本来的自己更加出色的观察和交流能力。

戏剧课程让我的生活变得更加有趣了，就好像生活中的每一个人说的都是台词，每个人都是剧中人物一般。与此同时，它让我也变得更加热爱生活、更加热爱思考生活了。可以不夸张地说，它让我的世界又开启了一扇新的大门，在我心中种下了关于自己和他人的美丽的梦想。

（吾尔尼沙古丽·阿合买提江，新疆大学人文学院汉语言文学 2010 - 1 班本科生，现供职于新疆工业经济学校）

·学生感言选登九·

上大学之前的我，和千百万学子一样过着千篇一律的生活，"普通"是印刻在我们身上的印记，甚至在自我审视之时都觉得我们就应该如此"普通"。对于自己今后的人生能否放射光芒，我似乎已经失去了期待。

大学阶段，在创作过话剧、参演过话剧之后，我有了写作剧本的习惯，毕业时手里有了长短不一内容丰富的近十个剧本。而参演戏剧的过程，是大家相互学习的过程，也是各自体悟人生的机会，在这里，我学习到的是团队的创建与前行。走入社会后，戏剧课程带给我的影响越来越清晰可见，尤其是人格、心理方面的自我建构。最重要的是，在学习戏剧的过程中，我树立了自己的价值观和看待世界的方式，我不再认为自己是"普通"的，任何人都不是"普通"的，而决定这一点的是你是否学会了掌握自己的人生，是否学会了善待他人，是否学会了"团队至上"——这是戏剧课程所教会我的，而我也将感激一生。

（陈冠锦，新疆大学人文学院汉语言文学 2010－1 班本科生，现供职于《新疆经济报》）

在香港做交换生的时候，由于对戏剧的热爱，我争取到了去 TVB 实习的机会，最高兴的是安老师，她和同学们一样羡慕我，鼓励我一定要做好实习生。2014 年 3 月，我终于在深圳看了一次《恋爱的犀牛》现场版，当时雀跃万分发了朋友圈，看的时候是多么想念新疆大学，想念文学 101 班的同学，想念安老师，感谢安老师带我们打开了话剧这扇门，让我没有错过如此迷人的风光。

（马晓炎，新疆大学人文学院汉语言文学 2010－1 班本科生，香港岭南大学中国现代文学专业 2014 级硕士生）

在经过了两年多的学习写作剧本、将古代笔记体小说改编为剧本、参加学校组织的心理剧表演之后，我们对于自己创作和演出有了一些自信，老师要求我们积极寻找创作和演出的契机，以戏剧的方式参与社会服务。我们班同学在老师的带领下，创作并演出了一部叫作《环保生活》的微戏剧，并获得了自治区的奖励和学校的奖学金。虽然只有一部分同学参与其中，但是作为班级的成员我们全班都感到自豪。

（宋娇娇，新疆大学人文学院汉语言文学 2011－1 班本科生，新疆大学中国现代文学专业 2015 级在读硕士生）

记得曾经在安老师课堂上和一位同学一起读《北京人》的一段台词，我读剧中愫方的台词，我想，为什么一个女人可以那么忍气吞声但最后又能坚决离开？不管是在小说和话剧里，还是在现实中，我越来越体会到人性的复杂。台上艳丽不可方物，台下可能艰苦朴素。人前欢颜笑语，人后可能痛哭流涕。曾经无话不谈，现在可能形同陌路。我们看到的只是某个人的一个侧面，我们过得也只是千万种生活中的一种。我们经常会感叹时间的无情流逝，羡慕别人的幸福生活，抱怨自己的平庸普通。不如自己也演上一次吧，感受一次不同的生活，可能就会释怀了，因为不管人性多么复杂，生活多么艰难，不过也就如此，还是做自己最安心。

最重要的，戏剧课让我明白了"同理心"。不论是表演还是创作，自己都需要站在剧中人物的立场去思考、去表演、去创作。生活中我们常说将心比心，却很少会站在他人角度考虑问题。戏剧课给了我们这个机会，让我们去思考同一个问题别人是怎么想的，在表演中如何与他人合作等问题。我想这种体验对于生活中如何为人处世是有意义的。

（蔡幸娟，新疆大学人文学院汉语言文学2015-1班本科生，"林基路艺术剧社"编剧、演员）

从大一开始在中国现当代文学史课上学习戏剧，我参与过对台词、写剧本，正是在这个过程中老师发现了我的潜能，点我参加校史剧《我们正青春年少》的创作和表演，在这个过程中我发现了自己更多的能力和潜力。

学习戏剧让我思考最多的是人，在创造一个人物的时候要从各方面来考虑，而不是单纯地仅凭主观善恶。把这种思维方式带入生活中，对于原来很多不理解、看不顺眼的事情，如今都能够持理解和宽容的态度。以前还比较喜欢追星，现在愈发觉得每个平常人内心的波涛汹涌比那些明星们的鸡毛蒜皮更加重要、更有味道，一个人杰出也好，平凡也罢，他的心灵世界都是绝美的风景。

（关龙龙，新疆大学人文学院汉语言文学2015-1班本科生，"林基路艺术剧社"编剧、演员、舞美设计）

从前对话剧的印象可能只是"上个世纪的玩意儿"这样一种带有

一点轻视的认知。这个学期，我跟随安老师和高年级同学参与到校史剧《我们正青春年少》的编剧、排练中，我受益良多，尤其是对我的专业学习和个人的人格和心理成长来说影响很大。

我所写作的是林基路教务长显示出他革命者与教育家双重身份的那一场，也是新疆学院红色基因初显的一场戏。此前我既不知道林基路也不知道新疆学院的历史，为了写作我查阅了大量的史料，并想尽办法使这些史料更加生活化日常化。有一段时间，每发现一句话的史料我都要执拗地把它写进剧本里。感谢这段写作经历，让我靠近了自己学校的历史，靠近了光辉岁月中的英雄与凡人。

参与《我们正青春年少》的编演，也在一定程度上改变了我的内向性格，提高了我在现实生活而不是手机上与人交流的能力。安老师打电话点我参加的时候，我还忐忑不安地给老师说我很内向，需要熟悉的同学一起参加。老师断然说：不用，这是戏剧活动，你会很快学会在一个新组建的陌生团队中很好地与人合作的。果然，在参加话剧编创的过程中，由于剧本创作和排练需要，我做了很多自己过去完全没有想到的工作，除去编剧本、和高年级同学数次开讨论会、招考演员、组织排练，我还需要扮演特务角色，需要在演员偶然缺勤的情况下临时搭戏扮演好几个角色，又不得不学习跳街舞。毫不夸张地说，这个过程使我主动去认识了很多人，不断发现陌生的自己，不断恍然"我还能做这个"！经过一次次学习和写作的努力之后，我重新回头看这段日子，我真正学会的，其实是让无能的我和争强好胜的我达成部分的妥协——我学会坦然承认自己在某些事情上的无能，但又坚持自己在某些事情上的争强好胜：我绝不选择做一个与世无争的佛系青年。

（魏健，新疆大学人文学院汉语言文学2016-3班本科生，"林基路艺术剧社"编剧、演员）

❖ 多民族文学课堂 ❖

边疆地区"文献学"课程本科教学的改革与实践

段海蓉[*]

　　中国文献历史悠久，但有关文献搜集、整理、研究和利用的学问，形成专门之学时间比较晚。目前文献学已成为专门的学科，而文献学课程因为具有引导、教育学生学习文献搜集、整理、研究和利用的基础内容，在高校文史、图书馆等相关专业中普遍开设。

　　新疆大学汉语言文学专业一直开设文献学课程，在最新修订的2016版教学计划中，文献学被列为核心课程。在内地高校，文献学课程授课内容一般比较集中于版本、目录和校勘等方面内容的讲授，这些专业性比较强的内容对于中国古代文化底蕴相对丰厚地区的本科生也许并不难，但对于边疆地区，尤其是对于民考汉和双语背景的学生来说，难度比较大。针对边疆地区学生的特点，文献学的授课应该如何改革呢？

一

　　根据习近平总书记在高校思想政治工作会议上的讲话精神，我们确立了把思想政治工作贯穿教育教学全过程的本科教学指导方针。与此同时，围绕习近平总书记关于弘扬中华优秀传统文化的相关讲话内容，在把文献学与思想政治工作相结合的基础上，根据边疆地区本科生中华优秀传统文化底蕴比较薄，相关专业基础比较弱的现实，我们确定了本课

* 段海蓉，中国社会科学院文学博士、历史学博士后，新疆大学人文学院教授、博士生导师。主要从事中国古代文学与文献研究。

程的教学目标如下。

第一，以文献学课程作为载体，普及并传播中华优秀传统文化。习近平总书记在讲话中反复强调弘扬中华文化、传承中华优秀传统文化的重要性。他说："中华优秀传统文化是中华民族的突出优势，中华民族伟大复兴需要以中华文化发展繁荣为条件，必须大力弘扬中华优秀传统文化。"他又强调要以科学态度对待传统文化："不忘本来才能开辟未来，善于继承才能更好创新。"①

习近平总书记指出："中华文明绵延数千年，有其独特的价值体系。中华优秀传统文化已经成为中华民族的基因，植根在中国人内心，潜移默化影响着中国人的思想方式和行为方式。今天，我们提倡和弘扬社会主义核心价值观，必须从中汲取丰富营养，否则就不会有生命力和影响力。"②

文献学课程是从追溯文献形体的历史开始讲授，中华物质文明与精神文明的发展可以聚焦于文献，一定程度显现并贯穿于文献形体和文献发展的历史中。因此在讲授文献历史的过程中，根据当前学生普遍关注自我的心态，引导学生把增强中华文化底蕴与提高自我认识结合起来，让他们意识到：了解中华优秀传统文化就是了解自己的文化基因，就是探究自己思考与行为方式形成的潜在原因。通过引入探讨文化化人的作用来正确引导学生提高自我意识，并同时调动学习兴趣，增强他们的文化底蕴。

第二，让学生学习搜集、整理、研究和利用文献的相关专业技术基础知识。引导、启发学生学会借助文献的记录，发现历史真相，学习通过科学的研究方法提高自己的理性思维水平，提高辨别是非的能力。用事实说话，而不是随意编造，人云亦云，自说自话；用原始文献论证自己的研究论题，而不是窃取他人研究成果，随意发挥，据为己有。

初进中文系的学生，容易把文学创作与学术研究混淆在一起，有的

① 《〈习近平总书记系列重要讲话读本〉——关于建设社会主义文化强国》，《人民日报》2014 年 7 月 9 日，第 15 版。
② 《〈习近平总书记系列重要讲话读本〉——关于建设社会主义文化强国》，《人民日报》2014 年 7 月 9 日，第 15 版。

学生误把文学创作的映像当作真实历史，有些学生误以为只需要总结他人研究成果并进一步自我发挥就是学术研究，他们甚至不知道原始文献是什么。目前社会上也有许多人因为不懂学习历史文化的正确方法，把游戏世界或者文学创作中的内容当作历史真相来了解，以至于产生了不少错误认识。针对这些现象产生的共同特征都是没有依据、随意编造的特点，我们发挥文献学强调实证精神，强调依据文献记载或相关考古成果说话的长处，在课程讲授过程中，注意在学习方法、思维方式上引导学生。让他们了解并掌握通过实证学习历史文化的方法，用辩证唯物主义历史观分析中华文化；让他们学习分辨什么是历史事实，什么是作者通过想象创作出的文学映像，什么是当代人博人眼球的戏说；学习分辨中华文化哪些是应该传承发扬的精华，哪些是对国家、对个人成长有危害的糟粕。摈弃糟粕，通过汲取健康的营养，建立正确的国家观、民族观和价值观，在建立正确"三观"的基础上与时俱进，为学生将来的健康发展并能不断焕发出新的活力奠定良好基础。

文献学是一门综合学科，无论文、理、工科，搜集、整理文献都是必不可少的基础工作。学会做基础工作，宽口径，适应能力强，正是我们培养本科生的目标。要引导学生通过建立科学的思维意识，辨析历史事实的真相，辨析中华文化中的优秀精华与糟粕。但仅仅建立这个意识还很不够，更重要的还要让他们学习追本溯源、实事求是的工作方法。而文献学的方法论，恰好可以满足提高学生用科学、严谨思维方式和方法发现问题、辨析问题、解决问题的能力。

二

围绕新的教学指导方针，围绕以上两个教学目标，我们的具体改革实践内容主要有如下两方面。

第一，文献故事：家国情怀的培养。

文献载体的变迁是学生在文献课上需要了解的基础内容，但如果就扣住甲骨文、金石文、竹简文……一种种文献载体讲下去，学生很快就会失去兴趣。文献内外包含了一个个中华好故事，抓住这个特点，用讲文献故事的方法，既推进教学内容，又传播中华优秀传统文化，还易于被学生接受，而故事形象大于说理的规律，会在不知不觉中提高课堂的教学效果。

例如讲授甲骨文。20 世纪文献四大发现，甲骨文是其中之一。按照教学大纲要求，要介绍甲骨文的定义、特点与作用。此外笔者重点选择给学生讲述甲骨文献中"妇好"的故事。在出土的上万片龟骨中，经常出现"妇好"两个字，经过研究者整理研究，"妇好"两个字共出现在 200 多块龟骨上。"妇好"是什么意思呢？原来这是一位妇女的名字，有一条甲骨卜辞记载，在国家发生战争前，妇好先在一个叫作庞的地方征兵。另一条甲骨卜辞记载，妇好率领 3000 兵马加入了国王万人的军队，一起去征伐远方的国家。这是甲骨文记载的最大一次战争，战斗的一方商帝国动用了上万人的军队。而妇好就是其中的一位女将军。

有关妇好的卜辞被解读得越多，越令人惊讶：妇好不仅是国王麾下的一名战将，而且拥有自己的封地，位抵诸侯。商朝的妇女能够拥有如此高的独立地位吗？是商朝男女地位平等还是妇好身份特殊呢？

研究者对相关甲骨文的解读回答了人们的疑问，妇好是商王武丁法定的配偶之一，也是最受宠爱的一位王后。关于她受宠的原因，与现在热播的所有电视后宫戏中嫔妃得宠的原因都不同，她不是因为姿色、善讨武丁的欢心或精于算计，而是因为她最有能力。她的丈夫武丁，是商朝最有作为的君主之一。他宠爱自己这位能干的王后，并十分关心她的生育情况，在发掘的甲骨文中，可以看到武丁为妇好生育占卦的卜辞。妇好先武丁而逝，后来武丁把王位传给了自己与妇好的儿子祖庚。

对于大多数只是从课本内容获得中国古代社会模糊印象的本科生来说，妇好的故事挑战的不仅是他们对奴隶社会制度的了解，而且挑战了她们对古代社会妇女地位的想象。因为每次讲述这个故事，我都能从学生们的眼神里看到惊讶与震撼，尤其是女生。在电视后宫剧钩心斗角争夺皇帝宠爱的世界之外，听到了一个商朝妇女以能力捍卫家国，深得丈夫敬重的非凡女性的人生故事，有一位女生说："这个故事对我观念的冲击，会影响我的一生。"

被称为"甲骨文之父"王懿荣的故事，是发现国宝人的故事。王懿荣（1845~1900），字正儒，一字廉生，山东福山（今山东烟台市福山区）古现村人。他多年考进士不中，以致每次发榜时他的妻子都心惊胆战。1880年当他终于金榜题名时他的妻子已经过世了。举进士后他以翰林擢侍读，三任国子监祭酒，《清史稿》有传。他学识渊博，酷爱文物，写成《汉石存目》等著作19种。1899年秋，他因生病在中药铺抓药偶然发现了甲骨文，他成为中国第一个发现甲骨文的人，不仅如此他还是第一个收藏并研究甲骨文的人。是他第一个将甲骨文字定为商代文字。他是一个倾心学问的人，但绝不是一个埋心于故纸堆的书呆子。1888年他重新刊印了戚继光的《止止堂集》，并为之作序，表达自己的敬仰之情。1894年中日甲午战争爆发，他在朝廷获准后，奔赴山东组织抗日团练，准备御敌。《马关条约》的签署结束了他以武力抗敌的梦想。1900年八国联军入侵北京，他于国家危难之际受任京师团练大臣，负责保卫京城。7月20日，侵略军攻入东便门，他率团练寡不敌众，与继室谢夫人、长媳张夫人，从容投井殉国，时年55岁。

王懿荣的故事为学生打开的是另一扇窗户。考不中进士的委屈，倾心学问的兴趣，都不能阻挡他为国家分忧的责任心。对中国文化的精通不是为了借以谋生或捞取名誉，用生命担当自己的热爱，这份赤诚是无法用语言虚饰的。中国知识分子的家国情怀就是这样用生命一代代在传承并发扬光大。正是有了生命和热血铸就的凝重，才使中华这些优秀的文化传统，在经历了历史岁月无情的剥蚀后，依然历久弥新，光彩熠熠。

敦煌文献也是20世纪文献四大发现之一。敦煌文献故事中最值得讲述的是"敦煌守护神"常书鸿的故事。可能是因为在西北地区，学生对敦煌文献明显要更熟悉一些。讲到敦煌文献不能不提的是大量文献被劫掠的历史事实。每次讲到这里，我会让学生发言，通常学生们知道先后有英国人斯坦因、法国人伯希和、俄国人柯斯洛夫、日本人橘瑞超等盗走大量敦煌文物。然后同学们很容易产生的问题是：这种劫掠对文物本身的保护来讲利弊哪个更大？这也是学界一直争议、无法定论的问题。显然让学生们继续在这个问题中绕圈，不是我们要达到的目的。于是我们补充了一个事实：1940 年军阀马步芳派一个步兵连封锁敦煌石窟 3 天 3 夜，盗走五代银质宝塔、宋代白瓷瓶、经卷等不少文物，破坏了唐元时期许多佛塔基座。讲述了这次劫掠，学生沉默了。一个敞着大门的宝库，劫掠者不断出现，难道我们应该讨论由谁来盗走宝库的珍宝才是更合适的吗？这是一个多么荒唐的问题。在学生的沉默中，我用粉笔在黑板上大大写下三个字"常书鸿"，然后说，请大家记住这个名字。

常书鸿，浙江省立甲种工业学校染织专业毕业的才子，1923 年毕业后，留校任教美术教员。1927 年 6 月，带职自费赴法国留学，11 月考入法国里昂美术专科学校预科学习。一年后提前升入专科，学习油画。1935 年底的一天，常书鸿在塞纳河畔书摊上发现一部由 6 本小册子装订的《敦煌石窟图录》，里面是伯希和在 1907 年在敦煌石窟拍摄的壁画、塑像图片 300 余幅。根据摊主介绍，第二天他来到附近的吉美博物馆，看到了伯希和盗来的许多艺术品。自己的祖国有这么美的艺术，他震撼了。1936 年他受教育部部长王世杰之邀，回国任国立北平艺术专科学校教授。1942 年 9 月国立敦煌艺术研究所筹委会成立，他任副主任。

常书鸿先来到兰州，在国立敦煌艺术研究所所址问题上与时任敦煌艺术研究所筹委会主任高一涵等发生了争议。高一涵等人主张将所址设在兰州，常书鸿力主设在敦煌千佛洞，他知道这样才能保护千佛洞。

1943 年 2 月，常书鸿等六人先乘破旧汽车，再骑骆驼，花费了一个多月的时间到达敦煌。1944 年元旦，国立敦煌艺术研究所正式成立，常书鸿任所长，敦煌县与研究所发布联合公告，宣布莫高窟正式收归国有。由于有了敦煌研究所的保护，从此再未发生过敦煌文物被盗掠的事情。敦煌艺术宝库有了用生命守卫它的人，即使常书鸿家散了，手下离开了，甚至国民党政府曾要撤除敦煌研究所这个机构，常书鸿坚决不放弃，与一群和他一样热爱敦煌艺术的人们，继续用生命书写着对自己挚爱事业的担当。今天他的努力被高度认可，他获得了"敦煌守护神"的称号。

中华优秀传统文化中的家国情怀：从妇好作为王室成员义不容辞地承担国家安危的责任，到王懿荣为了家国而读书、通过科举走上仕途直至为保卫国家献出生命，再到常书鸿，身为一个自费出国的教员，家国情怀、艺术梦想召唤他回归祖国，用生命守卫敦煌艺术宝库。对文献内外这些中华好故事的讲述过程，也是对中华优秀传统文化传承与发展的梳理过程。让学生了解中华文化优秀传统的具体内容，这只是一方面。通过学习并梳理的过程，让他们看到自己文化基因中优秀的精华是怎样由前辈们一代代用生命在传承、捍卫并发展着，只有这样他们才会懂得心生敬重并珍惜这些传统。仅仅靠词语堆砌、投机取巧表述的所谓情怀，很快会被历史的风云吞噬。懂得凝聚在传承与担当中的生命价值与担当分量，懂得优秀传统文化已成为我们血脉中的基因，只能继承发展而无法切断，这是我们希望通过文献故事对学生进行的品德和思维方法教育。

第二，用专业素养提升实力：基础专业治学方法的学习与理性思维的培养。

义理学对经学经意的辩证，考据学对无限趋真结果的考证，都是文献学方法论包含的内容。尤其考据学在某种程度上已经成了中国传统治学方法的代表。虽然这种方法常被趋新学者诟病，但考据学中包含的缜密与科学的思考方法，在推进纯学术研究进步的同时，也大大推进了研究者的理性精神。这种方法在国际学术界受到的普遍认同已经体现了它的科学性和价值。学术需要在创新中发展，但创新与发展需要建立在继承优秀传统的基础上，因此我们应该"不薄古人爱今人"。在学习文献学治学方法过程中让学生提高理性思维水平，用专业学习锻造出的实力担当自己的情怀和热爱，这是我们在引导学生学习专业方法时的目标。

文献目录学是读书入门的途径，也是最基础的方法。清人王鸣盛在《十七史商榷》中说："目录之学，学中第一紧要事，必从此问途，方能得其门而入。""凡读书最切要者，目录之学。目录明，方可读书；不明，终是乱读。"① 张之洞在《輶轩语·语学·论读书宜有门径》一文中说："汛滥无归，终身无得；得门而入，事半功倍。或经，或史，或

---

① 王鸣盛：《十七史商榷》，转引自洪湛侯《中国文献学新编》，浙江大学出版社，2008，第102~103页。

词章，或经济，或天算地舆。经治何经，史治何史，经济是何条，因类以求，各有专注。至于经注：孰为师授之古学，孰为无本之俗学？史传：孰为有法，孰为失体？孰为详密，孰为疏舛？词章：孰为正宗，孰为旁门？尤宜抉择分析，方不至误用聪明。此事宜有师承。然师岂易得？书即师也。今为诸君指一良师，将《四库全书总目提要》读一遍，即略知学术门径矣。"① 张之洞已把目录学的入门作用及其如何入门解释的非常具体了。《四库全书总目提要》是清代国家图书总目。迄今为止没有其他书能代替它"研究中国古代文化的入门著作"的作用。但阅读诸如《四库全书总目提要》之类的目录书籍是需要一定文化基础的，这种阅读对我们多数本科生来说困难较大。我们面对的本科生，大部分的论文选题是针对一个作家或一部作品的研究，基础厚一些的可以涉及几个作家或文学流派等，因此根据学生的实际情况，用目录学的原理，我们从最基础的别集开始，引导学生学习使用质量可靠的原始文献，依据文献做研究、得结论。

既然学生的研究是从一个作家或一部作品起步，我们就根据他们的需求，为他们讲解相关别集所必须了解的知识：别集的定义、价值、作用等。接下来的问题就是实践了，如何寻找并选择质量优异的别集呢？答案是通过丛书。

丛书，又称丛刻、丛刊、丛编、汇刻、合刻，是根据一定的目的，汇刻有关著作并冠以总名的一种著作集。丛书所收著作，多的有几千种，少的只有寥寥数种，由于中国人搜集、保存文献的观念很强，先秦至宋元时期的图书，到明清时期绝大部分都已收入丛书。丛书的一大优势是在保存一些篇幅较小的图书方面有着很大贡献，因此许多小书因为有了丛书的存在才得以保留下来。我们专门介绍了中华书局整理出版的《中国古典文学基本丛书》，上海古籍出版社的《古本小说集成》，编委会由原北京大学文学研究所（现中国社会科学院文学研究所）所长郑振铎主持的《古本戏曲丛刊》，以及《四库全书》系列等大型丛书，并

---

① 张之洞：《輶轩语·语学·论读书宜有门径》，转引自程千帆、徐有富《校雠广义》（目录编），齐鲁书社，1988，第31页。

介绍了查找丛书的工具书《中国丛书综录》的用法，让学生学习通过丛书子目查找自己需要的文献。

学习了如何查找一位作家或一部作品的文献，碰到有些同学需要了解同时代其他作家的创作情况怎么办？答案是阅读总集。

总集是指汇集多个作者的单篇诗文为一书的集子，它是与别集相对而言的。总集分为两类：一类是包罗一个时代的全集，如《全唐诗》。另一类是经过精选的选本，如《古文观止》。总集的作用即可集中散佚、零星的作品，去其芜杂，取其精华，使其成为一个有一定质量保证的作品总汇；又因为汇集了同时代部分或所有人的同体作品，可以借此了解某个时代的创作总貌。我们分：历代编写的总集，今人重新编纂的诗文词曲总集，把古籍整理的优秀成果及其最新成果介绍给学生，让他们在深入研究一位作家时，知道从哪还可以扩大自己对那个时代创作全局的眼界。

别集、总集、丛书的讲解从讲课内容划分，都属于"文献的形体"这一章，"文献的体裁"这一节。与文献方法编——目录学的讲解，不在同章同节。因为学习文献学研究方法是我们的目标之一，因此在进入"文献的方法"这一章后，我们先花一定课时复习别集、总集、丛书的相关内容，并将其作为文献研究入门的第一台阶，在这个基础上我们开始讲解文献目录学的相关知识，为学生专业论文写作提供系统的实践步骤指导，也借此让学生体会根据实践，自己调整学习步骤和方法的可能。当然遵守科学研究规范，以原始文献作为自己研究的出发点和依据，这个根本精神始终不能变。

俗话说"授之以鱼，不如授之以渔"，文献学我们制定的教学目标是既要给学生"鱼"——中华优秀传统文化的具体内容，又要给学生"渔"，引导学生学习专业、科学、规范的研究方法，并通过专业方法的学习逐步建立科学理性的思维习惯，使他们成为不仅具有爱国主义情怀，而且能够以专业素养提升实力、通过知识更新保持竞争力的合格人才。

启之于心，辅之以技

——"中国历代文学作品选读"课程教学初探

段海蓉

一 不愤不启，不悱不发

"不愤不启，不悱不发"（《论语》）是孔子提出的教学方法，2000多年前这位教育家已清醒认识到传授知识，没有求知客体的求知欲望和积极思考，教学的效果是难以如愿的。所以上课的第一步就是尽量调动学生对这一课程的兴趣。"中国历代文学作品选读"课程教学尤应如此。

记得有一次上课前，有一位学生拿着教科书问我："老师，您说我们学这课有什么用？是能凭它谋职还是挣钱？"这位学生如此直率地问出这样不客气的问题，我并不感到奇怪。迅速发展的经济社会对每个人的生存竞争能力都在不断提出新挑战，学生想"学以致用"是当前一种较为普遍的倾向，回避它，不如疏导它。于是在正式上课前我总是同学生们尽量谈谈学习本课程的"用处"。

我首先给学生们讲了一件发生在我们学生中的真实事情。在我系实习班实习经验交流会上一位学生深有体会地说："我原来以为在学校只要通过学习，掌握一种本领就可以立足社会，可是通过这段实习生活，我发现我错了，社会远比我们想象的要复杂得多。各种各样的人生选择不停地在冲击你，诱惑你。有一段时间，我甚至不知道我的生活目标应该是什么。因此我的体会是应该给我们多上一些古代文学作品的课程，使我们在间接学习古人的人生经验、思想品德、人生追求中，学会建立自己人生目标，加强自己在面对社会各种冲击波中的心理承受力，使自己有一个稳定的重心，这样才能更好地发挥我们的智能。"讲完这段学生自己的体会，我又给学生们进一步讲明我们历代文学作品选（以下简称历代文选）课的性质。教育本可分为素质教育和技能教育两种，技能教育的作用是显著的，而且可以立竿见影，如学计算机操作，也许一学期以后你就可用五笔字型打字甚至能编简单程序了。但素质教育的作用却不是这么简单可以说得清、立刻看得见成效的。就如历代文选课，通过学习几十篇古人留给我们的优秀文学作品，不仅可以提高我们的自身修养、审美情趣、思想水平，还能锻炼我们分析问题、解决问题的能力，提高写作技能……当然这种种作用是间接的，是日积月累慢慢产生的。可以说一个人的整体面貌是由他掌握的技能和其言行体现出的素质两方面构成的，打一个不太恰当的比方，就如一幢房子，它提供给人们的功用与它一砖一瓦的基础构造质量是相辅相成的。因此对直接能看到效果的技能课程我们固然应热衷，但对培养提高人们潜能的带有素质教育特点的课程也不应偏废。只有这样学生才能承受得起心理上的压力，提高并发挥自己的智能及一技之长，立足于社会。从总体上阐明历代文选课的"用处"，是完成启发学生学好这门课的第一步。

二　寓教于情

一个思想品德不健康的人，其智能越高，对社会就越危险。因此我们不能忽视对学生的思想品德教育。中华民族以其优良的品德和传统闻名世界，拥有历代优秀的文学作品，高尚的品德、崇高的理想、美好的言行随处可见。用这些充溢着生命热情的，激荡着高尚灵魂的美的作品对学生进行品德教育，情操陶冶，可谓是本课胜于其他课程的一大优势。而最能体现这一优势之处在于"情"。情最能动人，无论亲情、友情、爱情，还是对真、善、美的热爱之情，对假、丑、恶的憎恶之情，都能感染人、教育人，引发人们对美好品德、情操的敬仰。如失败的英雄项羽，他的英勇、磊落不能不令人心动，而民间女子罗敷的机智及不为财势所动，更令人为之拍手叫好。当然在品德教育中，可奉为典范的莫过于屈原了。《离骚》是一颗高尚的灵魂在与恶势力的对立中，在完善自我的矛盾、痛苦的斗争中的结晶。要读《离骚》就不能不了解诗人的人格、事迹。起初我以为屈原的事迹无须给学生多讲，可后来通过了解我发现真正懂得屈原的学生并不多。一个不懂屈原的人怎么能读懂《离骚》？于是从屈原的理想、人格、一生的经历、用生命所做的不屈抗争入手，我力争让屈原高尚的言行、感人的作品去打动学生。果然，读完《离骚》，学生沉思了，发问了："为什么屈原不离开日益腐败的楚国另谋高就？""为什么屈原那么傻，非要自找悲剧命运？"针对学生的问题，结合《离骚》，我将以振兴楚国为人生理想、以富强自己的国家并使之完成统一大业为己任的屈原与谋求个人富贵利益为人生目的的苏秦、张仪作比较，从屈原的家世、理想、环境、人格等诸方面阐明屈原悲剧的必然性。由此，进一步引导学生正确认识屈原的"傻"，所谓"傻"，源于他对国家的高度责任感，源于他的忧患意识。的确，没有屈原的忧患意识，也就没有他悲剧的一生，可没有他的忧患意识，历史上也就不会有不朽的屈原。正是屈原高度的责任感和他不屈的抗争，开创了中华民族优良的爱国主义传统，并在历史长河中留下了人类意志不屈服于命运而顽强抗争的光辉篇章。读完《离骚》，不少学生表示，现在他们才开始理解并热爱屈原了。我想学生们对屈原认识的深化，一方面固然源于屈原那跳动着滚烫心迹的作品及其付诸生命的实践所产生的强烈感染力，另一方面正确、深入的引导学生感悟其情也是重要的原因。

三　开拓思路

欣赏诗歌历来有"诗无达诂"之说。其实不仅诗如此，有些赋、散文的主题也有多向性。每次读到这类作品，我先尽量请同学们谈谈他们自己对作品主题的理解，在他们开动脑筋的基础上，再将自己搜集到的学术界讨论有关内容的论点一一列出，同学生一起分析、评判、探求"为什么"，从而开阔他们的思路，使他们对作品的认识更加深化。如曹植的《洛神赋》，其主题历来众说纷纭，总结学术界对其主题的探讨，大致有如下五种意见：写"情"说、"感甄"说、"寄心文帝"说、

"寄心刘协"说和"苦闷的象征"说。我将每一种论点的核心、出处及主张这种论点的理由做一简明扼要的介绍，然后让学生分析，最后我再加以分析、总结。即使学生们的童见难以一致，我也不强求他们改变主张，而是要求他们列出站得住的理由。每次布置他们写鉴赏论文时，我的要求也是如此。我以为教导学生在认真阅读原作的基础上，不要囿于一说或囿于陈说，而是要自己思考，这不仅可以锻炼学生独立思考的能力，尤其能在多方位的思考中培养他们开拓性的思路。在扎扎实实的基础上开拓创新，我们的社会极其需要具有这种能力的人。

四 辅之以技能

虽说历代文选课是以素质教育为主要特点的课程，但它也并不排斥对学生技能的培养，这种技能就是写作。历代文选课选读的都是优秀的文章，因此它们本身又可谓写作的范文。在通过这些优秀作品学习写作的过程中，我首先强调作文"有一定的理，没有一定的法"（朱光潜《选择与安排》）的道理，使学生摒弃写作只能凭天资、灵感来写或写作可以在对别人文章生搬硬套、苟且模仿中学会的这两种极端想法，进而就作品中体现出的一些写作规律给学生以总结指导。在做这项工作时，我考虑到如果对每篇文章的写作规律都泛泛归纳，没有重点，时间久了，学生很可能在对这种"老生常谈"的懈怠中疏漏掉许多对写作具有主要指导意义的规律。于是我采用抓住重点比较分析的方法进行了讲解。如我将李斯的《谏逐客书》和李密的《陈情表》加以比较分析，这两篇同为上呈给皇帝的奏章，篇幅短小，但文风迥异。虽然如此，但作为千古名文，它们在写作上有不少同异处可做比较，并给人启发。两人的上书写作动机都是为了自己，但目的却恰好相反，李斯要做官，李密要辞官，两人的成功之处首先在于各人根据自己的情况在写作时都选择了恰当的论说角度。想做官的，抛开个人利益，完全是为国家、始皇着想，忠诚可鉴；想辞官的，绝非因为对当世政权怀有二心，完全是个人困难，孝心可悯。其次两人都有卓越的文采，以出色的遣词造句能力，形成动人的文风。"忠心为国"的李斯追古谈今，述功利，陈弊害，洋洋洒洒，纵横捭阖，以理服君；孝顺祖母的李密，抚昔陈今，道家佾、说心酸、娓娓道来、爱透纸背，以情感君。从写作规律看，二人有那么多的相同，从具体文法看，二人又是完全不同。在这同与不同的比较中，有足以启发学生领悟写作中"理"与"法"的关系的道理所在。因而通过这一比较，我力图重点突出的引导学生去领悟写作要领。

我教历代文选课已有十余年，让学生在读懂、理解古文的基础上，引导他们有更多收益是我的追求，以上几条就是我在这种追求中积累的一些已取得较好教学效果的经验，在此不揣浅陋陈出，只为得到大方之家的指教，以求进步。

原载《新疆职工大学学报》1999 年第 3 期

以科学研究提升"中国文学史"教学质量

段海蓉

教学与科研是大学办学的两个核心，但对于教学重要还是科研重要的问题，经常会出现一些争论，这个问题有时也会成为困扰高校管理者具体制定计划或政策的因素。其实在大学教育中，科学研究的质量是教学质量能够得到保障的关键因素，而在课堂上通过教学将科研成果转化为对学生有用的文化信息传播出去，也是科研社会价值得以实现的重要渠道之一，这一点在人文学科尤其明显。下面以笔者承担的"中国文学史"课程为例说明之。

一 教师的科研水平是实现教书育人的基础

为了适应社会发展的需要，目前许多高校压缩了中国文学史的课时量。新疆大学人文学院汉语言文学在文秘方向和编辑出版等专业方向中，将"中国文学史"课程压缩为两个学期，"先秦两汉魏晋南北朝唐文学史"为第一学期，"宋元明清文学史"为第二学期，每周四学时。在这么有限的时间里，如果按照传统的教学方法，以各个时代每种文体创作成就为单位，以比较重要作家的生平与创作为线索，进行讲述，时间显然不够。那么如何变革，才能在这么短的时间里，让学生既能了解中国文学史的发展线索，又能通过古代作家生平及创作中的积极精神感染学生，达到教书育人的目的呢？根据自己的相关研究成果，笔者以作家的人生态度和艺术自觉程度作为课程讲述暗伏的线索，以每个朝代取得最突出创作成就的某个文体（下文以诗歌创作为例）的代表作家作为体现文学史发展的主脉，在这两者的结合中，既给学生勾勒出中国文学史发展的主要线索，又在解读作家中达到教书育人的目的。

例如在先秦两汉魏晋南北朝唐文学史的讲述中，取得成就最高的诗人主要是屈原、陶渊明、谢灵运和杜甫。屈原是楚辞的开创者，楚辞又被称为中国文学史上最早的文人诗歌，因此屈原在中国文学史上的地位是无可争议的。屈原出身楚国贵族家庭，与楚王同宗。他的家庭背景与王室之间的联系以及中国传统"家天下"的观念，是决定他对楚国不离不弃忠诚态度的主要因素之一。但楚国内部的黑暗以及他遭受的不公正待遇，又使他时而生出远离楚国的想法。他借著名作品《离骚》形象而深刻地展示了自己内心的矛盾和斗争，但对故土的留恋和忠诚，终于让他选择了与楚国同生死的态度。从政治角度看，屈原对我国爱国主义传统的形成有重要的开创作用，对国家忠诚的价值不容置疑；但从艺术角度分析，屈原主要是以楚国臣子的身份进行创作的，他的创作并不是出于一个诗人的自觉而写，因此当楚国的命运无法挽救时，他宁愿牺牲自己出色的艺术才华来坚守忠于楚国的理想，屈原的选择是悲壮的，从艺术角度看，也是令人惋惜遗憾的。

魏晋南北朝是中国诗歌创作取得重大发展的又一个时期，陶渊明与谢灵运开创田园诗与山水诗诗体的贡献，使他们取得了在中国文学史上的重要地位。这两位诗人，一位是晋大司马陶侃的后裔，另一位是当时显赫家族谢家的俊才，两人与屈原一样，也都曾有辅国安邦的远大政治理想。但家世没落的陶渊明已无法凭借门荫在当时的门阀社会中跻身官场，谢灵运又因为家世过于显赫，在刘宋政权削弱的政策下，无法占据要职。弥漫于整个社会的玄学思想使得他们在面对人生困境时，做出了更加通达的选择——情寄诗歌。俗话说"家国不幸诗家幸"，人生的不幸常常也能成为激发创作的养料。陶渊明与谢灵运在人生遭遇上的坎坷，被他们转化成为写作诗歌的营养，与前人不同的是，自然成为他们主要的审美对象，在中国传统的"修身、齐家、治国、平天下"的理想之外，他们在大自然的怀抱中，为后人开辟了新的精神家园。

如果说陶渊明和谢灵运以自己的人生和创作实践，实现了政治与艺术人生观的转换，为后世提供了以互补人生观争取自己生命价值最大实现的范例。至唐代杜甫，自觉地确立这种人生观，将为国家与为艺术这两种目标有机体现在被誉为"诗史"的诗歌创作中，则体现了诗人人生观与艺术才能成熟后所达到的新的高峰。在政治上有所作为，是杜甫的人生目标之一，这种人生价值取向与屈原相同。不同的是，屈原的人生价值取向是单一的，所以当他被放逐，当他实现人生价值的路途被截断时，他的生命及一切都失去了存在的意义；而杜甫因为有博学能文，能为天下学士之师的祖父杜审言，这个家庭传统帮助杜甫在政治之外确定了"文学有成"的另一个人生价值目标。人生价值的双重性使杜甫在生存中能保持更平和的心态，虽然因疏救房琯，他忤逆了皇帝，也被外放，而这次外放对他这个已无家庭背景可以依恃的书生来说，政治前景就此断送。人生的坎坷对诗人来说恰好是大幸，双重人生价值观的确立，不仅使杜甫在面临了与屈原同样的打击时仍然于悲苦中不失乐观与信心，而且也没有像陶渊明和谢灵运那样，让自己的创作远离政治，他变换了实现人生目标的途径，通过以诗记史，实现了自己对关涉政治、诗歌创作双重人生目标的追求，并以暮年的创作将中国诗歌艺术提高到炉火纯青的境界。

人类社会的进步，首先需要人的思维的进步，从单一到多重，从单纯到复杂，这不仅是从屈原－杜甫诗歌创作的发展趋向，也是人类社会的发展趋向。从屈原、陶渊明、谢灵运、杜甫的例子可以看出，诗歌创作的发展固然需要诗人在艺术技巧方面不断继承发展，但诗人人生观以及科学思维方式的确立才是其能够进步并登峰造极之根本。理清了先秦两汉魏晋南北朝诗歌发展的主要线索，并发掘出其发展的深层原因，不仅能完成教学大纲的要求，而且在引导学生建立科学正确的人生价值观和科学思维方法方面，这种讲法所具有的积极帮助指导作用和意义是不可低估的。

二 教师的科研水平是建立学生中心课堂模式的重要保证

一堂好课，不仅老师要教得好，还要学生学得好，否则课堂就成了老师一个人的课堂。以学生为中心课堂模式的建立，关键在于如何调动学生的学习积极性，除了在授课时添加学生感兴趣的内容外，还要让学生多参与，争取在学习过程中激发他们的兴趣，让他们在获得知识的同时获得成就感。笔者主要是通过两种方法来与学生互动的。

1. 请学生走上讲台。根据授课班级人数的多少，请班干部将学生按人数分成组，一般每组至少有一次推选代表上讲台的机会。提前一两周将需要学生备课的内容通知到讲课小组，每个小组讲课内容不同，但难度相似，请他们集体备课，到时由他们推选的代表上台讲述。最后课程结束时，几个小组的讲课水平通过各小组评委打分的形式分出优劣，以体现竞争，并记入平时成绩。例如，讲解陶渊明生平的学生小组。从他讲课的内容分析，他们仔细阅读了教材中相关的内容，并参阅了一些相关的研究论文。但从他们的讲解中发现两个问题：第一，对陶渊明隐居后的思想变化，尤其在晚年因为生活贫乏而产生的思想变化没有分析出来；第二，由第一个问题反映出他们阅读原作的欠缺。于是从阅读《归田园居》（"种豆南山下"）和《乞食》入手，教师可以为他们补充了陶渊明隐居后的生存状态以及思想变化的内容。因为这些内容是对他们讲课内容的补充和阐述，他们听课的兴趣显然被调动起来。课后笔者与这个备课小组交流，学生反映，虽然老师最后补述的内容不多，但让他们了解了阅读作家作品的重要性，其实阅读原始文献，这也是进行研究的基础；还有，打破了他们心中隐居的陶渊明十分飘逸的平面形象，"原来在诗情画意背后陶渊明生活得如此艰辛"，一个学生感叹。这样笔者与学生一起，完成了对陶渊明生平学习的课程，由此为下一步讲解陶渊明的创作打下了较好的基础。

2. 通过一些教学环节引导学生参与，根据学生的问题，引导他们在还原历史中理解作家和作品。让学生以小组为单位备课讲课，是为了尽量调动所有学生学习课程的积极性，借此提高上课效率。通常在一个班里，还会有一些爱思考、学习积极性较高的学生，在上课过程中会主动表现出愿意与老师互动的倾向。这种积极性十分值得珍惜，因此笔者尽量通过多种途径为他们参与提供便利，如朗读原作、翻译古文或围绕讲课内容提问题，都是让他们参与教学的方式。学校选定的由郁贤皓主编，高等教育出版社出版的《中国古代文学作品选》，是一套校注比较翔实的教材，学生只要认真阅读准备，要在课堂上完成指定篇目的阅读或翻译。借助教材，让学生在课堂上展示他们翻译古文的能力，是不少学生都愿意做的事情，因此这个参与环节的设置，对提高学生学习兴趣也有较好的作用。

在讲完一个部分后，笔者一般要留十分钟左右的时间让学生提问题。通过学生提问既可以发现学生接受知识时的误区，通过与学生交流，还可以增进与学生的互相理解，避免因缺乏交流导致互相误解而在课堂上产生消极因素。有一个例子笔者记忆深刻，在完成了屈原的讲述后一个学生举手，他的问题是："老师，屈原要走就走，要留就留，他的思虑这么多，岂不是很影响工作效率吗？"学生中有人嗤嗤发笑，的确他的这个问题表面看似乎有点可笑，却反映了现在学生在接受古代相关知识时，由于古代文化背景缺失出现的对古代人物及事件理解失误的普遍情况。现代环境中成长起来的孩子，在地球村这样的现代世界观念的影响下，有不少年轻人把出国当作自己梦寐以求的愿望，要让他们理解因为中国传统"家天下"观念，而对楚国割舍不下的屈原，的确是有一定难度的。如果把对屈原的解读作为让他们了解中国文化传统过程的一个重要部分，这种点点滴滴积累的意义也是不能低估的。后来在讲屈原前，笔者先为学生讲授与理解屈原相关的中国文化背景，对诗人的理解需要建立在对相关中国传统文化知识了解的基础上，需要将诗人放置在能让学生了解的还原历史之中，"知人论世"在时代发生巨大变革的今天，意义尤其显得重要。

结　语

以学生为主体的互动教学对老师的要求很高，这需要老师有很大的知识量和比较高的研究水平。这种教学不仅要求老师要掌握教学大纲要求的知识点，要有能结合今天语言特点的生动有趣的表达，尤其需要对相关重点作家、文体和文学运动等做深入研究，并注意了解最新研究动态。老师对相关问题的理解深度会直接体现在他的表述中，影响到他讲述内容的质量；老师知识的深度和广度也将在他面对学生未知的提问中，受到检查和审核。而老师要想给学生提供一个可以随时对话的课堂，不仅需要在积累知识中深入探讨，还需在探讨中不断更新。进入21世纪，在学生已拥有将新观点、知识量与研究深度较好结合的新教材的今天，如果一个老师的讲授是在尚无法透彻理解新教材或仅仅局限于教材基础上进行的，他在面对人手一册教材的学生时，很难实现教学质量的有效提升。从课堂教学的两个核心要素"教"与"学"这两个角度分析，教学质量的提升都离不开对老师科研水平的依托，因此教学与科研，非但不矛盾，协调好两者的关系还能更有效地互相促进。

原载《新疆职业大学学报》2011 年第 4 期

现当代文学史与文学作品课程关系新论

成湘丽[*]

一方面，在高等教育逐渐面向大众、大学毕业生就业日益困难的大背景下，文科类专业普遍向应用性和市场化转型，学生学习的实用性和功利性也越来越强。但另一方面，大学人文教育的匮乏和失调、大学生人文关怀和理想人格教育的日益滑坡又使人们指责大学"未尽天职"的声音愈加强烈。现实原则与理想原则、时代现实需求与社会长远期待的矛盾某种程度上也折射出中国大学教学的尴尬与无奈。中文专业虽然一直是多数综合类院校的长线专业，并在 20 世纪 80 年代及之前因为特殊的当代中国国情而长期作为热门专业得到重视，但在市场经济和信息时代的冲击下，一面是中文专业教、学两面人数的急剧膨胀，另一面却是因专业兴趣和爱好报考中文专业的学生越来越少。据笔者了解，近年新疆大学第一志愿报考汉语言文学专业的学生不到实际录取人数的 20%，而自考、高职、函授等社会考生报考汉语言文学专业的虽然数量不少，但大多也只是因为"容易通过"。当然，这并不主要因为文学的降温与冷寂，实际上，文学爱好和阅读者大有人在，但将兴趣和前途、业余和专业分得很清恐怕也是形势使然吧。

由此，中国汉语言文学专业也不断面临和经历着教学计划、课程设计和教育理念、教学方法的调整与革新，以文学类基础课程的重要支柱——中国现当代文学为例，50 年代伴随着现代文学取代"新文学"，当代文学学科初建，曾热闹和红极一时；80 年代现代文学压倒当代文

---

* 成湘丽，博士，新疆大学人文学院副教授。主要从事文艺理论与中国当代文学研究。

学，并逐渐完成其学科历史化与经典化的过程；90 年代作为"重写文学史"的重要收获之一，中国现当代文学的"通史"观念与"纯文学"理念得以确立；世纪之交沸沸扬扬的文化研究又一次拓展了现当代文学的学科视域和发展空间。作为"重写文学史"思路的合理延续以及对80 年代之前现当代文学史教育矫枉过正的自然调整，更是大学教育社会环境、办学理念、培养方式变化的自然投射。新世纪以来，现当代文学的课程建设成为持续高温的讨论话题，关于这方面的论文与课题日益增多，众多学者专家都提出了自己的宝贵心得和教改经验。这其中，讨论的最为深入和持续的问题是关于"文学史"与"文学作品"如何平衡的问题。五年来大量关于现当代文学的教改论文中，约有一半都会涉及此问题，其中绝大部分论文在不同层面和教学目标下坚持强化文学作品阅读和分析的重要性。文学史应"淡化"、课程比重可缩减、文学史教学可以老师提示、学生自学形式进行似乎成了很多从事现当代文学教研工作的高校老师的共识。

笔者却对此有一些忧虑，即使有逆潮流而动、故作惊人之语的嫌疑，笔者还是认为偏重现当代文学作品教学的现实操作性难度较大，对现当代文学的学科建设隐患重重，对人文教育的作用也不可高估了。

一　对偏重现当代文学作品教学的质疑

首先，从此法教学初衷看，倡导者的主要目的可分为提高学生文学鉴赏能力和学习兴趣、增强学生识人处世能力与提升学生人格素养、发扬人文精神、倡导通识教育等几种。依这样的培养目标从事中国现当代文学教学，其教学与其他文学课程相比的独特价值就会光芒锐减，因为上述目标对几乎所有文学类课程、大多人文学科都是适用的。"人文学科能使人的精神生活向过去与未来延伸，使人的眼光向广阔无垠的世界投射，把人带入更本真更伟大的现实。"① 但这样的美好远景规划不意味着可以取代每个独立学科的具体目标。

---

① 丁东、王彬彬、李新宇等编《大学沉思录》，广西师范大学出版社，2005，第165 页。

其次，从此法的适用性来看。在现在已经非常有限的教学时间里（有的函授学校学生现当代文学课程的面授学习时间总共不到 100 学时），学生自学能力和自我要求又比较低，片面强调文学作品的阅读在不了解和不理解文学史背景的条件下，甚至还会造成学生对 20 世纪中国文学水平不高、文学性不强等认识偏见。

再次，从此法的具体操作看。即使是对专业必修课与专业选修课共同推进，文学史课、文选课、文学专题课梯级安排的正规汉语言文学专业的学生，很多学者建议的"以学生自学为主、老师讲授为辅的文学史教育""学生课堂讨论课与专题课结合、突出重点和难点""布置作业与安排思考题、检查学生自学情况"等教学方法虽是课程被大量压缩的现实难题的权宜之计，不过在目前学生公共课多、四六级压力大、考证和社会实践忙的现实条件下，笔者认为此法操作性有但不强。比如开讨论课和专题课虽然对促进学生从被动向主动、从传统学习型向现代研究型和创新型人才转变极有好处，但无奈对教学本已非常紧张的现当代文学必修课而言，大一大二学生一学期安排 2～3 次专题课就已对教学计划和大纲实施造成很大压力，大三大四学生的学习热情又呈低落之势。多数高校学生的自学热情和能力笔者认为更是令人担忧，期待以课下安排作业使学生掌握文学史很难尽如人意。

又次，从现当代文学史和现当代文学作品的关系看，"文学史经典"与"文学经典"的双重标准是现当代文学教学中两难的困惑、"回到历史现场"的"理解与同情"与"文学内部研究"的"美学与艺术标准"也是现当代文学内外部研究的普遍矛盾，甚至很多时候，不仅很多科班学生甚至很多专家学者也对 20 世纪文学的"经典性"问题质疑不断。如此情势下，不能深入触摸和理解中国现当代文学史，就不可能真正懂得 20 世纪的中国文学创作，甚至难免得出鲁迅、沈从文文笔艰涩、文法有误的结论来。

最后，从此法的教学效果看，正如前言，课程目标的虚设会模糊现当代文学课程与其他文学课程的区别，使得现当代文学课程顺理成章成为中学语文教学教法改革与创新的自然延伸。其对学生文学史视野和文学史观训练的忽视，使得学生即使触及和掌握了文学教育的根本和精髓，但中国文学系自创立伊始就确立的文史哲同源的传统、文学专业研究型人才的培养目标就可能很难实现。比如现当代文学一直是学生本科毕业论文的选题热门方向，但就笔者近五年掌握的本校学生的选题情况，基本都是做现当代作家作品分析，虽然有些个人创见但学术积累意义很小，选择文学思潮、现象和史论研究者难得一见。

二 重识现当代文学史教学的意义

现代文学的前身——新文学进入汉语言文学专业课堂是在 20 世纪30 年代。新文学学科建设伊始，就将文学史的构建置于非常重要的地位，并主要延续了胡适以"进化论"思想梳理文学史的主要思路，周作人关于中国文学"言志"与"载道"的循环论证以及梁实秋对文学"古典"与"浪漫"的二元分立说作为潜流也对后来学人影响深远。40年代开始，阶级和革命论式的唯物史观逐渐成为现当代文学史建设与教学的主导思路，并凭此叙述建构了与国家政治的"亲密"关系。新时期的文学史建设在政治影响和五四传统的复杂交合下，重拾"进化论"的主导模式，并与"现代化"的国家想象和需要暗自契合，90 年代"现代性"一定意义上，是这一模式的内部过渡与自我重组。文学史教材作为文学史历史变迁与自我证明的最佳拍档，在此过程中经历了一次次洗礼和重写。上百部中国现当代文学史著既为高校汉语言文学专业提供了丰富多元的参照，又以驳杂多变的不确定性让我们的选择犹豫不决。

中国现当代文学史自身建设的开放性、创新性、不稳定性既带给从业者新鲜的挑战和自由的空间，也使不少高校教师认为它还不太规范、变化太快、疑窦丛生。相对而言，对文学作品的重视却无此疑虑，鲜活灵动、人言人殊从来是其魅力和长处所在，所以，笔者认为，现当代文学教师教学重心向文学作品选的倾斜，很可能与从业者对现当代文学史的不信任感和"不安全感"有一定关系，但也不排除其中有趋易避难、知难而退的心理因素存在。不过，大多数这方面的教改论文提到了并非专业内部的困惑和隐忧，而基本都是：适应大学素质教育和人文精神塑造的需要，加强对中文专业学生阅读写作能力的培养，提高学生的文学鉴赏水平、感悟和分析作品的能力等。但这些看法基本都是从宏观着眼、大局指导，并未联系中国现当代文学的学科性质、课程建设、长远发展等看似具体而局部的实际问题，这些问题如果未能予以充分重视和合理解决，对汉语言文学专业学生的教育可能会产生一定偏差。

中国大学教育向内外齐修、德才兼备、文理兼修的全面通识高素质人才发展的方向固然正确，中文专业作为人文学科的重要支柱扛此大梁也很应当，中文专业里的各个分支学科因此调整各自教学理念也是顺理成章。但笔者认为，调整不意味着放弃自身的学科基石和根底，更不能顾此失彼、矫枉过正。中国现当代文学重"史"的传统是其学科形成、发展、壮大的重要保障，轻视和抛弃这一优秀传统，其实是以否定过去来证明自己的专业自卑心理的表现。现当代文学课程无疑和其他中文课程一样，其归旨是塑造具有人文关怀、人文视野、人文理想的高等教育人才，但同时也有自身的独立诉求：塑造具有一定现代文学史观和历史眼光的，对现当代文学作品能置于20世纪中国文学的总体面貌和整体特征中把握，对现当代文学现象、文学思潮、文学流派、文学理论等文学的外部生态环境具有一定认识和分析能力的专业人才。即使从汉语言文学专业要求看，其人才培养目标也绝不是单方面的，如果片面强调学生"笔杆""口头"功夫的培养与提高，大量的文学阅读、写作、讨论自然是最重要的，若只从这一需要出发，语言类课程的学习或许应偏重语法、中国古代文学的学习应偏重于背诵古文、中国现当代文学的学习应重视赏析，但我想这种"偏心"是大家都不会赞成的。也就是说，无论从素质教育的宏观要求还是从汉语言文学的专业要求看，中国现当代文学的教学基本任务都必然包括对文学史的理解和掌握，文学史与文学作品的关系不是末与本、仆与主的关系，而应该是经与纬、枝与叶的关系。

还有一种说法是当代文学不易讲史，从80年代开始，在现代文学巨大的学科优势阴影下，这好像一样是当代文学的隐痛。正如程光炜所言："始终没有将自身和研究对象'历史化'，是困扰当代文学学科建设的主要问题之一。"① 但同时，当代文学的不稳定性恰好为我们理解文学史、理解历史敞开了另一种可能。对当代文学史的学习，可能不像古代文学史、外国文学史，甚至现代文学史那样线索清晰、纲目完整、研究规范，当代文学学界的确也有不少研究是自说自话、各行其是。但我们不能因此放弃历史诉求，尤其是在大多数学生对当代文学颇多不解和不认可的情况下（比如，很多学生都认为"十七年"文学枯燥乏味缺少"文学性"、80 年代文学幼稚粗糙、当代文学无经典等），很多时候，可能只有提起学生对中国当代史、文化史甚至思想史、社会史的一定兴趣，才能鼓起学生对当代文学的信心，这是一个无奈而尴尬的现实。当然，笔者的意见绝非要将现当代文学史讲成思想史及其他，而是相信充满风险与挑战、争辩与质疑的当代文学史对调动学生对当代文学作品的兴趣可能大有裨益。

三　协调文学史与文学作品教学关系的初步尝试

由此，笔者认为，我们对文学史的教学应该重新予以重视，即使目前存在公共课所占学生培养计划比重居高不下、中国现当代文学课时普遍缩减等现实条件制约，即使在实际教学中我们会不断遇到"鱼翅"和"熊掌"不可兼得的两难处境，但是重新矫正现当代文学的教学思路和培养方案还是很有必要的。在这里，笔者提出几点初步的教学尝试。

（1）现代文学史的学习应当以建立文学史观为重点。目前现代文学界也还是处于启蒙现代性史观、审美现代性史观、民族国家论史观甚至革命史观百舸争流的局面中，讲授时，老师也未必坚持哪一派，但有责任帮助学生树立他们自己的文学史观。当代文学史则可采用问题式和对话讨论式的方式进行，讲授时，老师最好有一定的个人倾向和主张，但不需要学生完全信从，可以给学生更为自由的思考空间。这样学生在文学史观的建构与解构中、在现代性与后现代思想的碰撞中、在传统史

① 程光炜：《当代文学学科的认同与分歧反思》，《文艺研究》2007 年第 5 期，第 4 页。

观与新历史主义史观的对话里，可以解放思想、启迪思维、开阔视野。

（2）现代文学史观的建立可与学生中学阶段的历史观形成对话关系。笔者在教学过程中发现，对现代文学产生背景和历史过程的分析，对刚刚接触现当代文学课程学生是难点也是重点，这一问题解决得好，直接影响学生对现代文学的兴趣和文学史观的形成。中学阶段，学生大致了解了一些新文化运动、五四爱国运动和马克思主义的传播等文学外围信息，历史教科书对新文学产生的介绍却很粗浅，目前高校通用的多数文学史著还是坚持 1917 年一说。这就便于我们将学界一些广受争议的问题留给学生思考：可不可能始自明末清初？清末是否已经出现了新的文学体式？清末、民国初年、新文化运动后的文学创作是否有根本区别？文学史分期与一般的历史分期有何区别？老师可在这一过程中，引出文学史的概念、现代文学的历史定位等基本问题。

（3）当代文学史的学习更要注重问题的设置和讨论的方式。刚开始教学工作时，笔者采用布置阅读书目、上课检查阅读情况的方式，发现效果不好，学生面对作品是茫然一片，自然既提不起兴趣，又把握不到重点。后来采用每节课后布置下节课思考讨论题的方式，教学效果要好很多。题目的设计应兼顾文学史和文学作品两方面，并依据每节课教学目标变化做相应调整。比如，在当代文学史一些关键性概念（如"文艺论争与文艺运动""十七年""潜在写作""新时期"等）引入之前，可以提前调动学生思考：40 年代，除"左翼文学"外，是否还有其他文学力量可能成为左右文坛的主导力量？是当代文学外部机制，还是作家内化的自我约束机制，使大多数作家放弃了"自由"写作？"新时期"文学对"文革"文学是不是一种完全断裂和彻底叛逆的关系？80 后能否在未来进入文学史教材之中？

（4）注重文学史与文学作品的互动。前面已反复谈到了两者的有机联系，这里补充一点：对大一学生要特别重视对中学语文中已经学过的经典现当代文学作品的"新解"。即便学生对中文专业本无好感或专业兴趣淡薄，也常源于他们对应试教育下的中学语文教学很失望，因为"从小学到初中，再到高中，我们的语文教学主要在讲文字学、语法学、修辞学、逻辑学知识，至于文学教学则停留在浅层次上"①。那些也许是在硬着头皮、应付差事的情绪下读完的文学作品，恰好需要在大学重新以新的视角和思维将其点亮和激活。笔者在授课几轮后总结，学生讨论最热烈、课堂气氛最活跃的往往还是那些他们中学时代接触过的作品（即使是片段）：《阿Q正传》《骆驼祥子》《雷雨》《边城》《陈奂生上城》《致橡树》《面朝大海、春暖花开》《我与地坛》，以及余秋雨的散文等。中学教育阶段大多仍然沿袭的作者介绍－创作背景－主题思想－艺术特色的模式掩盖不了学生灵动的主观感受和个性理解，珍惜和重视这一接受图式，再结合学生中学时未曾接触过的文学批评方法、多元开放的文本阐释路径以及特定的文本"外部生态环境"加以重评，无疑对鼓励和增强学生的专业信心和兴趣非常有利。

（5）加强中国现当代文学课程的三级建设。以上多从大一学生初学现当代文学课程的角度着眼，但实际上，在紧张的课程学时压力和学生各类学习压力下，学生也不可能在必修的文学史课和文学作品选课里，全面掌握现当代文学的所有要点和难点。文学史课和文学作品选课固然可以也应该互相照应着，但对文学史的学习其实还只能是掌握大体，而对其细的分支（文体史、思潮史等）只能笼统带过，文学作品的选择更是难免挂一漏万、颇多遗珠之憾。但"鱼翅"和"熊掌"即使不能悉数拥有，也应尽最大努力。笔者所在的教学团队经过多年努力，开设了十余门现当代文学的选修课程，并受到学生的普遍欢迎。现代文艺思潮、通俗文学、港台文学、现代派小说、鲁迅研究、曹禺研究、当代文学专题等课程可与大一的文学史课程、大二的文学作品选课程形成有效互动，既明确分工，又互相协调，以此保证了现当代文学课程的连贯性、系统性。

不过，由于篇幅所限，以上谈的只是全日制汉语言文学本科生的现当代文学教学体会，对于成人学生，笔者大致同意"偏重文学作品阅读分析、简化文学史要求"的观点，即使是对汉语言文学专业文秘方向和

---

① 鲁定元：《文学教育论》，湖北人民出版社，2006，第178页。

影视文学方向的学生，笔者也建议不必对文学史的学习要求太高，因为课程设置应该服务于相应专业的培养计划，课程教学还是应本着"因材施教"的原则。另外，在文学史的教学中，方法也可以更灵活一些，比如适当地向本地作家或区域写作倾斜一点，90 年代后的当代文学作家作品可向新世纪偏重一些（笔者曾尝试留文学史最后一节课开"80 后文学写作"专题讨论课，学生反馈很好），再如对已成功改编成影视剧的作品多留意一下，让学生做文学文本和影视文本的比较论文。总之，对中国现当代文学课程而言，文学史的教学与文学作品的教学都应予以足够重视，我们不应因为教学时间有限就宁可顾此失彼，更不能在素质教育和人文教育的大旗下片面地扬此抑彼，而是应深入思考和实践怎样使文学史教学和文学作品教学更好地协调和互动起来。从更高的层面看，"大学有四项任务：第一是研究、教学和专业知识课程，第二是教育与培养，第三是生命的精神交往，第四是学术……每一任务借助参与其他任务，而变得更有意义和更加清晰。按大学的理想，这四项任务缺一不可，否则大学的质量就会降低"①。

原载《江西金融职工大学学报》2009 年增刊

---

① 〔德〕雅斯贝尔斯：《什么是教育》，邹进译，三联书店，1991，第 149～150 页。

视觉文化时代的"中国现当代文学作品选"教学探索

邹淑琴 *

视觉文化时代指的是伴随着以电子为媒介，以图像文化为主导文化形态的时代。在当今这个大众传媒时代，以电视、电影、报纸、书刊、互联网、广告等为代表的大众媒体，特别是影像媒体，正在日益制造和传播着各种各样的视觉符号。高科技手段使无数中外优秀文学作品从文本变成了数码，文学经典的影视化使语言被图像所取代，内容上的深度被视觉的直观所取代。海德格尔早在 20 世纪 30 年代就说过："世界图像并非意指一幅关于世界的图像，而是指世界被把握为图像了。"① 因此，可以说现在是一个图像化、视觉化的时代。在这样一个时代中，传统以阅读评论为主的"中国现当代文学作品选"课程教学方法在网络、图像的冲击下，发生了巨大的改变，各种新型的多媒体教学手段的运用使高校中文系的学生们放弃了费时费力的传统式阅读，倾向于省时、便捷、轻松的"读图"式学习，使他们轻而易举地了解文学作品。然而，虽然视觉化对于学生理解和领悟文学作品有着很大的帮助，但解读经典文学作品绝非简单的"看图说话"。那么，如何在这样一个视觉文化时代进行中国现当代文学作品选课程教学呢？

一 影像化教学方法在"中国现当代文学作品选"教学中的优越性

当代社会的一个显著特征，就是图像冲击无处不在。以语言为中心

---

* 邹淑琴，博士，新疆大学人文学院副教授。主要从事中国现当代文学研究。

① 〔德〕海德格尔：《海德格尔选集》，孙周兴译，上海三联书店，1996，第 899 页。

向以影像为中心转变。在视觉文化的影响下，多媒体广泛应用在大学各个学科的教学中。对于文学类课程的教学来说，多媒体技术把文本、图像、视频、动画和声音等信息媒体集成在一起，向学生快速提供丰富的信息。"视听取代思考，声像挑战文字，影视取代小说，已经成为当代审美文化的一个重要趋势。"① 中国现当代文学作品选课程的传统教学方法，是结合文学史知识，以学生阅读理解作品和教师课堂分析讲解为主，而现代的视觉文化背景中的中国现当代文学作品选教学则更多地借助视觉化、图像化手段来实现教学目的。

第一，利用视觉、图像的直观性吸引学生的注意力，从而使学生对文学作品有初步的视觉印象。

1843年费尔巴哈就说过，人们喜爱图像胜于真实事物，喜爱复制胜过原创，喜爱表象胜过现实，喜爱外貌胜过存在。② 图像影音对于当代学生的吸引力远远胜过文字。传统课堂上教师讲授式或讨论式教学模式既不能满足学生的需求又不能适应形势。于是，教师利用多媒体等手段把作品的背景知识如作家肖像、作品版本或插图、漫画，以及由作品改编的影视、动画片段等图片资料应用在课堂教学之中，极大地吸引了学生的注意力。

图像媒介为学生提供了最直观最迅捷地了解作品的途径，使其更加客观、清晰、生动和及时。例如插图，中国现代文学尤其是小说在其产生初期，往往从两个方面来吸引读者，一是进行白话创作，二是利用插图。当时的小说往往附有大量插图，主要有情节插图和封面插图。把这些插图在课堂上提供给学生观看，势必形成图文并茂的教学效果。另外，很多小说篇目都被改编成了电影，而电影能在短时间中，通过画面浓缩时间跨度很大、牵涉面广的主题和事件，把原著中历时的故事转变成共时的冲突，把时间上的缓慢转变成紧凑的蒙太奇情节。这样既能强化故事逻辑，又可以节约时间，在相同的单位时间内让学生获得更多信息量。因为，电影画面"通过光，影，声，画等手段体现了一种视觉审

---

① 闫红：《影视霸权与文学尴尬生存的悖论处境》，《河北师范大学学报》2007年第2期。
② 〔德〕费尔巴哈：《基督教的本质》，荣震华译，商务印书馆，1984，第20页。

美，同时多重'能指'的影像展示既满足了影像的可看性，也拓展了画面的想像空间"①。可以说电影使接受者有了轻松享受文学作品的光辉烛照和精神滋养的可能，更易获取生命体验，心灵慰藉，感官享受，本能释放，这些人的原始精神需求，使接受者各种欲望和需要得到满足，各种情绪得到宣泄，成为另具魅力的文本形式。这在一些情节紧凑的戏剧作品中表现明显，如曹禺《雷雨》等，学生通过观看根据同名戏剧改编的电影，可以直接感受到剧本的艺术魅力。当然，一些浪漫舒缓的散文化小说通过视觉化的教学也能起到很好的效果。例如，要分析沈从文的小说《边城》，首先利用多媒体把原版封面和插图放映给学生看，使其对小说的时代、社会背景有所了解。然后，放映电影片段，使学生对小说人物和优美的环境有一个大致的印象。与此同时，教师适时地穿插引导，分析作品的整体风格和作家的创作理念，并进一步让学生参与课堂讨论作品的审美价值。这样，使形象的、感性的认识与深度的理性思考相互结合，既培养了学生的审美意识，又提高教学效果。中国当代很多文学作品被改编成影视作品，特别是 20 世纪八九十年代出现的一些小说作品之所以能够引起社会的广泛关注，很大程度上与影视改编相关。例如，余华《活着》、莫言《红高粱》、阿来《尘埃落定》、王安忆《长恨歌》等。那么，我们在分析这些作品时，结合这些影视图像成果，能更好地激发起学生的学习兴趣，使学生在较短的时间内获得丰富的信息，并有助于提高学生对小说原文的阅读兴趣。

第二，影像化、图像化的解读方式为学生理解作品提供了多条途径，在一定程度上为培养学生多维的阅读思考习惯奠定了基础，并开阔了视野。

这一点尤其体现在影视剧改编中。文学原著的改编就是要把原作中通过文学构造的艺术世界与艺术神韵，以"影视化"方式转换成具有艺术感染力的、具体的动态时空。当今，"电影改编不再是仅仅发挥其普及经典阐释文学原著的功能，也不再仅仅是选'兼具电影性和文学性的小

———————————

① 金丹元、陈犀禾：《新世纪影视理论探索》，学林出版社，2004。

说'或'能够充分电影化的作品'来改编，它的外延与内涵都扩大了"①。可以说，改编后的影视作品不仅是对作家文学原著的再现，更渗透着改编者本人的个性化解读，是改编者与文本作者的共同创作。这样，就为观众打开了解读原作的不同途径和视角。学生利用课余时间观看影视作品，并进行思考，然后在课堂上以讨论的方式加深对作品的理解和领悟，并进一步引发学生对原作的阅读兴趣。很多中国现当代文学作品都是由于影视改编的成功而吸引观者在观影后找到原著进行阅读的。例如《金粉世家》《啼笑因缘》，很多学生都是看了电视剧后才找来张恨水的原著进行细致阅读，在课堂讨论时也能有个人见解。刘恒的小说《伏羲伏羲》被著名导演张艺谋改编成电影《菊豆》，可以说，无论是原著还是电影都非常精湛，二者的阐释互为补充，相得益彰，为文本解读打开了视野。学生通过观影和阅读的双重体会，更加深入地理解了作品所要探寻的人性问题、作家的个性色彩，以及作品在整个时代文学思潮中的历史价值，从而掌握新历史主义小说在中国当代文学史上的独特地位。

第三，文学作品图像化、影像化的教学方法适应了当代大学生的成长特点和阅读心理。

当代大学生是在 20 世纪八九十年代以后出生的，他们是在视觉文化的熏陶下成长起来的，观看影视、图画、网络视频是他们重要的精神文化生活。大学教学能够融入根据文学作品改编的影像文化，是他们普遍欢迎并感兴趣的。在"中国现当代文学作品选"教学中，文学的图像化、影像化要求引进视觉思维的教学理念，教师利用多媒体教学手段，在教学中展示各种与作品相关的图像和视频，进行比较和分析讨论。教师不再做脱离作品的空谈和玄谈，师生在视觉平台上，面对共同的视觉对象，积极互动、教学相长。

图像化、影像化手段为"中国现当代文学作品选"教学带来了意想不到的教学效果，能够很好地辅助教师进行课堂教学和讨论，从而使作品选课程教学更加有深度和广度、独创性和个性化。同时也相应地引

---

① 张兵：《电影市场化对电影改编的影响》，《电影文学》2007 年第 8 期。

发了学生的阅读兴趣和欣赏水平，丰富了学生阅读作品的数量，提高了阅读质量。但是，视觉文化时代也为"中国现当代文学作品选"教学带来了很多尴尬的处境，甚至困境。

二　视觉文化时代"中国现当代文学作品选"教学中存在的问题

第一，视觉化的直观、体验性特征在某些情况下消解了文学原著的思想深度，易于使学生对作品的理解浅层化。

图像、影像的大量运用在一定程度上会导致学生丧失对文学文本的独特思考。尤其是一些世俗化的影像叙事因其形象、表层而缺乏深刻性，使现代消费社会符号化、简单化，限制了受众的想象力发挥，同时也禁锢了他们的思维活跃性和创造性。尤其是很多依据小说文本改编的侧重故事情节性的影视剧，把间接、抽象、多义的文学形象变成直接、具体、单一的银幕形象。文学作品理解的空间缩小，图像替代了想象，弱化了语言文字媒介的魅力，文学作品无穷的想象力大大缩水。影视剧改编将文学描写中复杂的心理过程展示拉直了，画面化了，单一化了，人物微妙的心理变化、内心激烈的搏斗撞击无法实现，学生参与的主动性、创造性就会丧失。这一点在中国现代作家的小说作品中表现很明显。例如一些以语言书写见长的作家如钱锺书、莫言等，以心理描写见长的作家如郁达夫、巴金、老舍等，还有一些以思想深度见长的作家如鲁迅、余华、苏童等，他们的小说影视化后势必弱化原作某一方面的魅力。以《骆驼祥子》为例，原著在对祥子买车卖车三起三落的人生转折的叙述过程中，总是伴随着作者对祥子内心的详细剖白，学生通过这些人物心理方面的描写能够准确体会祥子性格由进取走向堕落的内在原因。而电影中人物往往不可能直陈心迹，需要通过场面、特写、人物神态等镜头来曲折表达。这样，学生如果不读原著，那么对人物以及作家的社会反思就不能深入地理解，达不到预期的教学效果。

第二，文学作品经过影视改编后，往往带有改编者和导演浓厚的个人色彩，其所传达出的精神主旨有时会与原作形成很大的出入。

与文学创作的个体性特征不同，电影的蒙太奇主要是通过导演、摄影师和剪辑师的再创造来实现的。在影视剧的制作过程中，导演按照文学原著改编后的剧本主题，分别拍成许多镜头，然后再按原定的创作构思，把这些不同的镜头有机地、艺术地组接剪辑在一起，使之产生连贯、对比、联想、衬托悬念等效果以及快慢不同的节奏，从而有选择地组成一部反映一定的社会生活和思想感情的影片。这种蒙太奇手法"把无论两个什么镜头对列在一起，它们就必然会联结成一种从这个对列中作为新的质而产生的新的表象"①。由此可见，文学作品改编电影实际上是一种二度创作，带有很强烈的个人色彩。所以从这一方面讲，影像化叙事主观性很强，往往导致影视剧偏离了原作精神，这样就会导致学生对小说原文的理解产生偏差。例如，改编成电视剧热播的张爱玲小说《倾城之恋》，原作更多地表达出张爱玲小说惯有的"冷眼看人生世态炎凉"的基调，是作家对人生的独特解情，是对爱情的颂扬。这样，二者就有很大的出入。学生在同时观看和阅读之后，在内心中产生理解的矛盾就可想而知了。

第三，视觉的形象、感性化特征，在一定程度上消解了作品选课程的理论性。

作品选课程虽然属于鉴赏性的课程，但其教学目标不能仅仅停留在感性的鉴赏层面，依然需要以文学鉴赏和批评为基础来实现对基本文学理论的思考和认识。换句话说，这门课是通过对文学作品的鉴赏解读来达到培养学生的文学基本理论素养的目的。而影像化的教学方法由于其立体、直观性特点，学生通过大屏幕所接收的更多是形象、感性的信息和知识。而且，过多地使用图像化、影像化的教学法，会使学生产生图像依赖，不愿稍费力气进行思考总结，时间久了就形成思考的惰性。这样，在一定程度上，就会使学生在学习过程中回避较为艰深的理性思考，而只进行表层的、肤浅的感性认知，这样就达不到作品选课程的最根本的教学目的。例如，在观看电影《林海雪原》后，学生基本上都

---

① 〔苏〕谢尔盖·爱森斯坦：《爱森斯坦论文选集》，魏边实等译，中国电影出版社，1962，第348页。

被电影中的曲折离奇的故事情节和战斗场面、壮美风光所吸引，很少有人去思考小说原著的民间化叙事特点以及这种叙事风格在新中国成立初期如何形成一股创作潮流的社会背景因素，等等。

总之，视觉文化时代，中国现当代文学作品选教学变得多姿多彩，但同时也带来了很多难以避免的缺陷。那么，教学中如何更好地利用视觉化手段和成果，在尽量克服上述问题的同时又能达到事半功倍的教学效果呢？这是一个值得深思的问题。而且，视觉文化时代的作品选课乃至所有文学类课程的教学理论体系建构问题，以及与之相应的实践运用问题，是当前学术界和教育界急需关注的。

三 视觉文化时代"中国现当代文学作品选"教学的途径探索

尽管视觉手段在教学中存在很多缺陷和问题，但毋庸讳言，当前，"中国现当代文学作品选"课程教学中，使用图像化、影像化手段已经是必不可少了。在目前实际教学中，我们应该充分挖掘与利用图像、影像资料所蕴含的文学性与文化性，做到课程内容与文化资源的有机整合，提高教学质量，调动学生学习的积极性，培养学生的创造性思维，使学生具有跨文化的广阔视野。

首先，充分利用视觉文化的直观性和综合型特点来实现文学作品的想象性、思想性，从而使图像文化与文本文化相互结合，尝试建构新的教学理论体系。

小说是叙事艺术，而影视则是表演艺术，虽然它们在读者与观众心目中产生的效果和美感是不同的，但二者并不矛盾，可以相互协调。影视作品无法展示人物内心激烈的冲突，但画面结构、色彩、音响，这些画面具有的"言说"特点，带给人的现场强烈的感受是小说不具备的，在一定程度上实现了文字试图在文本中构建的想象图景。另外，小说改编成影视作品的过程受到当下诸多文化因素的影响，而文学作品所思考和阐释的文化内涵通过与影像文化的对照，可以使学生领略文化的内在变迁，开阔学生视野。例如，苏童的小说《妻妾成群》被改编成电影《大红灯笼高高挂》，学生通过文本与电影的对照阅读欣赏，不仅更直接地领会到原作中人物的精神状态，使学生感到震撼，实现了文本阅读想象与影像观看的落实；而且，在讲析这部作品时，学生课堂讨论中认为，这样对照使他们更清晰地看到了不同时代的文化差异，理解了社会制度等文化因素是如何间接地扼杀人性的，并由此探讨作家在作品中的文化思考。这种影像与文本对照评析的教学方法有待于进一步的理论阐发，构建相应的、有别于传统模式的新型教学理论体系。

其次，基于对视觉文化时代学生的阅读欣赏心理，在教学中应突破专业限制，突出知识的综合性、选择性、灵活性和基础性，突出其跨学科特点，实现文学与图像、影像艺术在"中国现当代文学作品选"教学中的完美结合。

丹尼尔·贝尔在《后工业社会的来临》中指出："……影视造成的巨大冲击力、晕眩力已经成为审美的主导潮流。"[1] 当今时代，单纯的、孤立的教学手段已经远远不能适应当代大学生的心理特点，学生学习知识也不再是一个被动的接收过程，而是主动参与。兴趣是非智力因素，但它是学习的原动力，只有对要掌握的知识表现出浓厚的兴趣，学生的心理、头脑才会因适宜的刺激而产生灵感，才能获得事半功倍的学习效果。"中国现当代文学作品选"课程应该突破专业限制，结合当今数字化时代的特点，充分利用网络、媒体、影像等多种手段，实现阅读理解的横向与纵向交叉，古今中外融会贯通，而不再是象牙塔中的学问和理论，不是孤立的、死板的作品解析。这种突破专业限制的教学方法，首先要求我们把文学与图像艺术以及其他艺术门类相互结合，让学生既能有兴趣阅读大量的作品，同时又能在知识储备与能力培养两方面开阔学生的思路，提升其文化品位、审美情趣、人文素养和对世界的认知能力。

总之，视觉文化时代要求我们每一位高校教师都投身到各个专业的教学改革和实践中去，通过建构新型的、突破专业限制的教学理论体系，实现学术精神和教学实践两个方面的自由发挥，最大限度地挖掘学生的思维潜力，并使教师在教学中更加轻松自如而又事半功倍。

[1] Daniel Bell, *The Coming of Post - Industrial Society* (New York Basic Books, 1973), p. 25.

"中国现当代文学作品选"教学中的因材施教原则与人才培养目标刍议

成湘丽

现当代文学课程不仅是汉语言文学专业的必修基础课程，也是新疆大学中国少数民族语言文学、新闻学、对外汉语等专业的必修课程。仅就新疆大学汉语言文学专业而言，文学、文秘、影视文学、编辑出版四个专业方向的学生学习中国现当代文学课程的课时往往相去不止一倍、课程门数有时相差好几倍①、不同方向学生的培养方案和教学大纲也有具体差异，再加之成人函授等的学习形式、人文通识教育的授课形式，使我们在谈现当代文学的教改问题时，首先面临的就是针对不同教学对象"因材施教"的问题。

一 中文专业各方向培养目标与"作品选"的因材施教原则

（一）对现当代文学教学对象分类研究的现状

在近些年大量关于现当代文学课程教学心得的文章中，已有不少有识之士专门就成人教育、远程教育等形式，高师、高职、大专、电大等院校，文秘、小学教育、对外汉语、少数民族语言文学等专业中的现当代文学教学实践予以现状述评、经验交流和策略探究，但还鲜有文章集中探讨面对不同类型、不同层次、不同需求的教育对象，现当代文学教学过程中应怎样科学规划、合理统筹、有的放矢、同中求异地集中优势教学资源、发挥最大育人功能。

---

① 因为专业培养方案和教学计划的变动，加之一些现当代文学方面的选修课程开在大四，存在学生学分修满不选的可能，所以无法列出详细准确数据。

最早注意到这一问题重要性的应是陈思和，学界对其《中国当代文学史教程》最为倚重、赞誉有加的是他力推的整体性、开放性和民间视角，其实在此书前言里，他提及最多最早的却是文学史教学因材施教、区别对待的问题。陈思和依照三大教学对象——"全日制高校中文专业的大专生、非中文专业的本科学生和成人教育的中文专业学生（包括本科生）""全日制高校中文专业的本科生""全日制高校中国现代文学专业的研究生（包括硕士生和博士生）"①，确立了中国现当代文学史构成中相应的三大层面：文学作品—文学史过程—文学史精神。

继之，杨洪承在 2006 年也提出了"在教学中采取基础型的以史带论，代表性作家作品的导读为主；综合型的以史实带史识，突出文学史学科的科学性特征，重文学作品与史料的关系辨析"② 等观点，进一步强化了教学分级分层中文学作品的重要性，这也与《北京大学学报》2003 年第 5 期一组重要的现当代文学教改文章所发起并得到普遍共识的"淡化文学史教学、强化文学作品教学意识"③ 主张相接轨。

但如果做更深入的辨析我们会发现，无论是陈思和提出的"全日制高校中文专业的本科生"，还是杨洪承所说的"综合型"，都缺少更细的内部划分。就笔者八年来的教学体会而言，同为第 2 类中文专业中的文学、文秘、影视方向的学生对文学类基础课程的心理需求、学习态度、兴趣热情都有很大不同，笔者也曾撰文探讨过"中国现当代文学史"课程教学在不同类型教学对象中的比重问题，所以本文将集中对还未引起学界重视的"中国现当代文学作品选"（下面简称"作品选"）课程中的因材施教问题予以阐释。

（二） 中文专业各方向培养目标与"作品选"的授课侧重点

"大学中文系学生的培养目标应该是使学生具有深厚的人文知识、深刻的人文思想、敏锐的审美感悟能力、丰富的想象能力和较强的写作

---

① 陈思和：《中国当代文学史教程》，复旦大学出版社，1999，第 2 页。
② 杨洪承：《中国现当代文学史教学如何适应大学教育改革的思考》，《江海学刊》2006 年第 3 期，第 197 页。
③ 成湘丽：《现当代文学史与文学作品课程关系新论》，《新疆大学高等教育研究》2009 年第 2、3 期，第 12~13 页。

能力。"① 这无疑是较为理想的中文人才培育方向，但在"僧多粥少"
"眼高手低"的就业实际困扰情势下，在实用主义、功利主义甚至犬儒
主义浪潮裹挟中的年轻学子，刚进中文系提出的普遍问题都是：学文学
有什么用？因此笔者认为在坚守文学"无用之用"的"万代之功"的
同时，"作品选"的授课重心应适当向中文专业各方向的培养目标和学
生未来的职业规划适当倾斜。

1. 文学方向

目前新疆大学中文专业文学方向的"中国现当代文学史"课程较
其他方向多将近一倍，学生普遍的文学史功底要好很多，加之该方向学
生立志于考本专业研究生的比例要高很多，所以笔者认为其"作品选"
的教学更多要与"文学史"的基础形成呼应，相辅相成、互为推进。
如在分析"17 年文学"中熠熠生辉又寥若晨星的短篇佳作时，我以
"重要的不是话语讲述的年代，而是讲述话语的年代"（福柯）为切入
点，阐述《组织部新来的青年人》从 20 世纪 50 年代至 80 年代"反官
僚主题"到 90 年代至今"成长主题"的话语变迁史、《百合花》从 50
年代至 70 年代的"军民鱼水情"到 80 年代的"人际关系论"到 90 年
代的"情爱关系论"的评论潜变史，启发学生思考历史生成场域、文
本潜在结构与接受阐述过程之间的复杂关系。

2. 文秘方向

对普通高校的文秘专业方向而言，"中国现当代文学属于基本素质
理论课程，教学的目的在于加强学生的文学修养，提高学生的基本素
质，为培养学生职业技能服务"②。由此，"作品选"的教学可适当向
"应用性"倾斜，更着力于提高学生的文字表达能力和写作基本技能，
对作品要下更多功夫"细读"。比如讲授阿城的《棋王》时，我有意选
取了徐克监制的电影《棋王》中王一生在火车上吃盒饭的特写镜头，

---

① 王卫平：《师范大学文学课教学的困惑、问题与出路》，《北京大学学报》2003 年第 5
期，第 28 页。

② 顾金春：《高校本科文秘专业"中国现当代文学"课程教学改革》，《湖南科技学院学
报》2010 年第 11 期，第 48 页。

让学生体会小说中"抹—摁—拈—呷—惨无人道"的用词精准。让学生对比梁家辉在车轮大战中的"武侠做派"与原作中"眼睛虚望着"—"两眼黑得吓人"—"像是望着极远极远的远处，又像是盯着极近极近的近处"—"似无所见，似无所闻"的眼神描写，体味文字的神韵。

3. 影视文学方向

因为在新疆大学今年的本科招生计划上，影视方向将不再以汉语言文学专业子方向而是以独立的戏剧影视文学专业形式招生，其现当代文学的教学目标将有一些调整。但因为文学改编是百年来电影剧本的主要来源，所以笔者认为，其"作品选"课仍应属专业基础课程，在课堂教学上需辅以适量影像资料，并可偏重于20世纪经典文学作品与相应影视改编作品的比较，因为这方面可以参照的文本不可胜数且良莠不齐，所以尽量选择经典版本。比如我曾要求学生作《边城》的电影版（凌子风导）、电影文学剧本（有沈从文的修改建议版）和小说《边城》的比较论文，并以《边城》改编中"忠实于原著"的拘泥对照同为凌子风执导并编剧的《骆驼祥子》的灵活，启发学生思考文学名著影视改编的基本原则。

二 开发学生学习潜能与"作品选"教学实践中的因材施教原则

上述从教学对象类型出发的"因材施教"举措说到底也是一种宏观大局提法，如果从学生的个别兴趣、个人规划和个体差异出发，在实际教学中，我们则应因人而异、帮强扶弱，发挥学生的个性潜能；再从"80末90初生"学子成长于视觉文化、快餐文化和消费文化大潮的现状看，我们则应因时而动、积极应变、化不利因素为时代先声，这些当然都是"因材施教"的题中应有之义。

（一）依托互动型课堂体现因材施教原则

当代"教育的功能将更多地从传授现存知识和培养现有技能转向培养学生不断学习的能力，以使学生获得自身可持续发展的途径与方法"①。为做好学生学习的指导者、设计者、促进者、合作者和监督者角色，我们在面对程度基础各不相同的教学对象时，有时需要"拨乱反正"，如很多学生不认同《边城》中翠翠情感表达的懵懂与羞涩并认为是性格的缺陷，对《锻炼锻炼》中的"大字报"、群众批斗会包括杨小四设圈套的行为多是看热闹的心态，这都与学生未能理解作家的创作动因与写作背景有关。有时则需借"他山之石"强化，比如很多学生对阿Q"面子问题"有兴趣、对虎妞有更多同情和理解、对《百合花》隐秘"情爱"线索较敏感，可分别借助刘禾对"国民性"话语的"跨语际""历史化"考量，韩国学者李素贞对《骆驼祥子》中两性关系与阶级/阶层关系缠绕的发掘，张清华对《百合花》"性爱、献祭或牺牲的仪式感与神圣感"阅读直觉的破解予以分析。因为，我们应"要求学生以该学科最新的研究成果和学术成果的眼光来看待部分现实"②。

（二）发挥多媒体优势平衡因材施教原则

关于影视、图片、音乐、网络资源等对"作品选"课程的直观优势和深度局限，已为很多高校同人所重视，恕不多言。为了平衡上述"问题式"课堂可能造成的个别突出、差距拉大的问题，笔者认为可有效利用多媒体教学照顾整体性。比如去年当我要求文学方向学生在我们新启用的《20世纪中国文学作品选》（上海三联书店）教材中任选一篇当代小说写课程论文时，近一半的学生不约而同地选择了《黄金时代》，于是我全部采用学生论文中的原话、配以王小波图片、相关剧照制作出《黄金时代》的PPT课件。在最后一堂课上由我串线索，从王二形象（是骗子？流氓？纯洁青年？反抗者？）、陈清扬形象（是破鞋？清白？作者化身？真爱追求者？）、人物关系（性欲需要？纯洁的爱？践行友谊？作者化身？）、语言风格（理性、狂欢、反讽、重复叙事、黑色幽默）、主题破译等多元视角出发，每一个小论点交由学生来谈，给予每一位同学发言的机会，不做褒贬不设结论、力求观点碰撞交锋，

---

① 张燕镜：《师范教育学》，福建教育出版社，2000，第263页。
② 〔美〕肯·贝恩：《如何成为卓越的大学老师》，明廷雄、彭汉良译，北京大学出版社，2007，第27页。

极大地鼓舞了学生学习的信心和热情。

（三）指导学生论文贯彻因材施教原则

笔者认为，虽然今天心思活泛的学生们整体的科研水平有待提升，但他们语言的创造力、思维的敏捷性、观点的新鲜度则令我自叹弗如。笔者从 2006 年至今每年辅导的本科毕业论文保持在 6 篇左右，对沈从文、张爱玲、萧红、穆时英、白先勇等的研究常是热门选题，虽然笔者也忧虑"作家作品分析，虽然有些个人创见但学术积累意义很小，选择文学思潮、现象和史论研究者难得一见"，但依目前学生的实际能力和研究兴趣而言，最能发挥学生主观能动性和专业积淀、展现个人风格和创新意识的还主要是体现在作品分析上。比如学生在《倾城之恋》—《色戒》—《小团圆》的潜在线索里发现了张爱玲一生"漂泊""迁徙"经历对其创作的影响；捕捉到萧红小说自然形式的"两极化"与其生命意识的"极端化"之间的联系等。另一个突出感受是教师自拟题目要尽量贴合当下学生的生活经验和成长环境，这样学生才能把论文写真写美写活写透。比如《都市空间与"80 后"文学的审美新质》写网络、动漫、摇滚等都市文化形态对个人精神成长和新型文学样式的深刻影响；考察穆时英小说光怪陆离的"色彩"奇观与现代都市、彩色电影甚或现代派作品之间的内在契合。

（四）调整考核方式强化因材施教原则

新疆大学"作品选"课一般有考试、考查两种考核方式，无论是哪种，我认为在无法调整平时成绩占总评成绩最高权重（30%）的前提下（内地很多同人建议该课此比重可调高到 40% 或 50%），"作品选"的试卷要出得巧妙灵活，真正考察出学生的文学感受力、思维力和表达力。钱理群认为文学阅读是"生命化教育"的过程——"以你之心与作者之心、作品中人物之心相会、交流、撞击，设身处地去感受、体验他们的境遇"[①]。但如今学生普遍浮于表面、懒于思想、疏于动笔，仅就课程本身而言，考试可能是我们"逼迫"学生阅读和思考的最后

---

① 钱理群：《语文教育门外谈》，广西师范大学出版社，2003，第 60 页。

"撒手锏"，所以笔者建议，既要针对课堂上讲过的作品考一些"刁钻难题"，又要考查学生在极有限的时间里把握作品精髓的能力。

以上我们主要谈的是针对中文专业学生"中国现当代文学作品选"的因材施教问题，面对非中文专业的同拿文学学位的本科生，笔者认为重点是要强化他们对文学的敏感度、表达的逻辑性、谋篇布局的整体性、语言表达的准确度。另对选修"20世纪中国文学精品赏析"等的其他院系学生，一面是教会他们感受文学的美和人类精神世界的丰富，如果"连大学及其大学生都不再热爱文学了，它是否还会有激情？没有了激情的大学是否还会有创造力？没有创造力的大学是否还会有活力？"① 另一面更重要的笔者认为要在通识教育中强化学生的人文精神，尤其是培育学生积极健康的人生观、道德观、价值观、爱情观及生命观等。

原载《昌吉学院学报》2012 年第 1 期

---

① 眭依凡：《大学的使命与责任》，教育科学出版社，2007，第 211 页。

谈谈核心性细节在思路教学中的作用

——以中国现当代文学课程教学为例

单宏军[*]

　　思路教学是一种启发式的教学方法，简单地来讲即在教师引导的基础上，以学生为主体，充分发挥他们在学习中的主动性，促使他们在阅读文本的时候，学会分析作品的思路，从而进一步提高学生阅读、分析、鉴赏能力以及创新思维能力的教学实践活动。在近些年的中国现当代文学的教学过程中，我越来越感觉到思路教学对培养学生思考、表达和写作能力的重要性。在具体的讲课过程中，我发现要想更好地让学生感受和理解作品的思路及其所渗透的思想内涵以及人文精神，那么对能体现上述内容的核心性细节的讲述就显得尤为重要，因为恰恰是这些细节更能够反映作品思路，体现作品的思想本质和主题的意蕴。帮助学生理解这些核心性细节往往可以启迪学生的思路，达到"借一斑而窥全豹"的教学效果。关于这一点，在对鲁迅的《风波》和吴组缃的《箓竹山房》这两篇小说的讲解过程中表现得尤为突出。下面就以这两篇小说为例，具体来看核心性细节在思路教学中的作用。

一　启发引导，理清思路

　　鲁迅的《风波》本身就具有高度的凝练与浓缩性，它将辛亥革命后的中国和中国国民的精神凝固在一个小村庄中的几个人物身上，凝固在关于一条辫子所惹出的是非上，使得这条七斤头上的辫子显得格外沉

---

　　* 单宏军，新疆大学人文学院副教授。主要从事中国现当代文学教学与研究。

重。我们在向学生们展示教学思路时，力图从以下几个方面步步深入。

第一，辛亥革命给江南农村带来的最大变化在《风波》中体现为七斤头上少了辫子，而七斤之所以没了辫子是因为他是撑船的，而不是种地的，所以他有机会进城，被剪掉了辫子。学生们于是会思考：剪辫子既不是农民的自觉行为，也不是所有农民普遍会遇到的情形，因而无法从中切身感受到革命的气息。这就是辛亥革命对农民的全部实际意义和恩惠：一条辫子，而且还不是对所有农民的恩惠。这是小说给我们提供的有关辛亥革命的社会政治信息。

第二，张勋复辟，要辫子，于是引出了乡村所有人物出来活动。在这里教师提问：在这些不同人物的不同言论中，有没有人问过为什么革命要剪辫子？为什么"皇帝坐龙廷"又要辫子？引导学生去认识：皇帝是否要辫子？今天不要明天为何要？这是有关鲁镇人生死的大事，但没有人需要知道这一切是为什么，无论是地主还是农民，他们只知道，谁坐龙廷，就听谁的。在辛亥革命之后，人的生死取决于权威人物对辫子的随意判定，一切既不是依赖于法律，也不是依赖于自己的精神信仰，人们不想也不需要知道统治者的法令的意义是什么，只知道盲目地去服从。这是小说给我们提供的辛亥革命前后的文化信息。

第三，我们都知道，辫子问题成为辛亥革命推翻满清政府的一个重要标志。实际上，就一场革命而言，它既不能说明辛亥革命的成功与否，也不能代表国人的利害关系。那么，辫子蕴含的意义在哪里呢？于是回顾清人入关"留发不留头，留头不留发"的血腥，再来看看七斤的"辫子风波"，问学生："一条辫子对一个人而言是否具有特别的实际的意义？"学生自然而然地会回答："没有。"可是，对当时的国家而言，辫子却不是自己说留就能留，说剪就能剪的，而是要看皇帝或其他人的意思而定，每次也许会付出一部分人的生命。这是小说为我们画出的我们"国人的灵魂"。

第四，在上述社会条件、文化条件、人的精神面貌下，人们是不可能理解辛亥革命的，也不会关心张勋复辟的。那么，《风波》的深刻性体现在哪里？鲁迅向我们展示出：辛亥革命是在人民没有任何觉醒的状态下发生的，对于一个对革命没有坚定信仰的民族来讲，对于一个连自己的辫子都不能决定去留甚至不问一个"为什么"的民族来讲，辛亥革命只能以最终的失败留给人们以悲剧的启示。

第五，在这篇小说中，鲁迅是从民众与革命的一般关系来构思作品的，而联系这种"关系"的就是七斤的这条辫子，它是理解《风波》，并最终理解辛亥革命悲剧对中国的社会和文化以及国民心理的影响的关键。我们通过详细讲述"辫子"这一核心细节，不仅仅让学生认识了作品深刻的主题，而且充分感受到由于一场无数志士流血牺牲的政治革命之后，民众的精神毫无变化，给鲁迅所带来的对辛亥革命、对中国民众的刻骨铭心的沉痛与愤激之情。同时，也引导学生进一步对鲁迅小说的结构能力即小说的形式美有所理解：以"辫子"作为闹剧的焦点，却映现着大时代中国社会的动荡和农民悲惨不幸的历史命运及深层的精神根源。这就是结构的以小见大的典范。

通过"辫子"这一核心性细节步步引导学生的思路，既认识了作品思想意蕴的深刻性，又使他们了解了小说形式的美，这就是在教学中对作品核心性细节进行挖掘，并力求让学生参与这种挖掘过程所起到的作用。

二　比较对照，拓展思路

在吴祖缃的《篆竹山房》这篇小说的结尾，二姑姑主仆偷窥青年夫妇的床上生活的细节是理解全篇的反封建主题、理解人性、理解作者对人性的极度宽容、豁达的态度以及在这种态度中所包含的深刻的人文主义精神的关键。为凸显这一细节的意义，在整篇课文的讲述中，我们要求学生：无论教师讲到哪里，都要在心中记住"窥窗"这一细节，并将之与教师正在讲述的内容做比较。

首先，二姑姑年轻时代曾经是美丽聪慧的少女，因与学塾中的聪明门生相恋遭到人们的鄙弃。生命本能的愿望，青春萌动的冲动被世人公认为是最低贱的行为，就连丫头都引以为耻，这充分体现了封建礼教对人性的彻底扼杀。然而，即使是年华老去，终生禁欲的二姑姑却在"窥窗"中显示出了人欲，作者以神来之笔写出人性的微光。

其次，少年不幸夭折，二姑姑自缢于桂花树下遇救。本是同样出自内心冲动的殉情却被长辈和世人认为是值得赞扬和效法的行为，于是少年活着时她得不到的一切在少年死后她得到了：做少年的新娘，名正言顺地进入箫竹山房中。青春在寂寞中逝去，二姑姑唯一的快乐似乎就是接年轻夫妇来住和"窥窗"。我们由此也可以看见，封建礼教的虚伪虽然可以埋没人的幸福，却无法埋没人的灼热的欲望，哪怕是在漫长岁月中偶然的闪现。

最后，两类低级动物被二姑姑尊敬地当作公公爷爷之类的长辈，供奉在明瓦绿窗和充满生命力的景致中，同时她还在以冷漠、迟钝的语气讲述着在园中到处走动的二姑父这个存在于幻觉中的鬼，这再次让我们看到了封建礼教将人变成鬼的罪恶。而在结尾的"窥窗"这一细节中，我们却看到了在二姑姑这个被礼教牢笼禁锢成鬼而不得不崇拜低等动物的躯壳中，却原来还有着埋在心灵深处的"人"的神髓。正是因为有了"窥窗"，才有了在"鬼趣中凸显出来的人味"。这就是在被遗忘的人生角落里酿造着不容遗忘的诗。

由以上的反复对比和强调，我们看到了吴祖缃擅长于写复杂人性的能力。在讲到这里时，我们向学生介绍吴祖缃的写作理论：看人的好坏，要究其所以的根由，不要将描写停留在行为本身，而忽略了行为背后的意识和动机，而要由此揭示出人物行为的复杂社会心理意识，写出活生生的复杂的人、社会的人、文化的人。

"窥窗"作为《箫竹山房》最后画龙点睛的细节，首先体现的是作者对人性深深的理解与宽容；其次会带给学生极其复杂和难以言明的体验，我们让学生把他们的各种体验讲一讲，然后告诉他们：美震撼人心的力量只有在这种极其复杂的体验中才能真正的显现。

通过对"窥窗"细节的反复把握和认识，不仅仅让学生们了解了民主主义作家一贯坚持的"反封建、追求个性自由和解放"的创作理想，而且在美的震撼中向他们渗透认知人性的根本原则：不能单纯地论人的好坏善恶，离开了行为背后的意识、动机以及复杂的社会文化背景去评价人性是有失公允的。这样，一堂讲小说的课，实际上内容绝不限于小说，而是深刻地浸透着人文主义的精神。

在以上两部文学作品的讲解中，我们通过抓细节，尤其是紧紧扣住对学生理解作品主题有重要意义的核心性细节，来启发引导学生阅读分析作品的思路，深刻感受和理解作品所表现出的思想内涵和人文精神，这不仅充分说明了核心性细节在思路教学中的重要作用，也在最大程度上体现了在学生、教师，教材三大教学环节中，最重要、最根本的因素是学生。

略谈"文化研究"对外国文学
教学的意义

邹 赞

一

"外国文学"是我国各高等院校汉语言文学专业的必修课程,与"中国古代文学史""中国现当代文学史""现代汉语""古代汉语""语言学概论"等相提并举,成为汉语言文学专业本专科阶段的核心课程,也是学生后续学习"西方文论""比较文学"等高年级课程的基础。纵览各重点高校和普通师范院校中文系的本专科培养方案,"外国文学"毫无例外都在课程设置当中。有的院校不但开设"外国文学史",还以必修或选修形式开设了"外国文学名著鉴赏""西方文化史""中西文化比较""比较文学""西方文论"等衍生性课程,形成一套体系完备的课程计划。也有一部分院校只开设"外国文学史",讲授从古希腊罗马文学到 20 世纪中后期的欧美后现代派文学,实际上就是"欧美文学史",并没有触及庞杂的东方文学。

五四前后,"外国文学"最早在我国高等院校的学院体制中泊港。这一方面缘于一批进步知识分子积极倡导"开眼看世界",宣传思想解放,主动译介西方文学作品;另一方面,在"西学东渐"风气的推动下,一批欧美学者也应邀到中国讲学,比如新批评派的两位代表性人物——I. A. 瑞恰兹(I. A. Richards)和威廉·燕卜逊(William Empson)都曾在清华大学外文系传经布道。如果说,五四之后的外国文学教学以传播欧美文学和先进思想为重要目标,以文学经典的文本细读为主要方法；那么，自新中国成立后到改革开放之前的外国文学教学则呈现出鲜明的政治意识形态色彩，苏联的社会主义现实主义文学和 19 世纪欧洲批判现实主义文学大放异彩，文学文本的审美特质未能得到应有的发现和重视，庸俗社会学式文学批评一时间成为时尚。与此同时，外国文学教学的重要性急剧下降，那种以阐释文本审美特质、传播人文关怀理念的文学教学让位于以日常交际为目标的语言教学。改革开放以来，外国文学教学的现实意义得到再度重视，相关部门组织和培养多语种的翻译队伍，集中译介了一大批西方文学经典名著。随着西方文学名著的大规模引入，西方现代派、后现代派文学批评理论与文化研究也登堂入室，各路理论话语激烈交锋、众声喧哗，构筑起一道奇异的理论景观，极大地挑战着传统的文学批评与文学教育。①

我们身处一个全球化时代，遭遇着经济全球化、资讯全球化对于大众日常生活的重构和塑形，也真切感受到文化的异质性和多样性。我们尝试以文学为窗口，了解他者的历史与当下，管窥异质文化的复杂态貌，进而开展积极有效、互为主体的对话。在这个跨异质文化交流与对话的过程中，外国文学教学扮演着不可或缺的重要作用，因为只有充分了解他者的历史文化，才具备深入对话的基本前提，才有可能在商谈对话的过程中避免消极甚或恶意的文化误读。

二

通过爬梳外国文学教学在我国高等院校体制中的发展历史，结合当下历史文化情境的变迁，我们认识到了外国文学对于培养跨文化人才的重要意义，也大致了解到外国文学教学所面临的严峻挑战。笔者结合自己多年来的教学实践，总结出外国文学教学目前存在的几个主要问题。

一是教材内容陈旧、编排思路模式化，甚至出现明显的知识性错误。20 世纪末以来，我国学界出现了文学史教材编写热，仅以"外国文学史"为名的各类教材和参考书籍就不下十余种，其中影响最大、使

---

① 有关中国外国文学教学的发展历史，详见笔者对刘意青教授的访谈。参看刘意青、邹赞、聂凤芝《我国外国文学教学的历史、理论与方法》，《社会科学家》2012 年第 4 期。

用最广泛的有郑克鲁主编的《外国文学史》（上、下），朱维之主编的《外国文学史》（欧美卷、亚非卷）以及王忠祥主编的《外国文学史》（四卷本）。即便如此，各高校从事外国文学教学研究的专家学者还在不断生产出新的《外国文学史》。毋庸置疑，新近出版的一些外国文学史教材自觉吸收了前人的经验，充分考虑到教学实践过程中学生的反馈，编撰体例更加简洁明晰，收入的经典作家作品也有所调整，评价的用词和语气更显客观全面。从总体上看，这些教材基本上还是以历史时段的线性时序为主线，以国别文学的演进和文艺思潮的更迭为脉络，描述世界文学长廊里的名家名作并简要评价其文学史意义。这种文学史写作模式深受现代性观念的影响，有利于学习者快捷把握西方文学的整体知识谱系，但不无遗憾的是，它忽略了文学史自身的复杂维度，将一些重要的断裂、一些被主流话语边缘化的文学现象和作家作品排除在外。

　　说到教材中的知识性错误，不妨以郑克鲁主编的《外国文学史》为例，该教材由高等教育出版社重点推出，系"面向 21 世纪课程教材"，应当说是目前同类教材中使用面最为广泛的，但该教材下册的"后现代主义文学"部分，将以萨特为代表的存在主义文学和荒诞派戏剧、黑色幽默相提并置，新疆大学刘志友教授敏锐察觉到这一问题，他指出："无论是在西方最著名的后现代主义理论家们如弗·詹姆逊、伊哈布·哈桑等为后现代主义制作的家族谱系中，还是在中国专治后现代主义的著名学者如高宣扬、王岳川等的专著中，从不见著一个字的萨特和存在主义文学，而在郑本《外国文学史》修订版（下）中萨特和存在主义文学却被列入了后现代主义文学。我们认为，这是理论与批评的双重错误。"① 的确如此，存在主义如此注重对深度模式的挖掘，又如何能与后现代主义扯上关联？

　　二是教师的课堂教学形式单调沉闷、教学内容与现实生活缺少必要的互动，学生缺乏参与的热情，知识的输出与输入呈现出严重的不对

---

① 刘志友：《萨特与存在主义文学是后现代主义吗?》,《天津师范大学学报》（社会科学版）2010 年第 1 期。

称。一般来说，外国文学课程要向学生传递的大多是异域文化，这些信息比较新颖，容易唤起学生的求知欲，但在具体的课堂教学中，教师大多还是沿袭传统的"填鸭式"（duck‐feeding）教学模式，一个人站在讲台上唱独角戏，应者寥寥。一面是教师倾情讲述"阿喀琉斯的愤怒""于连的野心""加西亚·马尔克斯的魔幻现实主义"，一面是学生在手机上搜索娱乐新闻、追逐各种具有轰动效应的新闻事件。可以说，外国文学课堂的"高大上"教学内容与学生所处的全媒体时代形成了某种意义上的悖论。笔者曾经在课堂上声情并茂讲解马尔克斯名作《霍乱时期的爱情》，一些学生自始至终面无表情，笔者试探性地询问他们为什么没有被感动，一个学生很诚实地回答："那是拉丁美洲的文学，是马尔克斯的故事，对我们而言，So what（又能怎么样）？"如此看来，教师能否有效将"他人的故事"与自我经验恰到好处地结合起来，充分调动起学生的日常经验，已成为外国文学课堂教学的关键环节。

三是经典文本细读与批评理论相脱节。或张扬"文本至上"，排斥对理论的吸收和运用；或故弄玄虚，动辄"后现代""后殖民""空间政治""身体美学""生态批评"，忽略扎实的文本细读，一味沉溺于理论的话语游戏。就当下现状而言，第二种情况要普遍得多，也严重得多。英国马克思主义文学批评家特里·伊格尔顿（Terry Eagleton）提出"理论之后"，它是"after theory"而非"post theory"，伊格尔顿并不是在宣扬"理论消亡"论，虽然这个时代已经不再盛产理论，但理论依旧存在，并且繁复庞杂。伊格尔顿不是一个反理论主义者，他试图警示当下的文学批评界不要滑入理论主义的陷阱，要观照现实，在文本细读的基础上激活理论的批判潜能。伊格尔顿对于批评理论的态度无疑具有示范效用：我们在"外国文学"的本专科课堂教学中，如何在重视文本细读的基础上，有选择地介绍一些浅显的批评理论，引导学生更加深刻地思考"文本之外"的文化事实，激发出人文学科的想象力，显得尤其重要。

三

针对外国文学教学中存在的种种问题，一个有效的策略就是引入

"文化研究"（Cultural Studies）的理论与方法，对外国文学教学的内容、方法和目标展开重新评估。这里所说的"文化研究"，不是人类学家爱德华·泰勒（Edward Tylor）意义上的"研究文化"（the study of culture），它是一个专门的称谓，狭义上指英国伯明翰大学当代文化研究中心（CCCS）开创的一种跨学科研究范式，广义上还包括德国法兰克福学派的"文化工业论"和法国的后结构主义文化理论。"文化研究"的魅力不在于生产理论，而在于以一种别样的方式去运用理论，它以实践性、当代性、批判性和跨学科性为鲜明特色，围绕阶级、性别、种族（民族）、年龄几个坐标，关注活生生的日常经验与文化现实，强调要消弭文化的等级秩序，将大众文化、女性文化、青年亚文化、少数族裔文化等边缘文化纳入研究视野，堪称人文学科的一次"范式革命"。

具体而论，"文化研究"对于外国文学教学的意义主要体现在以下三方面。首先，"文化研究"认为经典是一个流动的、不断被建构的指称，一个民族有一个民族的经典，一个时代有一个时代的经典，"经典"对应的英文单词不是"classics"，而是"canon"。这种开放的、建构主义的经典观启示我们：经典是由特定语境下一整套社会文化机制建构出来的，有的文学作品进入经典序列，确实在思想主题和审美层面都达到了很高水准，经得起时间的考验，比如荷马史诗、但丁的《神曲》、莎士比亚戏剧等，但有的文学作品被尊为经典，过分注重文艺的政治功能，忽略了文艺的审美特质，比如英国女作家伏尼契（Ethel Voynich）的《牛虻》在英国文学史上籍籍无名，但在新中国却与《钢铁是怎样炼成的》相提并论，成为极具励志效应的外国文学经典。由此，我们在编撰外国文学史相关教材的时候，要与时俱进，敢于"打开经典"，让更多被文学史遮蔽的边缘文学样式、边缘作家作品有机会进入课堂。一方面，黑人作家、女作家、亚裔作家的创作应该得到充分重视，一部相对完整的《外国文学史》教材不但要涉及乔叟（Geoffrey Chaucer）、巴尔扎克（Honoré de Balzac）、海明威（Ernest Hemingway），也应该关注托尼·莫里森（Toni Morrison）、汤亭亭、库切（John Coetzee）等；另一方面，一些通俗文学类型比如格林（Graham Greene）的间谍小说、玛丽·雪莱（Mary Shelley）的科幻故事，也应当有资格入选外国文学教材。笔者曾在课堂上结合"雨果奖"获奖作品《三体》《北京折叠》所引发的华语科幻文学流行风暴，从后人类主义视角对科幻文学展开专题式梳理，学生非常感兴趣，参与程度很高。

其次，"文化研究"以当代文化尤其是大众文化为主要对象，注重现代媒介作为思想文化载体的重要意义，强调跨媒介转换的实践价值。我们生活在一个全媒体时代，媒介之间交互运作、难分彼此。因此今天的外国文学教学也不可能仅仅局限于纸质媒介，我们要善于借用大众文化和大众传媒的某些属性，将课堂设计得更加丰富多样、生动活泼。试以夏洛蒂·勃朗特（Charlotte Bronte）的经典名作《简爱》为例，这部小说的主题似乎人人熟知，但很多同学并没有仔细阅读过小说文本，不了解主人公的思想变化过程，如果以小说文本为基础，以小说改编的几个版本的电影为参照，就能比较直观地读解出主人公的性格特征。这不仅有助于督促学生阅读原版名著，还让他们更好地了解到电影改编的一些惯例及其电影文本中的光影语言。当然，影像始终只是作为文本阅读的辅助手段，那种完全不读文本、以观影代替阅读印刷文本的做法值得警惕。"文化研究"强调鲜活的日常经验，重视文本与现实世界的对话，这种反历史线性叙述的做法告诉我们：外国文学名著的讲解不能只停留在文本层面，也不能只停留在文本所指涉的历史层面，"重要的不是神话讲述的年代，而是讲述神话的年代"，只有穿过历史的烟尘并与现实相对接，才能唤起学生阅读文本的热情，引导他们思考外国文学经典对于个体现实生活的参照意义。比如，教师在讲授福楼拜的《包法利夫人》时，就可以结合现实案例，启发学生深入思考"理想与现实之间的矛盾"。

最后，随着日常生活审美化程度的加深，传统意义上的文学遭遇着前所未有的巨大冲击，精英文学逐渐让位于大众文化，人文学科受到技术理性的严重挤压，人们开始反思：文学是否已经终结？文学在赛博时代的用途是什么？人文学科在当代社会的发展中扮演着什么样的角色？此类追问关联着一个深层次命题，即人文学科的当下用途和未来命运。

"文化研究"始终坚持批判立场，注重询唤公共知识分子（public intellectual）的出场，它主张人文学科的用途在于培养大众的公民意识、批判意识。从这一意义上说，外国文学教学应当吸取"文化研究"的宗旨和目标，在课堂互动中培养学生的反思意识、批判意识，帮助他们养成一种复杂性思维的惯习，通过阐释经典文本、图绘当下社会的种种文化症候，激活大众参与别样实践的能动性和想象力。

原载《新疆职业大学学报》2014 年第 5 期

走出理论复述与非东非西

——小议外国文学史教学中的例证设计问题

李先游

外国文学史历来是中文系文学专业本科生的专业基础课，而近些年来，这门课程越来越呈现出边缘化的态势，甚至遭遇到取消其存在合理性的史无前例的危机。为什么曾经能够肩负"洋为中用，古为今用，这就是我们学习和研究外国文学的目的"①的外国文学史课程，在文化日益交融的当今就失去了存在的意义与价值了呢？问题的症结究竟在哪里？

具体来看，当下外国文学教学的尴尬处境来自两方面。一是来自语言学习，尤其是外语专业研究者的语言优势的压力。中文系的教师往往因为不能用原文阅读而遭到诟病。这可以被看作来自文学研究者内部对文学何为的忧虑和争执。在"话语霸权"心理的影响下，一部分外国文学的研究者认定，文学史有一个稳定不变的核心——与文学相关知识的系统，它既包括由历史上重要的思潮流派、作家作品所形成的文学客观现象，也包括围绕着文学现象所形成的相关知识体系。而作为中文系的教师，由于语言的局限，我们无法原典，无法追根溯源还原文学事件的发生现场，也就没有能力传承文学知识。

而另一方面的压力则来自专业学习自身对学生影响力的减退。在媒体异常发达的今天，学生拥有很多认识世界接触外国文艺的机会，而以一本教科书为核心，外加教师独角戏式的表演，就使得外国文学课程显

---

① 朱维之：《外国文学简编（欧美部分）》，中国人民大学出版社，1980，前言第 2 页。

得尤为呆板沉闷。可以说，这种压力和威胁表面看来似乎是较为肤浅感性，而实际上，它对我们每个外国文学的教学工作者提出了一个紧迫而严肃的问题：除了学理上的辩词之外，外国文学史的现实意义和时代价值如何体现？教师如何在外国文学课堂上再现文艺作品生动有趣而撼人心魄的魅力？换言之，文艺作品如果不美、不有趣、不具有感染力，那它还有什么存在的价值？

面对这两方面的质问和压力，我们可能也有过一些有益的尝试和反省。[①] 而最终落实在教学效果上似乎是让人越来越没有自信：如果追求文学活动生产链条中每个环节的客观准确和逻辑性，就会不自然地落入西方理性中心主义的窠臼，在"崇古"和"西化"的心态中把文学史的课堂变成了理论复述和观念直传的"神社"；而如果追求文学作品价值时效性和个性化特征，势必要顾及文化差异和接受心态，那么外国文学史就很难走在"客观"和"科学"的大道上，文学阐释中的个人喜恶和主观偏见就很容易熏染课堂。可以说在现实中用中文讲授外国文学，或是变成了西方文艺理论的"通房丫鬟"，或是变成了非东非西、自说自话的"自由阐发"。

那么，想要寻求解决之道，我们就必须直面"外国文学"话题本身。

一 外国文学课堂教学需不需要补充例证

可能有人会讲，外国文学教学中涉及的作家作品已经很丰富了，我们就依照教学大纲完成教学任务不就可以了，还有必要劳师动众地增加什么例证吗？也可能有人会反问：哪个课堂不需要举例，外国文学史的课堂举例能什么特殊的讨论必要？我觉得，这个问题要从对外国文学史课程的认识着手管窥一二。外国文学在中文系的诸多基础课中有其特殊

---

① 王向远先生曾在 2005 年就提出"中文系传统的外国文学史课程及教学应该加快改革，改革的思路就是用'中国翻译文学史'来改造'外国文学史'课程"。参见王向远《从"外国文学史"到"中国翻译文学史"——一门课程面临的挑战及出路》，《中国比较文学》2005 年第 2 期。但我们很容易发现这种观点的内部矛盾："文学翻译"本身就难以将西方的文学发展趋势整合进入本科生的视野，而"中国翻译文学史"却是在批评活动的实际结构中取消了外国文学史教学和研究中的审美判断的间性位置。

性。它与中国文学有着明显的异质性，教学内容又明显侧重欧美文学。所以客观来讲，我们的授课必须有所选择有所侧重，在有限的课时内我们无法实现完备无缺和深入全面，即便教师学识渊博备课充分，即便学生热情高涨积极配合。因而，面对文学史和作家作品这两方面的教学内容，我们只能将精力更多地放置在文学史的梳理上，而"让学生自主建构相关的知识体系"①。

结合教学实践，我们认为文学史教学的有机构成应该包括四部分：（1）以开阔学生视野为目的的知识教学；（2）以培养专业素养为目的的文本阐释；（3）渗透着价值观和历史观规训的观念培养；（4）以人文素质提升为目的的审美能力养成。这四部分互为表里，彼此渗透，共同构成了以文学性为核心归旨的认知体系。而依照系统功能语言学的理论，文学性"就是以评价为特点、手段和目的的话语互动和组织方式"②。那么，关注"评价"的生成就是文学史教学在操作层面上的具体目标和主要任务，而这在外国教学中显得尤为重要。

具体来看，评价包含程度和态度两方面。如果我们侧重知识，把课堂设计为面对稳固、客观、封闭的文学现象和文化产品的"展示会"，那么课堂教学的任务就是集中、固定和有限的，学生只能听"他人的故事"照猫画虎。而如果要深化评价的程度、提升评价的积极性，那我们的课堂就不能把焦点锁定在具体的知识、意见，以及语言形式、文化心态的差别上，就不能片面依赖文学的历史性特征。故而授课重点就应该落实在"人同此心、心同此理"的审美感知方式和审美能力培养上，落实在贯通古今、超越"通史"式的话语架构中。而这就需要有更具代表性的教学例证来参与课堂的高效组织。

所以，外国文学史教学的例证设计问题表面看是个技术操作的问题，而实际上是一个如何看待外国文学史教学的价值构成的问题。它背

---

① 钟杭州：《本科院校外国文学教学现状与改革措施》，《武汉商学院学报》2017 年第 3 期。

② 彭宣维：《西方文学批评史重构——以评价范畴为依据的审美立场综观》，《北京师范大学学报》2011 年第 4 期。

后包含着对课程性质的深度认知，包含着在当代全球化视野下如何开展对外国（西方）思维成果再认识的问题。良好的例证选择及组织不但能够有效完成教学任务，也能使学生深入理解人文学的时代使命。

二　外国文学课堂教学需要什么样的例证

笔者认为，我们需要从教材使用和学科意识这两方面来理解这个问题。

首先，研究课堂教学就要先从研究和分析教材着手。作为重要的教学资料和教学用具，我国新时期以来外国文学史教材的编纂可以说早就完成了知识的普及功能①，但仍然存在很多问题。② 反映在实践中，很多一线教师可能都会感觉到，组织和设计课堂总会面对一个问题：在外国文学史课堂上，教师和学生对教材的使用状况是错位的。学生对教材的使用大多侧重于了解作品的内容和情节，而课堂则被当成个人阅读的升级版。教师要把问题讲透，仅仅靠课本的概述和简要分析是完全不够的，课堂对教师而言是一个组织阐发串联知识的阵地，教师所面对和关注的是文学现象的总体。这样一来，文学史的教材对学生而言，就显得缺乏能够持续刺激学生兴趣的因子，而教师则要竭力避免自己变成复读机，势必要联系实际进行阐发。故而，如果能够在外国文学史课堂中适度增加具体的批评史的案例，一方面能够从专业知识的角度丰富课堂、

---

① 大体说来，我国的外国文学史教材编写可分为三个时期。第一阶段是 1917 ~ 1949 年，我国第一本西方文学史是周作人的《欧洲文学史》。此阶段的外国文学史教材为数不多，普及性的外国文学史倒不少，主要的编写者有沈雁冰和郑振铎。这一时期的外国文学史编写，还不具备学术意义上的探究的努力，而是被当时具有先进思想的知识分子视为进行思想启蒙的工具。第二阶段是 1949 ~ 1976 年。这一阶段的代表性成果是杨周翰等主编的《欧洲文学史》。从客观上说，作为新中国成立后的第一部外国文学史，它的起点较高，代表了当时外国文学研究的最高水平。第三阶段是 1977 ~ 2000 年。这一阶段以 1985 年为界，分为两个时期。第一个时期的文学史编写还不能摆脱新中国成立以后形成的固定思维模式，第二个阶段开始，我国的外国文学史编写呈现多元化趋势。具体内容参见陈婧博士学位论文《论新时期外国文学史范式的建构与转型》，第 34 ~ 35 页。

② 迄今为止，我国外国文学史的编写仍存在诸多问题，比如阐释过浅，述多而论少，过度强调思想性，缺乏学术个性，缺乏美感和可读性等。具体内容参见陈婧博士学位论文《论新时期外国文学史范式的建构与转型》，第 177 ~ 178 页。

活跃课堂，让学生既感受到文学批评活动的个性化魅力，又激发学生的参与感，使学生乐于主动自发地将自己的感性意见深化。所以，外国文学史的经典作品解析课程，除了按照教材完成作品思想内容艺术价值的介绍之外，还需要教师选择有针对性的文学批评史的案例来充实课堂教学。而在这其中，培育批评的自主意识和恢复美感与可读性是值得我深究的关键问题。

其次，例证的选择要能反映学界的研究成果和学科的发展趋势，尤其是要有利于构建起"研究型文学史"①的观念——关注总体文学，视角聚焦于文学的总体，切实拓宽文学史研究的深度，以美感价值和文学性的追求编织知识体系，构建连续性的总体文学观。因而只有那些能够改变"通史式"封闭线性描述的例证，那些着意于打破"客观化"追求的创造性批评，才能最大限度地提升课堂教学的含金量。所以，我们有必要将文学史和批评史结合起来，以批评史的资料还原文学认知活动的历史过程，以及文学观念衍化的历程。这既可以丰富课堂素材，使学生摆脱个人化的絮语式解读，在历时性的批评话语平台上提升和整合自己的意见，同时批评史作为文学史的佐证，又会有利于展现文学研究的客观性和科学性，凸显中文系文学教学的优势，促进我们的学科。

综上，我们所说的例证就是特指：在分析某一具体作品或文艺思潮的过程中，在教材编者"全知全能"的声音之外、对一文学事实的其他解读方式的个案。它有利于帮助我们提升课堂教学效果，在学术史的背景下系统地阐发问题，是旨在构建多元化开放式教学的有益尝试。

三 将批评史融入文学史教学的效果机制

按照韦勒克的说法，文学史、文学批评和文学理论三者天然地具有深厚的亲缘关系。在教学过程中，我们就要将这种密切联系、彼此配合的特性发挥出来。我们认为，批评史不同于一般意义上的历史性研究模式，它本身就有抽脱出历史文化语境的内在要求。所以将批评史引入文

---

① 陈平原：《小说史：理论与实践》，北京大学出版社，2010，第25页。

学史的课堂教学，是从根本上对现有课程体系设置的挑战，也是着意打通文学研究的不同环节，能更加清晰地呈现出文学性反思的全貌。

一方面，以文学批评史还原认知的历史，为文学知识学赋形。

直观来看，文学批评活动是存在于特定的历史语境中的人类行为，其特点就在于具体、鲜活。它的内容包含三部分：具体的文学个案研究、对重要的思潮流派或思潮的细致梳理和对文学相关专题问题的阐发。然而我们发现，同为"史"的研究，文学批评史和文学史却是在两个不同维度上呈现出人类的诗性智慧：文学史的分量和价值在于文学史观的架构和贯彻，而文学批评史的力量和魅力则来自不断的自我建构和持续性阐发。正如韦勒克曾经指出的："批评并未完全卷入历史，应该说批评有其自己的历史，它相对来说不受它与人类其他事业活动关系的影响。"[①] 文学批评史演绎出一种特殊的文艺现象——它的存在既不是为了印证文学史[②]，也不是在材料堆中单纯研究古籍——它为我们提供了一种对话模式来沟通古今，在过去、现在、将来三种时态的贯通中整合我们对文学的感受和启示。所以可以说，只有批评史能够重现文学史观念之下的真切有力的体验的"历史"、感受的"历史"。故而，在中文系的文学史教学中适度使用文学批评史的成果，就是试图复现文学观念的生成、文学价值的演进的历史。

而百年的批评史对现实与历史的积极沟通业已表明，我们对文学性的认识不是一成不变的，每一部作品的内涵、每一个作家的风格，都在反反复复地被再认识、再塑造、再阐发，都是"活着"的文学知识。在这种情形下，借助批评史的眼光，我们既在林林总总的文学事实当中了解到了现在文学的价值来源，同时这也使得我们有机会，可以在作为客观存在和既定事实的文学之外看待问题。在这种双重对话的模式中，用以理解"何为文学"的文学知识学呼之欲出——它区别于文学意见

---

① 〔美〕雷纳·韦勒克：《近代文学批评史》（4），杨自伍译，上海译文出版社，1997，第 546 页。

② 中国的文学批评史诞生于 20 世纪二三十年代，有很长时间都被看作文学史的附属学科。参见杜吉刚《文学批评研究中的"历史化"问题》，《中国中外文艺理论学会年刊》（2009 年）。

和文学常识，排除了审美活动中的个人感性经验和对权威的盲从。

另一方面，以文学批评史支撑文学的共名，梳理文学观念史。

韦勒克也曾多次强调批评史家的任务便是把握文学思想发展的锁链，研究批评史的根本目的仍然是更好地理解文学和评价文学。① 所以，当我们重新理解教学目的，把教学过程调整到文学史和批评史的配合，这必将有利于我们引导学生将眼光和精力实实在在放置在"史论结合""东西连通"上。

综观中国文艺理论的发展，通过对文学批评史的研究和讨论，我们能够串联出一部中国文学思想史。20 世纪 20 年代陈钟凡先生在《中国文学批评史》中就曾指出，"批评"一词来自西方，但批评活动在中国由来已久。"诗文之有评论，自刘勰钟嵘以来，为书众矣，顾或究文体之源流，或第作者之甲乙，为例各殊，莫识准的。则以对于'批评'一词，未能确认其意义也。"② 中国在 20 世纪 50 年代开启了批评理论的反思，产生了对"批评的批评"的关注③，借以揭示关于文学的一般性原理。80 年代，作为对批评史的认知的新成果，中国学术界全面展开理论研究，最终在 90 年代完成了"文学思想史"这一范式的建构。我们看到，这一历程完整地向我们展现出文学批评在文学研究中的重要作用，同时也提示我们，东西方在解析文学的本质论问题时，都有一个经由批评话语走向理论成熟的过程。只有在对文学共名的思考中，文学行动才有得以立足和延伸的基础。

这样看来，在文学研究推动下的高等教育中，文学专业的任务并不是简单的知识传输或操作性的技能培训，我们的课堂更应该强调文学观念的演进史，在文论史和文学史的模式之外，将批评史的价值放置在思想史的建构这样一个高位。

---

① 杨冬：《近百年来的西方文学批评史研究》，《文艺争鸣》1992 年第 3 期。
② 陈钟凡：《中国文学批评史》，江苏文艺出版社，2008，第 5 页。
③ 黄卓越：《批评史、文论史及其他》，《文化与诗学》2011 年第 1 期。

四 课堂例证设计的两个原则与具体案例

我们现在通行的外国文学史教学都是以作家专题的形式建构的，过分（或突出强调）叙述者的话语优势是普遍存在的问题。投射在教学实际中，学生总是被包围在各种语焉不详的理论话语和诸多大而无当的综述转述当中，无形中就失去了理论探索的机会和个性追求的空间。而文学批评史"所关注的是对文学的认知活动和历程，是对文学本质、文学发展、文学创作的不断阐释与探讨"①。其自身就能够从根本上打断任何一种形式的话语霸权。而对教师而言，课堂教学之所以具有学术研究无法取代的价值和吸引力，其中很重要的一个原因就在于它是对教师综合能力的挑战和检验，它以鲜明的时效性和实验性鞭策着每一位教师提升个人业务水平和现场控制能力。

我们认为，在外国文学史课堂例证的设计规划应该遵从两个原则：一是系统阐发原则，二是自主思考原则。也就是说，教师筛选编排批评史的材料，首先要注意结合外国文学史的整体面貌来安排，要重点突出，要将历史化的思路带入例证设计的全过程。这样既有助于从宏观上揭示文学作品的审美品格，也达到了还原批评活动的目的，更易于我们带领学生回到经典本身。例如，在讲解古希腊悲剧时，对于什么是悲剧这个问题教材上的讲解还很不充分透彻。很多学生在课后都能记得《俄瑞斯忒亚》《俄狄浦斯王》《安提戈涅》《美狄亚》的主要内容，但绝大多数学生说不清楚西方文化中的悲剧的核心观念。如果我们在课堂上选择了《安提戈涅》的批评史（见表1）作为例子，那么我们无形中就将自己置入了一个很艰难的境地：学生并不熟悉西方哲学史，用《安提戈涅》的批评史做例子其实是让学生同时面对西方美学史、哲学史和文学观念的冲击。那么这就会使学生晕头涨脑无所适从，而我们的课堂教学也就基本失败了。所以，系统阐发原则包含一个潜在的价值要求：因为面对的是本科学生，所以我们的系统阐发必须适度，选取的例子要符

---

① 吴晓东：《观念史与批评史的合一》，《读书》1994年第5期。

合学生接受心理和知识结构特点，并不能求全责备或一味拔高，以免事倍功半还挫伤学生的学习积极性。

表1 《安提戈涅》的批评史①

1.	文艺复兴研讨悲剧的形式、技巧、效果。悲剧是哲学、诗和政治实践的缩影
2.	18世纪的"古今之争"：启蒙问题《安提戈涅》的升格
3.	黑格尔论悲剧性冲突：永恒正义、片面的伦理力量
4.	歌德：安提戈涅反抗的是不义国家
5.	海德格尔解读第一合唱歌：《安提戈涅》成为"第一哲学"；人的整个"无－家园－本性"
6.	伯纳德特的注疏：神学传统中的"法的僭越"

另外，从知识体系构建和授课的完整性来看，系统阐发有助于从文学批评的生发和变化的角度为学生梳理出一条明晰的线索，不但让学生明白文学"何以为然"，还能够直观体会、全程参与学术思想成形的过程。而自主思考原则强化了学生的主体意识，将课前预习、课中反思、当堂陈述，以及及时反馈整合起来。也即淡化学生对增加例证讨论环节的负担感，让学生真实感觉到这是在教师的辅助催化下，完善"他自己"的思想。例如在我们讲授海明威的小说创作时，我们可以把课堂教学分为四个步骤进行：（1）让学生自己先行阅读《太阳照常升起》，并在课堂上概述其内容；（2）教师向全体学生展示这部作品在20世纪的研究状况（见表2），并概述各个时期研究的主要论点；（3）请个别学生自主选择一个最关注的命题，结合自己课前的阅读体会，谈一谈现在的思考，促成学生对作品的"二次审视"；（4）教师总结，帮学生找出个人意见表达中的关键点和缺陷，深化已有的结论。当然，在课时有限的条件下，每节课最多只能请两位同学参与这种互动活动。

① 具体内容参见梁坤《新编外国文学史——外国名著批评经典》，中国人民大学出版社，2009，第22~49页。

表 2　20 世纪《太阳照常升起》的批评史①

20 年代	小说与"迷惘的一代"的关系
30 年代	艺术与商业经济、清教伦理的关系
40 年代	"准则"之争
50 年代	学术研究：细致分析人物心理；"负伤理论"；"准则英雄"；道德评价；死亡主题
60 年代	叙事结构研究；圣杯神话关系考
70 年代	补偿的道德伦理；金钱观；冰山原则
80 年代以来	海明威研究会成立；书稿考证研究；性别与种族身份研究；叙事研究；"海明威式的现代主义"

结　语

面对每一位求知若渴的学生，作为教师我们内心总会有忧虑不安：我们的外国文学史教材所讲授的经典，在学生的心目中究竟占有多少分量？如何在有限的课时内做到既深入浅出又提纲挈领？

大学课堂是学生汲取知识的圣殿，同时也是意志品格价值观念的生产间。课堂上，表面看教师只是面对学生，而实际上他面对的是由学生的期待和整个学科的发展所构成的意义场。如果我们把文学史教学流行化、时髦化，将其等同于文化史的发酵器，那么我们就会失掉艺术的创造本质；而如果我们的眼光紧紧盯住文学的基本规律和东西方文学研究语境的客观差异，那么也无法确立和传承具有活力的审美体验和延展性的文学史观。这两种做法都无异于迷乱学生心智、僵化学生的思想。因而文学批评活动和文学批评史都应当作为开展教学和研究的必要参照体系与支撑力量。由此，高效地设计和组织课堂推动着我们从文学知识的传播介绍，走向文学知识的系统整合训练。

---

① 具体内容参见梁坤《新编外国文学史——外国名著批评经典》，第 386~406 页。

大学生阅读心态调查：对创新性教育的一种实践性思考

张春梅[*]

　　在 2011 年清华大学百年校庆之际，胡锦涛同志做了影响深远的发言，尤其提出对待传统文化既要继承，更要创新的态度，令人在处理过去与未来的问题上有了明确的方向。如今，随着十八大之后"文艺工作座谈会"以及"中华民族伟大复兴"历史任务的全方面铺开，传统文化正以前所未有的势头重返大学校园和人们的日常生活。2017 年 10 月十九大的胜利召开，习近平新时代中国特色社会主义思想的提出，则提醒我们思考文化与历史变迁、人民需要之间的辩证关系。我想，这"传统文化"，不仅仅是指中国的传统文化，还应该包括世界上已有的人类精神财富的结晶。对待这些珍稀的文化遗产，我们是要继承的，但更重要的任务是要发现新知。在对经典文本的解读上，也应该有个接受美学的态度，一切的历史放在当代也要有当代视野、思维和语境。课堂教学本身就应该是文化的传承与创新相结合的有效阵地。

　　"课堂教学"的有效性问题是这几年从大学到中小学着力建设的领域。它涉及教师向学生传授知识、培养学生能力和对学生进行思想品德教育等问题；也涉及课堂教学中师生教与学的理念、教与学的内容、教与学的方式、方法和教与学的管理、教与学的评价等多方面问题；同时也涉及提高教学效益的师资队伍建设问题。关于其"有效性"，一般指进行课堂教学改革中实际产生的教学效果问题，即通过什么途径和方

---

　　* 张春梅，博士，新疆大学人文学院教授。主要从事西方文论与文化研究。

法，能够迅速提高课堂教学效果，达到帮助学生夯实知识基础、培养学习能力、提高创新精神的最佳效果。对于这些在理论域引起多番争论的概念、范畴，本人认为，与其停留在讨论层面，不如依托其根本——课堂教学——进行切实的探讨。立足于实践，说不定会在各executes己见之余，找到真正适合老师、适合学生的方法。美国著名学者 Jackson 曾提出"没有真正的教学"的观点，认为教学具有情境性，即教学要根据具体的教学对象和情境的不同变换而变化。① 这一观点，在我看来，除了强调教学的"情境性"特点以外，说的还是"教学相长"的道理。本文主要是想结合自身的课堂教学体会，来谈谈对创新型教育的并不成熟的实践性思考。在这一过程中，每一方都获得了了解对方心理和思维取向的机会。

我主要教授中文基础课外国文学史，这门课程是打开学生视野、培养基本阅读能力和鉴赏能力的有效门径。讲读每一个作品之前，我总会给学生留下几个核心的问题，以期凭借问题的导引带着大家读书，既是一种压力也是动力所在。同事常常问我，怎么样让学生在课门如此多的情况下，在常常"没时间读书"的抱怨中，居然如此认真地去阅读厚厚一本外国文学经典？我想，这种以问题调动学生阅读，鼓励课堂上各抒己见的方式，确实收到了一定的成效。在此过程中，也有很多奇妙的答案，让我感到诧异乃至惊叹。总的来说，那就是现如今学生的思考已经越来越多地跨越了传统的文学解读定式，趋向于以社会的、生活体验的角度来判断文学的特质，由此引发了许多有关价值观的、信仰问题的讨论。如对《包法利夫人》中爱玛形象的讨论，就不仅仅是对这个已婚女子情感世界和日常生活矛盾的探讨，而延伸至社会上甚嚣尘上的"二奶"问题和第三者现象。当这些问题被公开拿来讨论，不仅不会出现难以引导的现象，反而是敞开了这个年纪的学生的真实想法。其中传统与现实的关系，代际延续的事实，学生思维清晰的判断，是我们进行教育的人必须予以关注的。我相信，把社会问题开诚布公地拿来在大学

---

① 转引自施良方《课程理论——课程的基础、原理与问题》，教育科学出版社，1996，第 9 页。

教室展开讨论，对于培养学生的责任感、社会公德心和公民意识大有好处。

如此一来，在设问上我就越发花了心思，既要使问题切合阅读文本，使学生能欣赏经典的妙处，又要保证问题的开放性。也就是说，你所设计的问题决不能仅仅是"这部作品的线索是什么""作品中的人物关系结构如何"，而必须将思考、不确定性放进问题，使学生能够各抒己见，然后通过具体的文本细读找到"共识"，依据文本给出一个相对确定的答案，但仍然能启发后续的思考。最近，在有关《呼啸山庄》的阅读上，令我对大学生的阅读心态有了新的认识。由于《呼啸山庄》在文学场域的流传广度的原因，我并没有首先提问，继而在课堂上来分析，而是问了学生这样一个简单的问题。然而，这个问题的回答，真是让我欣喜。我的问题是"你喜欢这部作品吗？为什么？"这一设问的前提是建立在多数学生了解这部作品的基础上。答案分成了以下几个类型。其一，不喜欢。这部作品简直太阴暗了，很难看。其二，喜欢希斯克里夫这个人物，他的爱情才是真正的爱情。其三，不喜欢，这部作品叙述太过混乱，有很多地方交代不清楚。其四，作品中每个人物都有自己的情感世界，而且很丰富。如果将第一个答案放在课堂之外，恐怕听到者也并不新鲜。但此次是公然在课堂之上，以往也有学生不喜欢某部作品，但依然顾忌名著的面子认真阅读，或者是不做肯否。像这样直接评价并且说出其不好之处，尚且少有。当学生如此作答之后，我表扬了他们，因为这是他们的心里话，而且是这个时代读者阅读心理的直接表达。其背后的问题，或许在于，"他或她喜欢读什么样的作品？"由此需要分析一系列诸如文化语境、社会语境、接受状况等现实。从这个角度看，这样的回答显然是需要引起关注的。第四个回答，则扩展了以往课堂分析的范围。

现行的外国文学史的几个版本，郑克鲁先生主编的高教版，蒋承勇先生的鉴赏本，朱维之先生等主编的人大版，包括最新的集结众家智慧的"马工程"教材，或将《呼啸山庄》选入"19世纪现实主义文学概述"内，或者会在涉及"女性作家群"时对其进行概要式解读。自然地，对人物形象提到的也很少，绝大多数只提希斯克里夫和凯瑟琳，其余人物似乎如《简爱》中阁楼上的疯女人隐匿不见，失去了现实中存在的位置和意义。如今学生的分析却将被遮蔽者一个个请到前台，并且认为这些人物均处在爱和失落的境遇里。首先被请上的是亨德雷，也就是凯瑟琳的哥哥。以往的研究多侧重于亨德雷与希斯克里夫的歧视与仇恨关系，而未将其情感和生活放在一个人的行为方式的主导层面上。这里的"情感"，既有对父爱的占有欲望，也有满载着生活幸福的爱情。前者自从小希斯克里夫被老恩肖先生从利物浦码头领回，就一直处在患得患失的无把握状态，这对一个小孩的心理来说打击是巨大的：我的父亲，变成了远处的他之父，距离感带来了无可弥补的创伤。而成年之后的颓废，始自曾经拥有过的美满婚姻，或者说，他已将自己所有对幸福的憧憬押在了病弱的妻子身上，她是慈母，也是寄托。但无论是父，还是妻，均弃他而去。从这个角度看，亨德雷这个人物形象放在呼啸山庄这样逼仄狭窄的环境里，有着各种暴戾乖张的行为，也就不足怪了。其次被请上的是林顿先生的妹妹伊丽莎白。这个人物在我以往的讲解中常常是被忽略的。但在学生的视角当中，我发现自己一直以来是在残缺的视野里阅读《呼啸山庄》的。这个人物不仅在人物结构上是不可忽视的存在，她打破了呼啸山庄与画眉山庄的界限，前者的阴冷与后者肤浅的谐和获得了一定空间的融通。而且，她的存在本身，就有很多值得思考的问题。这些问题就是我们的学生自己提出的。她是被骗的吗？她为自己的选择后悔吗？是希斯克里夫杀死了她？还是她的爱情选择杀死了她自己，一如她的嫂嫂凯瑟琳？不管怎样，当这几个不被重视的人物同时出现在爱的历程上时，爱的迷惘、爱的执着与随之而来的生命的消逝，烙印着一个个深深的足迹，这里没有所谓主人公，有的只是一个个人的爱恨情仇。从这个角度，我们不仅打开了新的窗、新的门，既去理解呼啸山庄的爱情世界，同时也看到我们的学生在情感判断上的个性化气质和属于这个时代的对爱情追求的一种简单、明确和勇敢。甚至，我认为，这样的解读才真正接近艾米丽·勃朗特火一般的爱情寄望。

　　类似的让人眼前一亮的回答常常会猝不及防地出现。在讲到苔丝之死（《德伯家的苔丝》）时，有同学突然总结了这样一个答案：如果苔丝的母亲早点给她进行性教育的话，她就不会出现这样傻傻的问题了，也就不会被亚雷所骗？当然，对此我做了这样一个回答：假如苔丝的母亲注意到孩子成长过程中的性教育，是否苔丝的悲剧在那样一个时代就不会发生？我的回答实际上是靠近了现实主义创作原则的。但我内心却也不由想到，谁能保证苔丝的人生没有偶然的因素起作用呢？难道一切真就那么必然？这种必然会不会是我们习惯性的强加？依我多年的教学经验，是不会对学生的想法随意否定的，这次同样如此。在与学生共同面对这些问题时，我看到学生阅读体验中的个性接受和理性思考，这不就是我们在引导学生学习时要达到的目的之一吗？曾经还有过这样一个分析，是来自一个并不太爱学习的学生之口，但显然，只要经过阅读和思考，他的独具一格的视野便显现出来。这是关于狄更斯《双城记》的一个分析（这节是我的公开课，事先并未通知）。这位学生对作品中以德伐石夫妇为代表的革命者做出这样一个评价：这是一群根本不知道在干什么、要什么的脑子糊涂、蒙昧的一群，他们根本不知道革命的目的是什么，也从侧面说明了当时革命的真实状况。我想，若是狄更斯现实泉下有知，一定会感念该学生的知心，会会心一笑的。这样的解读放在作品中显然是有其道理的，而令我欣喜的是，这回答背后清醒的判断和鲜明的个体意识。当然，他的有理有据的回答博得了在座师生们的喝彩。

在这些设问和回答中不难看出我们的学生在面对一个文本或者事件时，有自己清晰的认识和判断走向，而且很实际。这恐怕与现在发达的信息流动和传媒系统有不可分割的联系，在这种环境下，学生思维的张力空间比之我们以前是大了不知多少。

以上所举这些例子只是每节课中的点滴，一小部分，但对于我这个老师确实获益良多，是学生打开了我的教学世界之窗。第一，我不会像许多同事那样抱怨学生没有读书，因为一个个问题和对解读多元性的尊重带动着大家争先恐后的阅读。甚至有好几次当我忘记布置下节课阅读内容的时候，学生总是令人感动地询问。第二，所谓创新，对于大学教育而言，并不是凭空天将的神物，而必须要有对基础和经典的认真学习才可获得。这一过程中，既要提醒大家，你的任何思考都应该有个文本的基础，这也就是所谓"戴着脚镣跳舞"的意思了。有了这样的前提，既能打好基础，又对以后的独立思维培养了契机。第三，打破教师和学生之间的二元界限，教师要学会倾听。其实有很多问题就是在学生之间的争论中水落石出的。比如关于《德伯家的苔丝》中的亚雷是不是一个值得同情的人物，这原本是毫无争议的，但偏偏有同学提出了异议。怎么办呢？是我自己做出一个确切的判断，实际上那时那刻我的思绪都有些飘向对亚雷的别样读解。实际情况是，我并没有发表自己的意见，反而是学生拿出作品中的细节做出了精彩的解答。最后大家得出了一个发散性的答案：对待亚雷，就像看待查理（《包法利夫人》）一样，要从性格、情感、环境和行为等多方面来分析，不能简单得出好与坏的道德化评价。对此，我深表赞同。第四，学生在大学阶段理应培养独立思考的能力，这也有助于对大四撰写论文的工作打下引导性的基础。有很多学生在阅读过程中，形成了自己感兴趣的选题。第五，锻炼学生发散性的思维和比较阅读的能力。就是在问与读、争论与寻求论据的过程中，形成了一系列值得探讨的话题，如比较分析于连（《红与黑》中的人物）、拉斯蒂涅（《高老头》中的人物）、拉斯科尔尼科夫（《罪与罚》中的人物）等人物形象，俄狄浦斯王的文化意义及与新疆哈萨克族文学作品比较，等等。第六，能够及时发现问题解决问题，有助于打开新的阅读空间。这样做的效果是，既减轻了老师的压力，课堂不再沉闷，而且切实让学生获得了一些东西，长了技能，教师的思考空间也宽了不少。这不就是一名老师应该做的吗？

前一段时间看《雪花那个飘》，里面的老师个个拿着一本教材朗读其中的片段，下面的学生个个跟着老师"认读"，那场面真叫一个肃穆、庄严。这种方法对于1977年刚恢复高考的一群尚且引起后来学生的群起攻之，放在现在的境遇中，恐怕是没法在课堂上立足的。不过这个场面倒也给了我另样的启示：大学教育不重视基础知识，万万不行。这与"传承与创新"的辩证联系不正是一致的吗？

由深入浅，由浅及深

——高校美学课程的教学方法初探

朱贺琴*

美学理论的抽象晦涩，往往使教学活动陷入被动的说教，何为"美"，"美"的本质是什么，经过一个学期的教学，很多学生还是含混其词，并且产生畏难逃避的学习情绪。追随着世人新奇怪异和媚俗尚利的奋斗目标，很多学生在课堂上刚刚形成的审美情操，立即被功利的现实击得粉碎，于是"美学"的教学空间迅速被其他的实用课程所代替，仅就新疆高校的一些教学现状而言，美学已由原初的 54 课时降为 36 课时最终下滑至 28 课时，作为一门汉语言文学的基础核心课程，美学日渐式微的地位由此可见一斑。

美学教学处于进退两难的尴尬境地，并不能说美学原则、美学原理已经过时或被弃之不用，相反大量学术著作的涌现，如《广告美学》《电影美学》《戏曲美学》《艺术美学》《旅游美学》《生态美学》《生活美学》《新闻美学》等，恰恰证明了美学理论的基础性和普适性，正所谓"墙内开花，墙外香"。既然美学研究的前景如此广阔，审美对象比比皆是，高校美学教学也不应成为刻板理念宣讲的课堂，而应是提升大学生审美鉴赏力、审美素养和人生境界的实践地。在这种情况下，作为一名美学从教者该如何将审美趣味、审美理想、审美观念巧妙地融入教学中，是值得深思的问题。

结合笔者自身的从教经验，针对高校美学教学面临的问题，遵循

* 朱贺琴，民俗学博士，新疆大学人文学院副教授。主要从事新疆民俗文化与文艺美学研究。

"由深入浅、由浅及深"的教学原则，笔者从以下几个方面谈谈高校美学教学中较为实用的教学方法。

一　化整为零，梳理教材思路法

复杂抽象的美学内容并不是被拆开的七宝楼台，它们按照一定的规律被编排在不同的篇章里。虽然抬眼望去珠光闪烁，但是每一个熟悉的名字，每一位大师都各得其所，如中国的孔孟荀庄、屈原、陆机、刘勰、钟嵘、皎然、司空图、韩愈、苏轼、严羽、程朱理学等，西方的苏格拉底、柏拉图、亚里士多德、朗吉弩斯、普洛丁、奥古斯丁、笛卡尔、布瓦洛、夏夫兹博里、休谟、狄德罗、鲍姆加登、康德、黑格尔等，与这些名字相联系的理论，在不同的时代背景下，扩充并完善着美学理论，他们或是流派思想的代言者，或是新理念的开创者，或是集前人观念的大成者，正是众多学者的努力，杂糅着哲学、创作学、修辞学、心理学、教育学等学科理念的美学成为一门综合性人文学科。

为了能有效合理地安排教学内容，为了提供全面的背景信息，美学课程不仅要求学生具备深厚的学科知识，还要求学生具有一定的逻辑思维能力，并能从宏观上把握美学学科的知识体系。如以高等教育出版社出版，朱立元先生主编的《美学》为例，其教材的思路框架就很明显。在对美学学科作了宏观概览之后，教材将审美活动作为美学的主要研究对象，接着讨论了在审美活动中，审美主体面对不同形态的外在审美对象时，会产生不同的表述，而这些不同的表述又来自审美主体在长期的审美实践中积累的内在审美经验，审美经验的获取途径虽然很多，但是其主要的途径则来自人类的艺术活动，最后这些得之不易的审美经验被提升强化，成为指导教育审美主体全面发展的思想精华。据此，于是有了篇章安排中的"审美活动论"、"审美形态论"、"审美经验论"、"艺术审美论"和"审美教育论"。

显然仅仅满足于一种知识性的阐明或讲解只能给学生提供"死"的素材，而不能激发学生的求知欲望。试想将一条活蹦乱跳的鲜鱼盛放在盘中，该如何下箸呢？厘清了教材的思路，就好比掌握了烹饪的方法，结合实际教学训练，学生们已经能很快找出章节安排的惯用方法，如总分式（艺术审美活动可从艺术家、艺术品、艺术接受者三个方面展开），并列式（审美发生理论中的游戏说、生物本能说、巫术说属并列结构），连续式（审美经验的动态过程分为呈现、构成、评价的连续阶段），对比式（西方基本审美形态的极端与中国古代基本审美形态的调和）等，明确了学科知识的逻辑体系，这样学生便不再是被动的知识接受者，而是主动的求知探索者了，这便是庖丁解牛式的化整为零。

二 由深入浅，运用多媒体技术

解牛完毕还需烹饪，有了烹饪之法并不意味着可以做出美味。在美学教学中，常常会碰到许多抽象难解的概念。如柏拉图的"理念"，普洛丁的"太一"，狄德罗的"美在关系"，叔本华的"审美直观"等。若是生硬的说教，只会使人昏昏欲睡。那么该如何使抽象具象化，使模糊清晰化？宗白华曾经说过："美学研究不能脱离艺术，不能脱离艺术的创造和欣赏，不能脱离'看'和'听'。"[1] 显然多媒体技术可以再现"看"与"听"的过程，可为教学活动提供直观、生动的图片声音信息和翔实丰富的影音片段。结合教学内容制作课件是现代教学的新方法之一，其中动态的画面、直观的形象、同步的声像，可产生强烈的视觉效果，达到渲染气氛、强化兴趣的作用。

譬如授课中针对叔本华提出的"审美直观是一种自失"的理解，其中叔本华用了一段拜伦的诗句诠释了这种自失状态，"难道群山、波涛和诸天，不是我的一部分，不是我心灵的一部分，正如我是它们的一部分吗？"[2] 这里费尽唇舌的解释，远不如几幅明丽的图片来得具体。面对一汪清泉、月色下的荷塘或澄明空旷的天宇，学生很快便能体味出这种物我两失的状态。又如用春涧流溪、落英缤纷来解说优美，用长空裂电、古漠巨树来体现壮美，用花容月貌、佳肴美味来区分媚美等，形象的画面配以恰当的讲解，可使学生产生不同的审美愉悦和体验，从而

---

① 宗白华：《艺境》，北京大学出版社，1999，第 378 页。
② 〔德〕叔本华：《作为意志和表象的世界》，石冲白译，商务印书馆，1997，第 253 页。

达到事半功倍的授课效果。

当然，在多媒体授课中应避免图片轰炸和影音文件的连续播放，这样会使严肃的理论课变为轻松的赏析课，出现本末倒置的现象，即非重点的内容成了吸引学生注意力的噱头，而主要的理论观点却被忽视遗忘。因而播放媒体时要播停相间，讲解时要停止播放，暂停画面音响对学生的干扰，待问题阐释清楚后再辅以形象直白的图片作最后的点睛之笔，这便是由深入浅的多媒体教学法。

多媒体教学虽然实用可行，但平铺直叙、按部就班的教学过程还是很快会让学生产生审美疲劳，理论分析、图片展示、接着理论分析、再接着影音播放，两个小时沉闷的教学空气，会使一大半学生丧失听课的热情，那么该如何有的放矢的激发学生的学习兴趣呢？

三　追根究底，采用提问式教学

美学是一门古老而又年轻的学科。"古老"指人们对美的关注古已有之。"年轻"指美学学科中的一些重要问题还未达成一致的认同。正因为美学是一门不够完善的学科，很多问题都没有定论，因而美学课程适宜采用"问题方法"展开教学。从苏格拉底对美展开的一系列穷根究底式的追问开始，"美是有用的"，"美是善的"，"美是难的"，"美"便陷入了问题的包围中，可以说，提问、回答、辨析、判断的"问题方法"一直是认识美的主要方式。

其实"问题方法"也是引导学生进行审美思考，督促学生积极主动学习的重要手段之一。在教学中，笔者常常设计若干提问引出授课内容。如在讲授审美现象与美学学科时，笔者用一连串的问题激发学生的兴趣，为什么教材要开门见山直接提出审美现象？为什么说审美是基本的人生体验之一，该如何认识"基本"与"之一"？审美现象能否孤立存在？对于从未见过的事物，你会夸奖赞美吗？离开了审美关系，审美主体与审美客体的审美活动能否发生？伴随着课堂讨论的深入，问题迎刃而解，同时学生也在学习的过程中获得一种成就感。

此外，"问题方法"也有利于培养学生良好的读书习惯，因为很多问题需要大量的阅读积累，需要拓展性的思维训练，需要学生的归纳总结，而不是教材上现有的答案。笔者在讲到宋代美学的新特点，让学生理解"以市民审美趣味为核心的世俗审美心态"时，提出了一个问题：谁能用宋代一副非常有名的画卷来解释这一现象？学生立刻想到了张择端的《清明上河图》，看到人头攒动的汴京街巷，学生们开始踊跃发言，各抒己见。

可见，正是由于问题的合理设计，延伸了"教"与"学"的空间。教师课堂上设计的问题情景，需要学生在课中或课后去完成，对此问题的深入思索又可联系起彼问题，同时为解决问题自发组成的讨论亦能深化学生对问题的认识。问题促进了"教"与"学"的互动，教师通过"问题"可掌握学生的学习情况，排除学生在学习过程中遇到的困难；而"问题"亦可让学生举一反三，活跃课堂气氛，学生可通过对问题的解答积累阅读经验，提高自身修养，丰富自身的情感和精神世界。

四 由浅及深，撮其要与明其理

美学教学的最终目标是指向审美教育，因而对教材思路的梳理，多媒体技术的运用，问题教学法的采纳，都离不开对学生审美情趣的陶染和审美理想的提升。若对美的问题仅仅进行形而上的哲学思辨，只会使美学脱离审美现象，封尘于"象牙塔"内，从而失去美育教化的实践意义。那么该如何由形而上的理性辨析走向形而下的审美现象，再透过现象反观本质呢？笔者以为，在美学教学中应让学生透过感性体验拨冗除蔽，达到撮其要、明其理的外顾内省。正如王尔德所言："看一样东西和看见一样东西是非常不同的。人们在看见一事物的美以前是看不见这事物的。然后，只有在这时候，这事物方才存在。现在，人们看见雾不是因为有了雾，而是因为诗人和画家教他们懂得这种景色的神秘可爱性。"① 美学教育正是要求学生能从司空见惯的审美现象中以美求真，以美存善，以美陶情。

---

① 王尔德：《谎言的衰朽》，载赵澧、徐京安主编《唯美主义》，中国人民大学出版社，1987，第133页。

　　譬如笔者在讲到审美理想时，曾这样举例说明，每位同学都有属于自己的一份理想，并在其中尽绘大善大美的画卷，在朝着美丽人生不断迈进的过程中，每个人更多地汲取的是一种健康向上的人生审美经验。当然仅有审美理想的绚烂描绘是远远不够的，如果奢华的背后是纸醉金迷的享受，山盟海誓的爱情宣言只为了获取金钱名誉，慈善捐款箱中放着坑蒙拐骗的不义之财，那么你肯接受这份奢华的伪装，这份没有爱的感情，这份嗟来之食吗？要想更真切地看清审美理想背后描述的内容，我们还需要审美趣味的制约。按照这一由浅及深式思路的指引，撮其要，去其蔽，学生们很快认识到审美理想的导向性与规范性。

　　由于美学更多地关乎人的存在与理想的意义，更多地以超功利的态度来处理审美事项，审视现实人生中的种种境遇，因而由浅及深式的明其理，在美学教学环节中便显得尤为重要。出于人类美化自身、完善自身的内在需要，为达到本真的人性状态，获得全面发展的自由人生，美学课程要求在潜移默化中提升学生对美的感受力、鉴赏力及创造力，在繁杂的现实中，用美的理想烛照美好心灵。所以在明其理时，就应从审美现象中总结出审美经验，用审美经验描画出审美理想，再用审美理想构建出诗意的精神家园，这样经过层层剥离，蕴含着真、善、美价值理念的审美精神便越来越明晰。

　　总之，加强高校的美学教育，不仅是师生双方的事，还需要社会各方的关心和支持。化整为零，梳理教材思路法；由深入浅，运用多媒体技术；追根究底，采用提问式教学；由浅及深，撮其要与明其理等教学方法并非是一成不变的，随着时代环境的变迁，科技生产力的提高，新思潮新观念的冲击，美学教学中总会遇到不同的难题。这就要求美学教师应精通学科知识，提高自身的美学素养，根据学生的接受能力，适当调整教学内容改进教学方法，实现美育化人的最终价值取向。

原载《新疆职业大学学报》2011 年第 2 期

球土化视野中的新疆影视文化教学思考

王　敏[*]

一　球土化视野的出现

当今之世是一个信息化时代，随着通信技术和因特网日新月异的发展，全球各民族、各国家，各地方之间的经济、政治、文化的普遍联系和交往日益加强。全球化逐渐成为一个有目共睹的事实。伴随全球化的一个重要命题就是地域文化和民族文化自觉意识的凸显。值得一提的是，全球化自身实则是一个辩证统一的过程，它一方面呼唤全球文化共同体的到来，要在全球范围内建立一个同质的文化共同体以实现全球文化的平权实践，但另一方面这也激发了过去被排除在强权文化外的弱势文化角色的自觉苏醒。换言之，全球化在推行同质的文化同一体，主要是现代化的同时，也会激起地方文化和各种亚文化群体的自我文化保护意识。它们与全球化的对话和协商使得全球化在形成的过程中也会内在地包含地方化的建构，因此，准确地讲，今天的全球化越来越倾向于表现为一个球土化的过程。

在球土化过程中，我们的教学观念需要有比单一的全球化视域更复杂的视野考量，换言之，全球化与地方化（球土化）一起构成了我们教学的前语境。这也是为什么近年来，国内关于双语教学的讨论日益热烈，并在教育政策和教育研究上得到了更多的国家扶持和奖励。在这种语境中，我们的教育既要避免片面强调全球化而形成的文化霸权主义，

*　王敏，博士，新疆大学人文学院教授。主要从事影视与大众文化研究。

也要避免片面强调地方化/民族化而造成的狭隘的民族主义。毫无疑问，这种思考将对我们的教学提出新的挑战和任务，就教师角色而言，他将承担起将本土文化编入全球化体系中的任务，就学生角色而言，他将面临是否能在教学内容中识别出其民族身份或者个体身份的挑战。就此意义而言，球土化视野对新疆的影视教学与其说提供了更新的教学资源，不如说提供了新的思维和视角。

在这种新的思维和视角中，教学双方都将朝着对多元文化进行识别、接受、影响的方向努力，课堂教学中教与学将表现出如下关系：教师将本土化教学内容编码入全球化的价值体系中，学生通过解码识别出本土文化乃至个体文化身份，师生之间通过编码与解码互动形成的文化认同又将影响球土化认识的发展和建构，从而作用于新的课堂教学中，构成循环。这个循环过程毫无疑问既是一种建构的学习过程的结果，强调学习过程的建构作用，也是一个交往的过程，强调教学双方的互动影响。总之，球土化视野带来的文化相对主义的思考、文化多样性的现实以及公共文化交往的实践都对今天的新疆影视教育提出了新的任务和要求。

二 球土化视野中的新疆影视文化教学新认识

综上而言，质言之，球土化视野的思维其实也就是一种文化相对主义的思维模式，而在这种思维模式中，影视文化教学意欲何为呢？本文认为，影视文化教学必须充分重视球土化语境提出的教学挑战，必须就教学内容、教学方法和教学评估做出相应的回应和调整。

第一，在教学内容上需重视地方性经验的引入。吉尔兹在《地方性知识》中令人信服地论证了地方性知识的丰富多样对于解构和颠覆一元化知识观和科学观的重要性。他所提出的地方性知识的命题对于我们在球土化视野中调整自己的教学内容有着深刻的借鉴作用。根据吉尔兹的观点，"用别人的眼光看我们自己可启悟出很多瞠目的事实。承认他人也具有和我们一样的本性则是一种最起码的态度。但是，在别的文化中间发现我们自己，作为一种人类生活中生活形式地方化的地方性的例子，作为众多个案中的一个个案，作为众多世界中的一个世界来看待，这将会是一个十分难能可贵的成就。只有这样，宏阔的胸怀，不带自吹自擂的假冒的宽容的那种客观化的胸襟才会出现"①。在吉尔兹看来地方个案也具有普遍意义，这其实也是在强调一种文化相对主义的思维。他认为不存在一种普遍主义的知识权威，任何一种地方性知识都内蕴着成为普遍的知识权威的可能。同时，地方性知识并不是与所谓"普遍性"知识决然相对，地方性知识的丰富多样会更好地改变全球性的话语或理解模式。笔者以为，地方性知识与普遍知识的辩证关系同样适用于全球化与本土化互动中的教学关系。

因此，在影视文化教学中，一方面，我们必须了解全球化所带来的普遍文化进程，另一方面需要思考如何在全球性的文化一体化进程中，植入本土文化的体验和认知。这种认识在某种程度上也构成了差异教学的前提。新疆是一个多民族文化共同发展和繁荣的地区，我们的教学面对的学生具有不同的民族成分，每一个民族背后都有自己的文化传统和认知图示。② 这些多样民族文化成分构成了新疆本土文化的当下现实。这种文化现实中的影视文化教学虽不必要要求教师就课堂内容对每一个民族学生进行阐释和转译，但是有必要在每次讲解中追问他们是否在自己的民族传统中发现类同的经验，并就此差异性与他们进行交流，这种经验的证同或者求异对他们的学习动机的形成十分有效。同样，这样的附加任务对于教师更好地胜任自己在球土化语境中的教学身份十分必要。有赖于这样的思考，笔者组织教学时，尤其是在小组讨论环节中，对自己所教授的学生进行了小组重组。笔者所教授的班级有 4 位少数民族学生，他们分别来自维吾尔族和哈萨克族，他们以其文化特殊性与其他汉族学生一起构成了这个班集体的文化整体性。每次小组讨论，笔者都将他们分散在各个小组，与其他汉族学生混合讨论，让他们感到自己的特殊文化身份对于文化整体性认识具有建构性作用，他们既可以在与汉族学生的文化交流中获得更普遍的经验，也可以在向汉族学生展示自

---

① 吉尔兹：《地方性知识》，中央编译出版社，2000，第19页。
② 语出皮亚杰"认知学习理论"。

己文化特异性的同时获得他们的认同，如此一来，每个小型的讨论小组都是多民族文化共同体的微缩版，而这也正是当代新疆多民族杂居的文化现实。同样的小组分组思考还适用于性别混搭，即保证现有条件下，男女同学搭配学习的真实性和科学性。将少数民族学生单另划分一组，或者将女生聚合划分一组是有违社会现实的。

球土化视野中的课堂教学实际上是一个浓缩的小型社会，学生们在课堂上的讨论和习得将深刻地影响他们将来在社会上的角色扮演。如果在课堂教学中忽略了本土文化经验的植入，势必会导致学生们在今后社会生活中的角色失败。

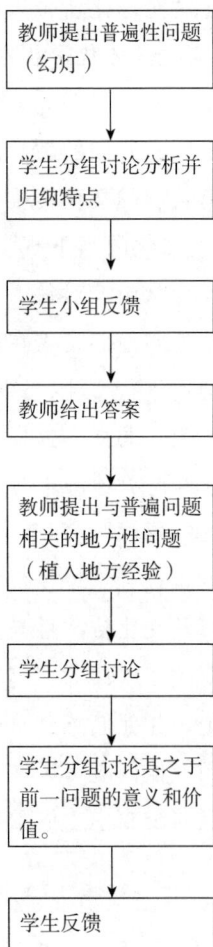

以上，我们谈到了球土化视野中影视文化教学注重地方性经验的现实意义。接下来，笔者想谈谈在教学内容中注重地方性经验的植入需要注意其之于教学内容的连续性。这就像我们在做一道数学题时会有正解一，正解二，但在正解一与正解二间会要求思维的连贯和触类旁通，这就需要正解一和正解二中有一种连续性的思考，不能间断。有一次，笔者在讲解"法国印象派电影"的文化背景时，介绍了印象派绘画作品，并归纳出了印象派绘画的特点。紧接着，笔者发给每个学习小组的学生当代新疆本土画家的绘画作品，让他们分组讨论这些绘画作品中是否具有印象派绘画的特点，从而让他们尝试论证法国印象派绘画对新疆本土画家的影响。这个教学过程大致依循这样几个步骤（如图所示）。

以往的影视文化教学或者说中心城市的影视文化教学往往会在进行完 A—D 后结束（如巴黎的影视文化教学设计只需要包含世界——法国的文化秩序），而球土化思维要求我们的影视文化教学，尤其是偏远城市的影视文化教学有必要紧

教师提出普遍性问题（幻灯）

↓

学生分组讨论分析并归纳特点

↓

学生小组反馈

↓

教师给出答案

↓

教师提出与普遍问题相关的地方性问题（植入地方经验）

↓

学生分组讨论

↓

学生分组讨论其之于前一问题的意义和价值。

↓

学生反馈

随 D 之后额外完成 E—H 的教学步骤（如新疆的影视文化教学设计中需要包含世界—中国—新疆的文化逻辑）。本土经验的植入使得学生在接受全球一体性的文化知识的同时可以反思本地区以及本民族文化的发展，并能够在全球文化的版图中绘制地方文化的坐标，从长远角度来讲，这种教学使得影视文化传播中地方文化群体的利益得到保证和尊重。与此同时，教师在教学中对本土文化经验加入全球化的编码实践以及学生做出的相应的解码过程也有利于完整的全球文化共同体的建立。

第二，在教学环节中需注意差异性任务的设置。球土化视野中的影视文化教学在强调文化多样性的同时必然要求差异性任务的设置。在影视媒介语言的学习中，有的学生对构图敏感，有的学生对色彩敏感，有的学生对镜头敏感，而还有的学生可能各方面的感知都薄弱一些。如何保证这些天分能力和教育背景迥异的学生在学习影视文化时的兴趣和动机不被流失，关键在于设置不同的教学任务。一般而言，课堂教学可以尝试采取针对同一教学目的，设置不同任务形式的策略。例如，我们在讲解一部影片时，会就影片的一个典型抓图设定不同的教学任务，有镜头语言的分析，构图形式的分析，人物造型的分析，台词脚本的分析等。当然，在这些教学任务中必然含有与本土题材电影的某个镜头对比分析的任务。

具言之，在一次教学实践中，笔者将英国影片《阿拉伯的劳伦斯》中的一个镜头构图与新疆本土电影《美丽家园》开场中的一个镜头构图进行了对比分析，要求学生们以小组为单位探讨二者在构图上的差异性。笔者先组织同学们以小组为单位自由讨论两部电影在同样表现骑马奔驰镜头时在构图风格上的不同，同学们讨论热烈，大多数同学第一眼便发现两个镜头的背景不同，《阿拉伯劳伦斯》中是沙漠，《美丽家园》中是草原；还有的同学发现了音响配乐的风格差异等。接着笔者分别给每一组发了一张任务表，要求他们根据笔者在表格中提供的指示进行总结和对比。在这个教学环节中，笔者预先掌握了不同学生的学习程度，而设定了多样化的学习任务，使得每个同学在小组的讨论学习中都能有发表见解的机会，从而激发他们的学习动机，确保他们每个人在此次教学环节中都具有较高的学习兴趣度和满意度。讨论结束后，同学们不仅掌握了两部电影在风格上的异同，进而顺理成章地对这两部电影在构图中潜在的导演用心心领神会，如《阿拉伯的劳伦斯》中的这个镜头是表现攻打阿卡巴时的情景，自然在视听语言和画面构图上要呈现纷乱和紧张的效果；而《美丽的家园》中的这个镜头是表现牧民们转场迁徙的，自然在视听语言和画面构图上要舒缓悠扬许多。接着，笔者放了与这两个镜头相关的影像片段进一步加深同学们的图像记忆，同时有意识地选取这两部电影进行对比分析，也使得同学们对新疆本土电影与国际知名电影的文化接合有了一定的认知和信心。

以往的影视文化教学中，我们对学生的同质性因素关注较多，比如他们的年龄结构、专业取向、高考分数段、同一地区的出生背景，以及他们在同一所大学的同一个教室接受同一批老师的教育现实，但经常忽视对这些学生们的异质性因素，譬如他们的兴趣爱好、能力特长、心理成熟度、学习习惯以及学习每门课程的前知识结构等。球土化视野下，每一个学生的差异性特质都将重新塑造受教群体普遍的同质性特性，这要求我们的影视文化教学应该更加看重受教群体的差异性特质。

第三，在教学实践中要强调学习共同体的形成。承前所述，球土化的一个重要表征就是多元文化的相互协商和交流。相对应地，球土化视野中的影视教学内含的一个命题便是在教学过程中体现不同文化间，不同主体间的交互作用。语言学研究者认为，在语言教学中，成功的学习者常常不怕丢面子，认为这些冒险是必要的。他们时刻准备着在交际中尝试新近习得的语言，喜欢提问并在交际中发挥作用。研究表明：积极参与交际、乐于冒险、善于合作是成功语言学习者应具备的特征。从教学目的的角度讲，这种小组学习共同体分别讨论的好处是，胆怯、不自信的，不敢在全班同学面前发言的同学可以在小组发言中获得发言权。从培养能力的角度讲，小组学习共同体的建立有利于不同主体间之间的文化交互，并有利于他们对相同的事物或现象做出不同的理解，持不同的看法，得出不同的结论。同时，在小组学习共同体的讨论中，学习者可以"学会处理人际交往中的信息差、推理差、观点差。这是一个各方面通过相互合作、交换看法、意义协商、协调斡旋以达到相互理解，争取最终达成共识的过程"。

目前，小组学习共同体一起讨论学习的教学组织形式多见于英语语言教学，而笔者以为，这种教学实践形式也同样适用于球土化视野中的新疆影视教学，甚至适用于跨文化交际的任何学科教学。

学习共同体或者说实践共同体作为一个完整的概念，最初是莱芙和温格在《情境认知：合法的边缘参与》中提出的，用以表达一种"基于知识的社会结构"，并借助这一概念，产生了"学习即实践参与"（实践共同体中合法的边缘参与）观点。根据学习共同体的原初概念，学习共同体的学习必然是在交往实践中完成的，因此，学习共同体中每个成员对实践的参与，以及个体身份在成员间相互协商中的形成成为学习共同体的最终目标。课堂上小小的学习共同体的功能可能相当于今后社会中的一个家庭、一个部门、一个机构、一个公司的功能。因此，学习共同体的建立不仅仅是为了方便学生主体之间的交流、协商、参与实践、文化共享或者身份建构，更重要的是为今后他们在社会上的角色分配进行预演。

笔者曾在一次教学实践中做过这样的一个实验：笔者先将全班分成多民族交叉的五个小组，然后发给每个小组一个芭比娃娃，之后便要求每个学习小组根据自己习得的电影知识和电影审美体验，将自己分配的芭比娃娃作为主人公进行剧本的编撰。有趣的是，几乎每个小组都提到了对他们所拥有的芭比娃娃的重新改装问题。芭比娃娃身上所穿的外国洋装以及具有的金黄色的卷发，对每个学习小组建构代表自己小组审美经验的小主人公形成了鸿沟。他们都不约而同地表示应该将芭比娃娃身上的服装变成新疆少数民族服装，当然也有个别学习共同体表示要将其打扮变成汉民族的传统装束。这个实验在某种程度上印证了安·杜希尔在《染料和玩具娃娃：跨文化的芭比和差异销售规则》一文中的结论，即今天，当我们面对芭比娃娃，这个作为白人文化全球化的成功商品，有多少族群的少女会渴望在这个芭比娃娃身上发现自身？数字是惊人的。

芭比娃娃自身的生产编码进了白种女人的文化优越性，在笔者的这个实验里，如果笔者的女学生毫无抗拒地接受了这个高鼻深目、金发碧眼，着装精致的芭比娃娃作为自己剧本的女一号，那么在某种程度上，她们对自己的文化身份认同是存有自卑感的。但是，结果是有趣的，拿笔者的这个课堂实验来看，大多数的学习共同体因为自己的组员中有少数民族女孩儿而选择了将芭比娃娃进行少数民族服饰的包装，她们渴望在这个芭比娃娃身上看见她们自身，又或者看见她们熟悉的并引以为常的身边的文化。这既照应了我在前文中提出的全球化过程中，地方/民族文化自觉的复苏，使全球化变成不断球土化的过程的论点，也说明在学习共同体的形成过程中，个体与群体之间是相互形塑的。一方面，个体加入一个群体会受到群体的文化约束，但是另一方面，这个个体自身携带的文化网络也会进入群体的网络关系中，从而影响甚至改变这个群体的实践和身份面貌。比如在学习共同体中，汉族女孩儿对加入的少数民族女孩儿要求将芭比娃娃改装为少数民族娃娃的认同。

同时，以上实验反馈也充分说明在当今球土化的时代环境中，学生的学习必然受到"要成为什么"的限制、选择和塑造，这要求我们的影视文化教学应暗含对学生实践参与的邀约并能激起他们对今后自己社会身份的认同的兴趣，而我们的教学目标相应地也需要从过去单纯的"认知的发展走向身份的建构"的谋划。

第四，在教学评估中要注重多元性评价的生成。既然我们的学生有着个体差异，而基于球土化视野中对文化差异性的保护，我们的影视文化教学不仅仅需要针对不同的学习主体设置不同的教学任务，还要求我们的影视文化教学在进行评估时需做到与多样性教学任务匹配的多元评价机制。最终，衡量一个学生能力的并非同质性的一次考试，而是其参与教学活动和实践获得的来自教师观察得出的一个综合性结果。也就是说，在对个体学生进行教学评估的过程中，一方面我们需注意在今后的影视文化教学实践中努力生成更多的评价形式以求更加科学地衡量一个学生的能力；另一方面，在对学生的学习能力进行评估的过程中，也需要区别表示出自己对学生差异性学习的反馈。

具体而言，在前文中，我曾提到，我们的影视文化教学在教的过程中应该就教学内容编码入新疆区域文化的经验，这是球土化对新疆影视文化教学的一个内在要求。同时，这也使得学生接受老师传授的教学内容额外地负担有对区域文化内容的解码任务。而根据斯图亚特·霍尔的观点，编码与解码之间存在三种对应的关系：第一种表现为解码与编码关系一致；第二种表现为解码与编码相互协商；第三种表现为解码与编码相悖对抗。笔者以为，在我们的影视文化教学中，对于学生在学习过程中表现出的三种"解码"态度，我们应该有所区别。对我们编制的教学内容抱有协商探讨（即第二种解码态度）态度的学生应予以充分肯定，而对于另外两种解码态度而言，我们应该根据学生的实际情况因势利导，趋利避害。譬如，就拥有第一种解码态度的学生，我们需要给出更有难度的教学任务，而就采取对抗解码态度的学生，应该付出更多的耐心，适时从该学生的差异性感受出发，找到造成其对教学编码内容形成对抗解码态度的问题、症结，予以开导。

结　语

影视文化教学的最终目的是适应新媒体时代对学生媒介素养的要求，而媒介素养是一种能力，是一种以各种形式接触、分析、评价和交流信息的能力。现阶段正是媒介新秩序的时代，是一个媒介跨国公司形成自己的跨国市场势力的时代，也就是我们所说的全球化时代。

诚如笔者在前文所分析的，在这样的时代语境中，影视媒介全球化进程将激活地方影视媒介文化的复苏，地方媒介文化出于保护文化主权和增强本地制片商的竞争力的需要，将会在全球化形成的跨国空间里争夺自己的文化权利。因此，全球化必然不可避免地包含着一个本地化的过程，这意味着临界地区或者地方文化会在与全球化的对话中实现自己的文化身份认同。这意味着，我们新疆的影视文化教学在这个过程中必须处理好学生对新疆地方的文化认同问题，我们的教学设计需要在与全球化的对话中涉及对本地文化身份的识别，需要培养学生在区别全球化与地方化文化信息的同时建构自己的媒介素养。但是在这个内含本地文化认同的教学过程中又必须避免退化成为保守的民族主义，或者激进的世界主义的危险。

　　一言以蔽之，球土化视野中，新疆影视文化教学需要对全球化的影视文化商品进行"再文化化"的编码，比如编入新疆特定影视文化的元素，以利于新疆地方的学生接受。也即球土化语境中的新疆影视文化教学召唤一种本土文化经验的编码化，从而使其与全球化的跨文化交际成为可能。

原载《新闻界》2010 年第 1 期

现代影视教育的四个知识层面与任务型教学模式

王　敏

现代高校教育课题本位和职称评估体系"论文制造"倾向的管理指标，使得教育主体——教师往往忽视自己的本职身份即教师，而去舍本逐末地追求学者身份。事实上，学校以外，社会对高校教师的认定，仍然是以其职业身份的本质属性作为衡量其对社会贡献的关键因素。摆在高校教师面前的难题便是在教学与科研间进行利益取舍，更多高校教师在目标去向不明的高校教育转型阶段选择了教学科研并重的岗位，这使得他们置身社会时，在教师与学者身份间往往出现角色混乱。我的个人理解是：高校教师面对受教者（学生）时，无论是在联合做课题还是进行教学实践，其身份必然是老师，老师的属性远远大于其学者属性，即便联合做科研的过程本质上讲也是一个教学过程；当高校教师参加学术研讨会、社会活动，其面对的对象是学者同仁、社会人士时，其身份必然是个人学术兴趣左右下的准学者或专家身份，学者的属性大于教师的属性。倘若一位高校教师在教师身份活跃期，过多代入学者身份，会造成教与学间的信息不对称，受教者往往会因被单向度、拔苗助长地填充了过多概念、知识而造成教与学间的隔膜，使得教学永远是Teacher - centred（教师为主）的单边话语；如若一位高校教师在学者身份活跃期，过多代入教师身份，会使同行间的交流变得失去学术探讨应有的效力。据有关专家统计，"角色混乱"目前是干扰高校教师进行职业规划的最主要障碍。造成这一问题的主要原因在于高校发展进入现代化转型期所引起的教育内涵的变革。下文中，笔者将结合自身教学实践，从现代影视教育的四个知识层面、基于"谁可能知道"的知识的课堂教学模式等两方面进行经验叙述与理论建模，以期对知识社会中高校教师影视艺术教育的角色认识有所启迪。

一 现代影视教育的四个知识层面

知识社会所要求的高校影视教育的内涵变革主要体现在两个方面。其一，传统教育阶段（至少是互联网没有全面变更人们生活方式时期），高校影视教育内容的目的是告诉学生有关影视艺术的知识、概念和原理，这些知识本身作为高校能够垄断的内容，主宰高校教育的授课形式和方法，有关影视艺术的"知识记忆"教育是高校影视教育的全部内涵。而互联网高度使用的现代社会里，高校影视教育的目的是告诉学生怎样获得有关影视艺术的知识而非影视艺术知识本身，"知识方法"型教育成为高校影视艺术教育的发展趋势。

对此可以加以演绎的典型例子，我们可以援引现代数学的研究范式加以证明，即高校教师之于学生存在的意义在于把特定知识体系所赖以发生的条件罗列出来，让受教者明白在这一公理体系里，世界是什么样子以及加以引导，使受教者学会如何从这一体系内导出各种有用的命题，接着，更重要的是，转换到另一特定的知识体系及其赖以发生的条件里，引导受教者了解在不同的公理体系内的"世界"有何种不同以及怎样相遇。换言之，以高校影视艺术教育为例，传统高校影视艺术教育是把现存的有关影视艺术的知识当作永恒的知识灌输给受教者，现代影视教育则是把现存的有关影视艺术的知识当作传授知识方法的只在眼下有用的案例。

其二，在传统教育时期，高校影视艺术知识是由三个层面构成的体系：（1）关于影视艺术"是什么"的知识，即"Know - what"，这一部分包括可交流的知识，即可用语言和符号表达的关于影视艺术的知识，与不可交流的知识，即纯粹主观感受到而无法言传的关于影视艺术的知识；譬如，你知道这部电影讲的内容吗？你能谈谈你看完这部电影的感受吗？

（2）关于影视艺术"如何是"的知识，即"Know－how"，这一层面的知识比确认影视艺术"是什么"要更为深入，因为它要求认知者把影视艺术"是什么"的事物具体建构出来。譬如，你知道这部电影讲的内容和意义，你知道如何讲述、建构具有相似内容和意义的一部电影故事吗？

（3）关于影视艺术"为何是"的知识，即"Know－why"，譬如你知道这部电影为什么要这么拍吗？目前，中国高校影视艺术教育大多停留在第一知识层面，正在进入认知第二知识层面，而对第三和第四层面的知识构成无所介入，笔者以为这是中国影视艺术教育没有创新力的重要原因，也是国内高校教师科研丧失创新力的关键原因。那么，对应现代影视艺术教育时期的第四知识层面是什么呢？这种知识层面是关于"谁可能知道"的知识。

（4）关于"谁可能知道"的知识，即"Know－who"。这类知识越来越重要，随着工业化与城镇化发展水平的提高，知识的分离将会越来越严重，我们每个人在专业化过程中，对越来越小的知识知道越来越多，因此需要越来越多关于人际关系的知识，使得我们通过知道"谁知道什么"继而依赖相互的知识生存下来。高校教师出于更负责地面向自己的受教者更需掌握"Know－who"的知识，而非固守自己获得某一阶段学习经历的学位证明，与其他知识缺乏交际。这也是今日的高校教育方针在知识内容上更主张协同创新、在教师能力教育中强调情商教育、主张创新型任务式教学的原因。

二 面向"谁可能知道"的知识的任务型教学模式

面向"谁可能知道"的知识，也即"Know－who"的知识要求教学者与受教者在教学过程中对彼此保持一种信任关系，围绕着教师所制定的教学目标任务，共同展开任务式、合作式的学习，受教者需要由"学答"式向"问题"式转化，受教者将会就所要学习的影视艺术知识进行提问式的知识习得，通过小组合作探究性地解决问题。而作为教师，在这个环节中，不仅要训练学生的创新思维，激发他们的实践感悟，鼓励他们获取成功的体验，还要通过学习任务的设定，塑造他们创新性的人格，提高他们与人交际以及与自我已有的知识进行交际的能力。在课堂实践中，教师需要创造交流的环境，探索师生互动、受教者个体间以及受教合作小组间进行互动的教学模式，这种教学模式的基本原则、组织流程简单而言，有如下三个方面。

首先，设置课堂教学的问题情境以激发受教者的学习动力。学起于思，思源于疑。问题意识是启动受教者主动学习的动力源，是从未知到已知的桥梁和中介。教师通过自己的经验习得，对影视艺术系统知识整理编排出富有挑战性的问题，在课前布置给受教者，引发其思考，善于创设质疑情境，让受教者由传统教育中机械化地、被动地对知识的全盘吸纳转化为对"谁可能知道"的该类型知识的主动探索。当然，在这个过程中，教师需要营造出亲和民主的课堂氛围，能够充分调动受教者的学习兴趣、学习好奇心，进而促成问题意识得以生成的学习动力。

此外，教师要善于从受教者已知的知识与经验中发掘问题，创设生疑的情境，降低学习难度，促使受教者对问题产生兴趣。影视艺术领域的内容很丰富，教师要根据不同内容创设问题情境，使受教者产生问题意识激发其求异思维和创新思维。教师需循循善诱，适当鼓励，适时刺激，让受教者根据课题教学的总体目标，有机会发表见解、敢于做出评估并能够对富于个性反应的课堂反馈，做出积极的评估。因为有了巧妙的问题设置，受教者对自己并不熟悉的知识建立了求知关系，而教师对受教者个性反馈的积极评估又有助于具备"问题意识"的课堂环境的产生。因此，受教者得以独立思考，解放思想，不唯书本，不唯教师，不唯权威，敢于大胆质疑问难，通过提出个性化的见解建立其与所要习得知识的主动联系，参与意识得以体现，有助于就探索"谁可能知道的知识"建立学习动力。

其次，设置课堂的交流情境以激发受教者的合作意识。事实上，David 和 Roger Johnson 早在 1925 年便提出过所谓"一起学习"的学习模式，在他们的这个学习模型中，受教者总是被分成 4~5 人一组，集体完成一个学习共同体的任务，教师在这个过程中作为任务的评估者与引导者而存在。在小组共同体的学习过程中，受教者个人、受教者之间将建立亲密的学习关系与互助关系，他们会共同分担学习的压力，并可通过学习的"目标互助""任务互助""资源互助""问询互助""角色互助""受教互助"等一系列可被辨识的互助方式，建立交际交流交融的学习情境，并有助于共同积累与分享共同追索"谁可能知道的知识"的学习任务。

值得指出的是，在这个过程中，教师需要就受教者针对学习方法、经验积累以及关系磨合方面给出具体的技能指导与经验分享，以便受教者间的合作意识能够紧密围绕着学习目标展开。

最后，设置教学共同体的课堂环境以促使教师重塑专业地位。面向"谁知道的"知识，要求我们高校教师将传统教学中的教转化为受教者的主动学习，通过创设教与学的"学习共同体"的课堂环境，让受教者真正成为学习的主体而非被动的客体。把研究性学习倡导的学习观念植入课堂教学，把课堂还给学生，让课堂充满生命活力，让学生真正成为课堂的主人，使其作为学习者的地位充分体现出来，让学生真正会学、乐学。让他们在创造力的迸发中自主而快乐的学习。一如安迪·哈格里夫斯在《知识社会中的教学》中所指出的，教师在面向探索"谁知道的"知识的课堂教学中，其角色早已由传统的知识的传授者，变成了寻获知识的一剂催化剂，他若想建立自己的专业地位，必须能够遵循"促进深层认知学习""学习在自己学习时没使用过的方式教学""投身于持续的专业学习""在团队中工作和学习""将学生家长当作学习的合作者""开发并吸取集体智慧""培养变革和冒险的能力""在学习过程中培养信任感"等八条路径方得以实现。

高校教师视角下大学生经典阅读导引策略

王卓英[*]

一 大学生经典阅读的现实意义

在中文语境中,"经典"指那些传统的具有权威性的著作,它们大都经过时间的洗礼,在民族文化生成过程中具有一定信赖度和公认度,是优秀传统文化的载体。就大学生个体来说,通过"仔细研究和咀嚼中华文化的精髓,有助于大学生改变浮躁的风气,提升对本土文化的自觉和对待异质文化的气度",可以感知社会责任,养成健康人格,提高审美水平,自觉抵御庸俗文化的侵袭,使自己在激烈的社会竞争中立于不败之地;就高校来说,通过有效开展经典阅读教育,能够改善目前高校人文素质教育普遍缺乏的状况,促进专业教育与人文教育的协调发展;就整个国家民族而言,青年学生通过深入阅读经典,传扬民族传统文化,增强中华文化认同感,进而促进国家民族文化的发展。

二 当代大学生经典阅读现状

近年来许多高校图书馆工作人员对大学生经典阅读情况做了调查研究,通过诸多调查统计,可以发现全国大学生的经典阅读状况不容乐观。一方面,大学生阅读经典的数量持续走低。《第十一次全国国民阅读调查报告》显示,2013 年我国成年国民图书阅读率仅为 57.8%,作为阅读主体的高校学生之经典阅读所占比例更低。不仅理工科大学生经

王卓英,武汉大学博士,新疆大学人文学院讲师。主要从事文艺理论与出版文化研究。

典阅读量少之又少，即便是人文社科专业的相关学生也把更多的课外阅读时间用在休闲娱乐类读物上。另一方面，受大众文化、新兴媒体等多种因素影响，大学生经典阅读整体趋于快餐式——对于经典著作，大学生更愿意通过读图、看影视剧等方式代替对原作的阅读。而且大多数学生的经典阅读往往具有凭兴趣以及偶发的特征，与经典作品"深阅读"的要求相反，"浅阅读"状况普遍存在。在日常阅读活动中，缺乏系统性和持续性，多为随心而读，率性为之，具有盲目性、功利性和被动性等特点。大学生经典阅读的种种危机不利于大学生人文素养的提升和全面发展，亟须得到科学正确的引导。

三 高校教师引导大学生经典阅读策略

（一）提升自身文化底蕴

"要给学生一滴水，老师须有一桶水"，教师本身经典阅读如若不够丰富、不够深入，则无法给学生起到模范作用。人文教育是一种感染，不是一种命令，成功的人文引导，必然是来自心灵的触动，并且是潜移默化的，而阅读对于一个人的影响，正是这样一种"润物细无声"的感染。高校教师必须具有高尚的职业操守和深厚的文化底蕴，才能游刃有余地对大学生实施高质量的阅读指导。高校也应制定阅读教育师资培养的长期规划，优化教师的知识结构，借鉴国外阅读教育成果，了解、感知和认知阅读教育的基本内容，加强对专业教师的阅读教育素养的培养。

（二）倡导正确的阅读观

教师不能也不可能禁止学生借助新媒体开展阅读，但是教师应在"泛阅读""浅阅读"的同时，带领学生体悟"经典名著"的美妙与伟大，要培养学生对文本的亲近感，意识到文本阅读的不可替代。由普林斯顿大学赞助的一项课题研究显示，电子阅读可能带给学生更多的阅读时间，更广的阅读范围，更开阔的视野，但是电子阅读相比传统阅读，并不能在人的大脑中形成长久记忆。这种情况不利于学生学习和掌握新的知识，传统阅读在这方面的优势无可替代。虽然传统纸质文本阅读的退化在所难免，但大多数人类文化知识遗产仍是以书籍的形式保存的。纸质文本在传达细腻情感和深刻思想方面具有电子媒体无可比拟的优势，因此也是未来较长一段时间内大学生对经典进行深层次阅读的主流媒介。

（三）全方位引导学生对经典进行深度阅读

1. 开列书目。高校教师在开列书目时，应根据不同年级学生的理解力特点和阅读兴趣区别对待，开列的书目不能千篇一律。老师也可以要求学生自拟阅读书单，通过交流确定自己要阅读的经典书籍。

2. 营造氛围。可以和图书馆工作人员及其他任课教师合作，定期组织经典阅读辅导讲座和书评活动；可以通过指导校园读书社团的活动，使社团活动与经典阅读活动结合起来，在校园内营造良好的阅读氛围，让更多的学生把读书作为一种乐趣和追求。

3. 教无定法。在阅读方法的指导上，既可以引入我国古代先哲提出的"好学乐学""温故知新""举一反三"等方法，也可以借鉴西方阅读学的研究成果，如为学者们一致推崇的"浏览、泛读、精读、略读、研读"，美国学者首创的由"浏览—发问—阅读—复述—复习"串联的"五步阅读法"等都是非常实用的经典阅读方法。

4. 制定主题。教师要充分考虑到学生的阅读便利性和时间的合理性，为保障和提升阅读效果，教师可以在每个时期确定一个明确的经典阅读主题，使学生有针对性地进行探究性学习。

5. 互动交流。教师在主题阅读之后既要通过课堂提问的方式监督学生阅读经典的情况，也要组织学生之间自由地交流读后感，使他们从中汲取更多的知识、经验。教师还可以参与到网络阅读中去，设立网上读书群落，拉近和学生的距离，实现在线指导和互动交流。

（四）制定综合评价方法

阅读活动是一个开放式的不受时间、地点、形式约束的自主学习方式，因此宜采取不受时间、不受评价次数限制的模糊评价方式——将阅读课程评价与阅读活动评价结合起来，组成一个多元读书评价体系，全面评价大学生的阅读状况和水平。教师可引入"阅读学分制"考核模式，针对读书形式的不同，采用提交读后感、提问与解答问题、阶段时间内阅读书目数量等评价方法。这样可以给予学生根据兴趣选择读书内容的自由，激发他们的阅读兴趣和意愿，也可以于无形中提高阅读效益，提升阅读层次。

论指导本科生唐诗研究论文的路径与方法

和　谈

　　近些年来，全国多数高校积极开展了本科教学质量工程的建设。在这种背景之下，很多综合性高校纷纷设立"大学生创新实验项目"，以期在相当学历和职称教师的指导下，培养本科生的创新能力，促进本科教学质量的提升。对于如何检验学生的项目实施情况，各学校的要求大同小异，总体来说，在相关学术期刊发表论文则是各高校共用的重要的指标。

　　如何提高中文系学生的创新能力，指导具有科研潜力的本科生撰写学术论文并发表出去，就成为本专业教师思考的问题。

　　本文拟结合自身的体会，针对指导本科生进行唐诗研究论文的写作，谈一些粗浅的看法，以期抛砖引玉，促进这项教育创新活动的深入开展，同时也为弘扬中国优秀传统文化贡献绵薄之力。

一　指导学生细读唐人的诗歌

　　从中华书局编辑部编的《全唐诗》来看，唐诗数量有 5 万余首，要想在大学期间全部读完恐怕不切实际。但是，选择经典诗人的经典诗作，范围缩得小一些，指导学生精读、细读，激发学生的阅读兴趣，提高他们的审美能力，培养他们的艺术修养，却是完全可行的。

　　我们的做法是：首先，让学生从李白、杜甫、王维、岑参、王昌龄、高适、韩愈、柳宗元、白居易、刘禹锡、李贺、李商隐、杜牧等著名诗人中，挑选自己喜欢的诗人；其次，找到该诗人的作品集，先从总体上阅读一遍，以保证对该诗人的诗歌风貌有整体的感观；再次，如果该诗人的诗歌数量较多，则从中选择几十首具有代表性的诗歌，指导学生细细研读，不仅要详细理解每个字词的含义、每个典故的来源和意涵，还要结合作者的创作背景深入理解诗歌表达的思想感情；最后，指导学生欣赏这些诗歌，从审美的层次上体悟唐诗的魅力。

以杜甫的诗歌为例，我们让学生从图书馆借到《全唐诗》，从中查看有关杜甫的诗歌，从整体上了解杜甫的创作情况。为了解决杜甫诗歌中字词和用典的问题，我们推荐学生读清代仇兆鳌的《杜诗详注》，要求他们看着注释，先把诗歌的意思弄懂。然后选择了《望岳》《饮中八仙歌》《奉赠韦左丞丈二十二韵》《兵车行》《丽人行》《前出塞九首》《自京赴奉先县咏怀五百字》《月夜》《春望》《羌村三首》《北征》《新安吏》《石壕吏》《潼关吏》《新婚别》《垂老别》《无家别》《月夜忆舍弟》《蜀相》《春夜喜雨》《绝句漫兴九首》《江畔独步寻花七绝句》《客至》《茅屋为秋风所破歌》《戏为六绝句》《闻官军收河南河北》《旅夜书怀》《秋兴八首》《阁夜》《登高》《观公孙大娘弟子舞剑器行》《江南逢李龟年》等五十余首杜诗名作，细细研读，以求了然于心、深入理解。在阅读的基础上，指导他们作阅读笔记，写读诗心得和鉴赏文字。

二 要求学生在熟读唐诗的基础上提出问题

古人云："读书贵有疑。"《论语·为政》篇也讲："学而不思则罔，思而不学则殆。"[①] 这些都是强调独立思考的重要性。在做完第一步的工作之后，或者在读诗的同时，就要启发学生思考，从个体的阅读体验出发，多问几个为什么，从而提出有一定价值的问题。

仍然以杜诗为例。在宋朝时就有"千家注杜"的说法，后世研读、学习、评注杜诗者更是不计其数，可见人们对于杜诗的喜爱。我们说的杜诗是"诗史"，杜甫诗中表达了强烈的爱国之情、忧民之心，杜诗艺术成就极高，所以人们喜欢杜诗。但是，除了这些因素，到底是什么吸

---

① 杨伯峻、杨逢彬译注《论语译注》，岳麓书社，2009，第16页。

引了众多的读者，让他们对杜诗情有独钟、手不释卷？这是一个看似很简单的问题，也是一个不起眼的问题，但其内在的因素恐怕值得我们深入思考。例如同是写雨，《春夜喜雨》是"好雨知时节"，不只是杜甫满心欢喜，我们读来也觉得欢快；而《茅屋为秋风所破歌》中的"床头屋漏无干处，雨脚如麻未断绝"，却令人唏嘘感叹，心生悲凉。细细推究，应该是杜甫与我们形成了一种心理同构，也就是心理学中所谓环境影响人的心理、心理对环境也会产生投射的原理，而人们都有相同的情感体验，通过阅读，诗文中的这种情感体验会散播、感染和影响读者，从而让读者也跟着作者一起欢笑或者哭泣。

当然，还可以指导学生在分析和统计的基础上提出一些问题，比如，在杜甫的诗中，为什么有那么多的颜色词？杜甫为什么喜欢用"红""白""黄""绿""蓝""黑""青"等词？在这些词中，出现频率最多的是哪一个？李白的诗用了多少颜色词？他们二人用这些颜色词有何不同？这与当时的绘画有无关联？他们二人又与王维在诗中用这些颜色词有何不同？有了问题，才能激起他们探索新知的欲望，才能引导学生的思考走向深入。

三　指导学生认真查阅相关的文献资料

对于本科生来说，学会怎样查阅文献资料，是至关重要的。目前高校图书馆中除了馆藏纸质图书之外，还购买了大量的电子数据库资源。这些电子数据库资源，比纸质书更容易获得，阅读也更加方便和快捷。据我们调研的情况，本科生平时多用手机或电脑百度搜索，使用中国知网（CNKI）获取相关资料主要集中在大四，其余三年则极少使用。对于读秀、超星、万方、中国基本古籍库、国学宝典等大型数据库，则近乎一无所知。获取知识和资料的途径相对单一，不利于学术的发展和创新。因此，教师必须专门对此进行讲解和指导，让他们在阅读产生疑问之后多方查找和阅读，以全面了解别人研究的情况，同时采用更好的方法和途径解决自己的问题。

对于唐诗的研究，也是如此。《孟子》曰："颂其诗，读其书，不

知其人，可乎？是以论其世也。"① 我们首先要指导学生全面阅读诗人
的传记资料，以了解这个他所处的时代、家世、人生经历、教育背景、
所处的社会阶层和地位、所受思想的影响、个人禀赋气质等方面。例
如，要想研究杜甫，必须阅读《旧唐书·文苑传》和《新唐书·杜甫
传》。其次，还要阅读诗人同时代的人为其所作的《行状》《神道碑》
《墓志铭》《祭文》等资料，如韩愈为柳宗元所作的《柳子厚墓志铭》、
李商隐为李贺所作的《李贺小传》等，都是了解某一诗人的重要材料。
再次，要阅读后世学者为其所编的《年谱》，以便更详细地了解该作家
在某一阶段或某些年的经历，以及作品的系年情况。最后，要阅读今人
所著的《评传》或对其生平进行研究的专著、论文等，以求更加全面
地了解其人。通过这些材料，我们就可以对诗人有一个较为全面的认
识。以诗人的性格禀赋为例，李白洒脱不羁，杜甫则"奉儒守官"，二
人形成鲜明的对照，表现在诗歌中，就明显地体现出清新奔逸与沉郁顿
挫的不同。

四 指导学生写作、修改论文

唐诗研究的小论文写作当然主要是由学生独立完成。但是，由于他
们并未写过学术论文，所以必须在老师的指导下循序渐进，逐步提升。
在写作之前，可以指导他们列出写作提纲和参考资料，甚至要求他们提
交一份较为详细的写作计划。针对他们写作计划中的问题，告诉他们应
该补充哪些文献资料，论文的小标题如何设置，结构如何安排，观点如
何提炼，等等。

在论文写作的过程中，要适时询问他们遇到了哪些困难，及时地予
以指导和帮助，从而使他们能比较顺利地完成论文的写作。

论文初稿写完之后，教师应认真地审读一遍，最好是面批，提出具
体的修改意见，让学生知道哪个地方存在问题，为什么要修改，应该怎
样修改。根据我们的经验，学生初学写论文，最常见的是材料问题，有

① 杨伯峻、杨逢彬译注《孟子译注》，岳麓书社，2009，第204页。

的引用材料过长，有的材料放置不当，有的材料重复使用，教师在面批时应一一指出，让学生逐步学会该如何运用材料。

在经过一段时间的训练之后，这些学生就大体上知道该怎样读书、思考和写作，并能写出总体上符合学术规范的小论文。

原载《文学教育》2014 年第 8 期

秘书实务教学创新与实践刍议

——以新疆大学人文学院汉语言文学（文秘）专业秘书实务课为例

何菲菲*

秘书学专业自2012年被列入教育部《普通高等学校本科专业目录》以来，发展迅速，短短5年间，开设秘书学专业的学校已有100多所。秘书学专业发展迅速，令人欣喜，更被专家称为"永不落幕的朝阳专业"。但由于其为新兴的应用型、综合性的专业，所以在师资、教学方法、教学模式等方面还存在一些制约发展的因素。秘书实务作为秘书学专业的主干课程，其教学方法和教学模式历来是学界专家研究和讨论的对象。

笔者一直承担秘书实务课程的教学任务，在近些年的教学实践过程中，不断探索，结合新疆大学人文学院实际情况及学生的水平对秘书实务课程进行大胆创新，因材施教，取得了一定的成效。本文就简单谈谈在秘书实务课程教学当中的创新与实践。

一 新疆大学人文学院汉语言文学（文秘）秘书实务课程开设情况

新疆大学人文学院汉语言文学（文秘）专业是汉语言文学专业的一个方向，每年招收一个班（25人左右）。2017年版本科培养方案中共开设秘书学专业核心课5门（秘书学、秘书实务、中国秘书史、档案

---

* 何菲菲，新疆大学人文学院讲师。主要从事语言学及文秘专业教学。

学、应用写作），专业限选课4门（社交礼仪、公务员制度、演讲与口才、文秘英语），专业任选课2门（地方法律法规、行政职业能力测试），其余20多门课程与汉语言文学专业相同。所开设的秘书实务课程是以现代信息社会为背景，针对新时期社会主义国家对秘书人才的需要，以培养应用型高素质文秘人才为目的。课程开设时间为二年级两个学期，每学期32学时，共64学时，4个学分，与秘书学概论分课而"治"，保证了充足的课时量。

秘书实务课程涉及办公室日常事务、接待工作、通讯工作、时间管理、公务旅行管理、办公自动化、文书档案工作、会议组织与服务、沟通协调工作、信访工作、商务谈判、调查研究工作、信息工作、参谋辅助、督查工作、危机管理等内容，涉及面广，能让学生对秘书实务工作的各个方面有全面、深入的了解。

二 新疆大学人文学院汉语言文学（文秘）秘书实务课程的创新与实践

（一）争取"双师型"师资力量

众所周知，秘书实务课程的实践性很强，但从事教学的教师大都是从学校读书到学校教书，未真正在实际工作中对秘书实务的相关内容进行实践。笔者虽为专任教师，但一直在学院党政办从事办公室工作，积累了大量的工作经验，上课时可以将实际工作中的情况作为案例给学生讲解，这些案例贴近现实，是学生可以观察到的情况，师生能就案例产生良好的互动，帮助学生理解所学内容。各学校可以让秘书专业的专任教师在行政岗位上锻炼一定时间，助其积累经验，以便更好地教学。

另外，学校机关也有很多有教师资格证的老师，他们常年从事办公室工作，积累了丰富的秘书实务工作经验，可以聘请他们讲解秘书实务课程，也可采用联合授课的模式，或以专题讲座的形式让他们对自己熟悉和拿手的领域进行讲解，激发学生的学习兴趣，改变传统的课堂教学模式，培养更具实践能力的学生。

（二）采用多种教学方法进行课程教学

1. 案例分析法

案例分析法是秘书实务课程教学中的最重要、使用最普遍的教学方法。我们在备课的时候会选择大量的图片和视频、文字材料作为案例，结合所讲内容进行分析。在讲授某些章节的时候可以让学生搜集案例，并进行分析。例如，在讲"办公环境管理"时，可让学生对学院和学校的行政办公室进行拍照，并就所拍到的场景进行分析，这样既锻炼了学生的交际能力、动手能力，还能将办公环境的布置等内容掌握清楚。

2. 情景模拟法 + 角色扮演法

因受教学环境硬件设施的影响，我院文秘专业实训室目前还未能正式使用，为了更好地达到教学效果，我们在秘书实务课堂上采用情景模拟 + 角色扮演的方式来完成相关课程的实训任务。

在教材和教师给出的假定或虚拟的情境中，让学生扮演规定的角色，按所扮演的角色需求去思考、对话。例如，在讲接待工作时，会让学生模拟投诉接待的场景，扮演秘书的人员要思考如何在自己的权限范围内以最合适的方式处理投诉，不越权、不损失单位的利益，还能满足客户的要求。在此过程中，他们还要礼貌地应对胡搅蛮缠的投诉客户。

3. 项目驱动法

创造各种机会让学生参加具体活动和比赛，在活动和比赛中实践所学的各类知识。

（1）积极参加全国性的技能竞赛，以学备赛、以赛促学。2017年11月，笔者和同事带领文秘专业学生三人参加了"2017年高校秘书专业技能大赛"，并获得团队三等奖，个人全能一等奖等9个奖项。赛前，我们从自愿报名参赛的选手中进行选拔淘汰，确定参赛人员，又对参赛选手进行了为期一个月的集中训练，从备赛到比赛结束历时近半年时间。在这半年时间中，所有自愿报名参赛的选手都收获了知识，参赛选手不仅取得了成绩，获得了荣誉，更重要的是将自己在秘书实务课程中学到的内容应用到了实际操作中（办公自动化、策划书、情景展示等内容都在比赛中有所体现）。

（2）举办联谊活动，锻炼学生组织会务的能力。我院文秘专业方向已经成功举办了两次专业联谊晚会。晚会从开始筹备到最后清理会场、报销账目都是由学生自己策划、组织、实施的。老师在此过程中起到监督的作用，遇到困难也先由学生想办法解决。联谊活动的主办班级是受益最多的班级，因此，我们采用每年按年级轮流主办的方式，让每个年级的文秘专业学生都能够有实践锻炼的机会。

（3）举办各类技能比赛，测试学生的速录水平、办公自动化软件的运用能力。我院秘书学专业类实践课程有速录技术，采用集中训练加分散自训的方式，分三个学期训练学生的速录技术。2018 年计划举办首届速录比赛，测试学生的速录速度及准确率，以后每年举行一次；2017 年举办首届 PPT 技能比赛，测试学生对 PPT 的运用能力（包括内容设计和技术处理）。通过比赛，在学生中形成良性竞争机制，互相比赛、互相促进提高。

4. 真实环境实训法

"纸上得来终觉浅，绝知此事要躬行。"秘书实务课程实用性强，只有在真实工作中实践才能掌握其要领。笔者每学期都会从秘书方向学生中挑选部分学生在各行政办公室锻炼，每学期轮换，让大多数学生都能得到锻炼的机会，将秘书实务的实训贯穿于秘书专业课程的始终，将秘书实务课程与其他秘书专业课有机地结合起来。

（1）根据每个年级学生的学习情况，将不同层次的学生安排在不同的校内行政办公室锻炼，让学生体验秘书的日常事务工作。办公环境管理、接打电话、处理信件、印信管理等工作学生都可以动手去实践。在此过程中，需要办公室的老师们对学生进行耐心的引导和培养，学生也需要潜心摸索，探究完成工作的技巧和方法。

（2）让学生参与学校各类会议及活动的策划、组织工作。比如，争做校级层面各类大型会议和活动的志愿者，参与其组织工作；筹划、组织学院的相关学生活动，包括设计活动方案、准备文字材料，以及整个活动的开展、实施及后期的收尾工作。

（3）建立校内外实习基地。高年级学生在学习完秘书实务的理论知识，在校内行政办公室实习的基础之上，便可参加校内外合作实习基地的实习，真正接触政府机关和企事业单位的实际工作，更全面地锻炼学生的能力。

5. 实地观察法

（1）实地参观法。秘书实务课程中涉及文书档案的相关知识，可带领学生到档案馆或者大型档案室参观，让学生真实感受档案管理的整个过程，增强学生的理解。

（2）日常观察积累法。因囿于教学硬件设施，秘书实务的实训工作无法涵盖到每位同学，因此要求学生在接触各类办公室的时候观察办公室的布置、办公室工作人员的处理事情的方式等，可根据所学知识对看到的内容进行判断和研讨。

（三）加强专业认同教育

以上是笔者在从事秘书实务教学过程中使用的一些方法，笔者认为课程本身的教学固然重要，但比这更为重要的是专业认同教育。秘书实务作为秘书学专业的核心课程之一，如何能更好地调动学生学习这门课程的主动性和积极性，激发他们学习的热情和兴趣，一个重要的前提就是学生对专业的认同。

新疆大学自 2016 年以来，结合自治区教育厅的相关要求，在全校范围内、所有课程中开展"开学第一课"活动。秘书实务的"开学第一课"是在学生学习了秘书学、中国秘书史的基础上开展的，在"开学第一课"中要结合之前学生的所学知识将秘书实务课程的基本内容、教学模式、培养目的、重点难点、实训项目等介绍给学生，让学生对秘书实务课程有全面且深刻的认识，激发学生的学习兴趣和学习主动性。

习近平总书记在十九大报告中提出："中国社会主义已经进入了新时代。"新时代必将对秘书人员的素质和能力提出更高的要求，因此只有通过现代化、科学化、内涵式的实践教学模式及行之有效的教学方法，才能培养出社会所需的合格秘书人才，才能为新疆大学的双一流建设添砖加瓦，才能实现国家"加快教育现代化，办好人民满意的教育""加快一流大学和一流学科建设，实现高等教育内涵式发展"的总体目标。

本文在写作过程中参考了下述文献：（1）郑雅君：《对秘书学专业秘书实务课程教学的思考》，《秘书》2017 年第 10 期；（2）拾景欣：《增强秘书实务课教学有效性的三个着力点》，《秘书》2016 年第 4 期；（3）余厚洪：《秘书实务教学方法的改革尝试》，《秘书之友》2011 年第 3 期；（4）覃凤琴、刘立峰：《秘书实务教学实训改革与实践》，《办公室业务》2012 年第 24 期。

名家谈教学

漫谈比较文学与跨文化研究

——访乐黛云教授

邹 赞

【名家简介】乐黛云：北京大学中文系教授、博士生导师。现任中国比较文学学会会长，曾任北京大学比较文学与比较文化研究所所长、国际比较文学学会副会长。主要著作有《比较文学与中国现代文学》、《比较文学原理》、《跨文化之桥》、*Intellectuals in Chinese Fiction*（《中国小说中的知识分子》英文版）、《比较文学与比较文化十讲》等。编有《中西比较文学教程》《比较文学原理新编》《西方文艺思潮与中国现代文学》《超学科比较文学研究》《世界诗学大辞典》。另出版中英文随笔集 *To the Storm*、《透过历史的烟尘》、《绝色霜枫》、《四院 沙滩 未名湖》、《清溪水慢慢流》等多种。

邹赞（以下简称"邹"）：您从北京大学中文系毕业后选择留校任教，跟随王瑶先生研习中国现代文学，后来转向了比较文学，这其中既有必然性也有偶然性吧？

乐黛云（以下简称"乐"）：中国文学发展到那个阶段，不可能再封闭了。从鲁迅开始，郭沫若、茅盾，就已经开始了这条道路，即不断和西方结合。鲁迅翻译了尼采的《查拉图斯特拉如是说》，郭沫若在《创造周刊》上翻译并发表了尼采的著作，茅盾在《学生》杂志上连载尼采的文章。中国必须突破自己才有可能往前发展，前辈已经打好很多基础，需要有人来做这件事，这就是文学发展的必然性。到了 80 年代，国家比较开放，不再那么封闭，更多和外界接触，政治形势也推动了学界观念的发展。外界政治形势的发展是一个重要因素。除了国内历史文化语境的变化，当然还有国外学术思潮的推动作用，比如法国和美国学者掀起了比较文学研究的热潮。这几方面的机缘使得中国也必须开展比较文学，这就是必然性。谁来做都可以，落在我头上就是偶然性（笑）。

邹：谈到偶然性，您能举几个例子吗？我想一定会有许多生动有益的故事。

乐：当时，中文系的人很少懂外语的。我从事比较文学很重要的偶然性在于我父亲是教英语的，刚开始教中学英语，后来教大学，年轻时一直在北京大学旁听，他曾经考过北京大学外语系，当时胡适是校长，在面试的环节，说我父亲口语不行，夹杂浓厚的贵州口音，最后没有录取。我父亲在北大附近租房子，旁听每一门课，坚持了四年，修到同等学力的资格。他比较关注西方文学作品，家里的书架上摆满了外国文学书籍，这对我的影响很大，我开始大量阅读西方文学名著。此外，抗日战争后期，我的家乡贵阳成为文化的集散地，很多下江人来到这里，人口流动促进了多元文化交汇，我从中感染到很多新鲜气息，自己也比较喜欢。还有一个机缘就是我毕业后留校任教，那时候北大中文系第一次招收留学生班，以前其实也招过，但都是朝鲜和韩国的留学生，那是第一次招收欧美国家的留学生，总共二十多人，其中有一门重点课程就是《中国现代文学》。那会儿大家英语不行，开不了口，我因为从小受到父亲的影响和外国文学熏陶，另外在被打成右派的那段时间，我的工作是放猪，赶着一群猪漫山遍野找东西吃，我随身带着一本小字典，不断练习英语，就这样练就了一定的英语功底。系里派我给留学生班讲授《中国现代文学》，授课内容涉及鲁迅、郭沫若、茅盾，但是要真正讲好这些作家的思想和作品，就必须讲尼采，因为他们都翻译和介绍过尼采的思想，其中的跨文化意味相当明显，尼采成为无法忽略的重要环节，因此我开始关注尼采与中国现代文学之间的关联，视角由纯粹的中国现代文学研究转向中外文学关系。

邹：基于特定的社会历史原因，中国现代文学深受俄苏文学、日本文学、欧美文学的影响，这样的文学史案例不胜枚举。单以地处南亚的印度文学为例，泰戈尔的《飞鸟集》就对冰心早期的创作产生了重要影响。身处全球化时代，跨文化对话已经成为我们必须重视的主题，我阅读过您撰写的跨文化研究论著，其中提到一个具有里程碑意义的事件，那就是意大利符号学家安伯托·艾柯（Umberto Eco）在 1993 年发起的"丝路文化联合考察计划"，艾柯本人在北大发表了题为《独角兽与龙》的著名演讲。您能否谈谈这个计划的由来和经过？

乐：1991 年，欧共体给了一些钱，资助成立了欧洲跨文化研究院，当时没有什么人，只有一个主持，其他都是兼任，他们找到我，我也是兼任（笑）。艾柯非常重视跨文化研究，他提出要做一个实际的事，不仅是书本的，还要有实际经历和体验。文学不仅是文本，还应当延伸到日常体验。于是艾柯牵头组织一批人，都是各个领域的顶尖人物，有十七八个，申请了欧共体的资助，这个计划很宏大，具体的做法是邀请中国学者参与，重走丝绸之路，沿途展开讨论，期待能产生许多观点和思想的碰撞。艾柯邀请了很多中国学者，我和汤一介都受到了邀请，但因为经费问题就没有去，后来只有王蒙和中山大学的王宾教授参加了，他们沿着丝绸之路走了一遍，终点是北京，我在北大接待了他们。在北大组织的讨论会上，他们提出一个观点：到中国来不是为了灌输西方的思想，不是寻找独角兽，那是欧洲独有的想象中的兽，而是来中国寻找本土的龙。可是他们的很多计划都没有完成，其中一个重要原因是参与的中国学者太少了，会谈没有很好地展开。他们原本想拍一些纪录片，记录不同背景的人群对文化的看法，体验丝绸之路沿线鲜活的多元文化，但基于种种原因，最终很多想法都没有实现。

邹：相当于艾柯来中国找龙，最后没有找到。

乐：没有找到龙，但找到了我们（笑）。

邹：您后来和李比雄、金丝燕、钱林森等学者合作，主编《跨文化对话》集刊，已经连续出版了三十多期。这本杂志好像也是中法合作，当时为什么会有这种想法？

乐：前面已经提到，"重走丝绸之路"的计划不是很圆满，我们也认识到对他者文化的理解不是一次就能完成的，应当以某种形式固定下来，建立阵地发表我们自己的声音，基于这样的想法，我们决定创办一个刊物，计划每一年出版三期，法国文化部门提供经费资助，编委中有很多是欧洲的顶尖学者。

邹：中国学者从事比较文学与跨文化研究，一方面吸收了法国学派和美国学派的研究方法，另一方面又结合本土"一体多元"文化格局的现状，创造性提出了"多民族文学文化关系"的前沿课题。《跨文化对话》有没有涉及多民族文学关系的专题呢？

乐：没有专题，只有个别文章，比如《跨文化对话》曾推出几篇研究介绍西南苗族史诗《亚鲁王》的文章。我觉得我们要从事跨文化研究，首先就应该把本国内部的问题解决好，在此基础上再去处理国外的问题，进而和国外学界同人一起切磋。你提出的问题正是我们杂志面临的最大缺陷。

1985年，我们设想在中国比较文学学会下设少数民族文学研究分会，中南民族学院的学者联系了一些民族院校的老师，做了大量工作，但最后没有做起来，确实让人感到遗憾。中国国内的多民族文学关系研究是一个意义重大的课题，也是中国比较文学未来发展极具潜力的领域。

邹：您八十岁以后，开启人生的"第三次出发"，不仅密切关注国际文学热点话题，而且笔耕不辍，每年都有论著和散文问世。您目前正在主持教育部重大课题"跨文化研究方法论"，这个课题目前的进展如何呢？

乐：这个课题教育部去年11月才批下来，我们有很多想法，习近平总书记提出建设人和自然的共同体、人类命运共同体，两个共同体，以及多元文化的交流互动等理念，有非常重大的现实意义，应当引起广泛重视和讨论。

从最根本的意义上讲，比较文化的基础就是从跨文化和多元文化开始的。弄清楚异质文化在交流互动过程中的运作机制，回答跨文化对话需要遵循的基本原则，这些问题不仅仅是学术问题，还是关系到地缘政治的现实问题。我们初步制定了一些想法，也做了一些工作，北师大举办的第一期跨文化讲习班于今年九月份结束，讲习班专门邀请了法国著名汉学家汪德迈（Léon Vandermeersch）教授，他最重要的成果是从甲骨文和占卜学探析中国文字和语言的起源和特点。西方的文字是从声音开始的，中国文字是从字形开始的，中西方文字的起源很不一样，由此带来一系列思想方法和研究路径很不相同。此外，我们计划出版一套丛书，把已经有的东西归纳、提炼出来，争取在全国范围内扩大跨文化研究的影响力。最后，我自己也在撰写一本书，名字大概叫《跨文化对话方法论初探》，主要是讲讲什么是跨文化，有哪些方法论的问题，有些想法还不成熟，目前只是开始探索。

邹：从本科教学的层面上讲，大多数比较文学教材并没有开辟专门的章节，系统论述跨文化研究方法论，教师在谈到这个话题时，往往会引证"互为主体、平等交流、互相照亮"等原则，但此类描述显然形而上的色彩过浓，学生接受起来相当困难。有没有一些可以具体操作的跨文化研究方法？

乐：我举个例子：汪德迈教授在这次讲习班的演讲很有意思，他从字形、从文字学、从《说文解字》讲起，具体到讲每一个汉字的结构。比方说汉语的太阳对应的字形是"日"，一个太阳，中间一个点，很形象，便于理解，西方没有这种问题，英语中的太阳是 sun，就是字音，由几个字母拼起来的，很不一样。跨文化研究学者的任务，就是要阐明中西文化是如何在接触中互相理解、互相汲取的。我们可以从甲骨文开始研究中国汉字字形的演变，这种字形学在什么地方可以和西方的语言学交叉，这样一来问题就很具体了。

邹：这对研究者自身的学术素养要求非常高。

乐：这个领域很有前景，毕竟才刚刚开始，大家的水平都很一般，可挖掘的空间较大。讲习班还请了金丝燕，她主要关注现代诗歌，研究为什么在 30 年代，法国一些诗人在中国很被重视，而法国国内最有名的诗人反而没有受到中国重视，甚至没有介绍。这说明文化间的互动是有选择的，本国认为很好，不一定在另一个国家也能得到很高评价，这就是一种文化互动。

邹： 文化互动的效果与历史语境有关，一些在本国/民族文学史上籍籍无名的作家，却远渡重洋，在别的国家产生了巨大影响，比如爱尔兰女作家伏尼契（Ethel Lilian Voynich），她在英语文学史上名不见经传，但她的小说《牛虻》曾一度在中国产生了与《钢铁是怎样炼成的》相提并论的影响力，其中的意识形态因素占据主导作用。我还想到一个例子：德语文学中的卡夫卡在中国影响很大，被认为是表现主义文学的代表作家，相比之下，托马斯·曼在中国的影响就小得多，其实在德语文学界，他的成就可能比卡夫卡更大。

乐： 这里面还有很多原因，卡夫卡与中国的关系比托马斯·曼更深，这是文化互动的一个案例。

邹： 您率先在北京大学成立比较文学研究所，组建了一支特色鲜明、实力强劲的学科队伍，当时是怎么挖掘人才、凝聚队伍的呢？

乐： 刚开始做的确很辛苦。20 世纪 30 年代，有人提比较文学，但没有引起太多注意。我当初提出要发展比较文学的时候，受到了很多攻击，有人说我中国文学不是很好，外国文学也不地道，所以才投机取巧做比较文学。当时如果想在北大中文系成立比较文学研究机构，可能性几乎为零，我们遭遇的抵制很大，相对于古典文学、现代文学等其他中文系学科来说，比较文学非常边缘，现在依旧是边缘学科。因而在中文系很难聚集一批人来做。走不通就绕个弯，想想别的路径，为了成立比较文学研究机构，我去了刚刚成立的深圳大学，兼任深圳大学中文系主任，在那里待了好几年。当时条件很艰苦，连校舍都没有，天天下雨，我们就在泥浆里跑。不过深圳也有它的优势，一面和香港毗邻，另一面和台湾接近，港台的比较文学很早就发展起来了，台湾大学已经开设了比较文学专业的博士班。由于地理位置靠近，深圳大学和港台的文化交流比较便捷，港台的比较文学学者借给我们很多书，我们又请他们来讲课，争取他们的援助，就这样，我先从深圳大学发展比较文学，后来再打回北京，也算是一种"曲线救国"的办法吧（笑）！当时大家觉得台湾、香港和深圳的比较文学研究已经连成一片，颇有气候了，于是教育部下发了正式文件，批准成立北京大学比较文学研究所。

邹：机构建立起来了，人才队伍又是如何凝聚起来的呢？

乐：关于人才队伍建设，主要有这样几种方式：首先，学术交流十分活跃，我们经常邀请香港、台湾的学者前来为研究生授课，当时研究生教育还不盛行，只能招几个，因而培养计划也只能是一点点做起来。其次，依托学术会议也是重要的方法。为了使大家尽快关注并且重视比较文学，我们策划并举办了中美比较文学双边会议，钱锺书是中方主持人，刘若愚代表美国学界发表演讲，还有很多知名学者踊跃参加，比如从国外回来的赵毅衡，他们对这次会议的成功召开起到了重要作用。这样就把一批人聚集起来了。第二次中美比较文学双边会议在美国召开，孟而康（Earl Miner）主持会议，会议地点经历了印第安纳、洛杉矶等城市，无论是在美国的东部、中部还是西部，都有大学出面热情接待，这样就打开了局面，认识了很多学者，国外学者也逐渐了解到我们在做什么工作了，王佐良、杨周翰等前辈学者为此付出了大量心血，他们精湛的学问、令人钦佩的品格赢得了国外学界的高度赞赏，极大地提高了中国比较文学的国际知名度。最后，我们创办了几本专业刊物，最先是《中国比较文学》，这个刊物由上海外国语学院具体负责，此外，北京和南京合作的《跨文化对话》也起到了显著作用。

邹：听起来这是个庞大的计划，您将中国比较文学的发展当成一项神圣的事业来对待，令人由衷地敬佩。

乐：不是我一个人，是我们整个团队！我们培养出的一批人才，比如现任北大中文系主任陈跃红教授，比较所所长张辉等都非常优秀，并且从不计较个人得失，都是全力以赴。

邹：当时还从海外引进了一些年轻学者，比如张京媛老师，她主持编译的"女性主义诗学""新历史主义""后殖民主义"等读本，都是相关领域的入门必读书目，可惜张老师后来离开了北大比较文学研究所。

乐：她后来去了美国，现在学画画。她在那个阶段非常努力，将重要的理论文献都译介过来了。

邹：还有严绍璗老师，他原本是做文献学的。

乐：严老师的研究专长表现在中日文化关系领域，这本身就是比较文学。多数情况下，我们谈论比较文学基本上说的是中西文学关系，对东方文学疏于关注，这恰恰是值得我们高度关注的课题。

邹：戴锦华老师是电影研究、女性主义文学批评、文化研究等领域的著名学者，戴老师最初在北京电影学院任教，从事的学科领域和比较文学也有一定的距离，但您打破学科壁垒，坚持将戴老师调至北大比较文学所，如今看来真是一个极其明智的决定。您当时是怎么考虑的？

乐：戴老师非常有才气，口才好，对学术充满热情。我和她交流过，希望可以将电影纳入比较文学领域，比方说中外电影比较，这本身也是十分有价值的课题。我请戴老师到北大兼课，她做的电影史与电影文化研究专题讲演深受学生欢迎。现在戴老师是国际上知名的学者了，我特别欣赏她思考电影和大众传媒的方式，不是沉迷于媒介本身，而是将论题放置到宏大的社会、历史、文化的语境中加以考察，具有强大的思想穿透力。

邹：作为一名在新疆高校工作的比较文学学者，我特别关注国家近期提出的"一带一路"倡议，在这样的背景下，我预感中国在政治、国际关系、文化等多个方面可能面临中心和边缘的再置，也就是说，过去人们容易形成有关新疆的偏远落后的刻板印象，现在国家有意识地将传统意义上的边缘地带凸显出来，似乎有成为中心的趋势，形成一种位置的反转。您如何看待这个问题？

乐：我觉得现在是一个多中心的状态。中心不是始终不变的，也不能说边缘变成中心，在不同时期有不同的中心。现在处在多元文化的发展时期，不可能像以前那样有着相对固定的边缘和中心，各种思想观念都面临着转型，那种二元对立的、本质主义的思维方式需要被消解。

邹："一带一路"倡议将中亚的地缘政治位置凸显出来了，但是对中国比较文学而言，中亚和西亚的声音仍然太过微弱。

乐：确实如此，发展的进度非常慢，但现在已经有人重视了，比如北京外国语大学成立了"一带一路"研究院，他们投入大量精力，培养精通波斯语、阿拉伯语的专业人才，当然这需要很长一段时间才能形成气候。新疆刚好处在"一带一路"的核心位置，你们在新疆开展比较文学研究将大有前景。

邹：您能否给我们提供一些建设性的思路？比如怎样将中亚文学研究与中国多民族文学关系研究结合起来？

乐：我非常关注新疆的发展，但我对新疆的历史和文化并不是很熟悉，这些路径需要你们自己去摸索，摸索的过程本身就是一种宝贵财富。我们《跨文化对话》杂志愿意提供平台，以专题的方式推出新疆高校比较文学学者尤其是少数民族学者的研究成果，让内地学界及时了解到边疆的学术动态，构建一种跨地域的良性互动。

邹：您曾经担任国际比较文学学会副会长，长期担任中国比较文学学会会长，也是中国比较文学专业第一位博士生导师，可以说，您的学术生涯与中国比较文学的发展紧紧牵系在一起。请您回顾和介绍一下中国比较文学发展的几个阶段。

乐：回首历史，中国比较文学在 20 世纪初发轫，20 年代后作为一个学科开始孕育。80 年代后，作为最具开放性、先锋性的学科之一，得到了迅猛发展。90 年代前后，世界更深入地进入全球化时代，与此同时，单向度的、贫乏而偏颇的全球主义意识形态的弱点随之暴露无遗，而以多元文化为基础的另一种全球化的诉求被强有力地提了出来。这种诉求大大促进了比较文学的发展，使之超越以法国比较文学为核心的第一发展阶段和以美国比较文学为核心的第二发展阶段，进入以多元文化体系文学的"互识""互证""互补"为核心的比较文学发展的第三阶段。具体说来，中国的比较文学作为一个学科，虽然诞生并迅速发展于改革开放后的这三十年中，但其发端却在上个世纪初。中国比较文学并非欧美比较文学的分支，也不像欧美比较文学，发端于大学讲坛。1987 年 6 月，我国比较文学学会第一任会长，北京大学英语系教授杨周翰先生在日本京都召开的日本比较文学学会年会上作了一次题为《中国比较文学的今昔》的精彩讲演，可以说这是新兴的中国比较文学在国际上的一次重要亮相。在他看来，中国比较文学是中国本土的产物，它的出现是中国文学发展本身的要求，是中西文化相触和中国经济、政治、社会、文化发展的结果。中国比较文学的产生是与振兴国家民族的愿望，更新和发展本民族文学的志向分不开的。它始于推介外国文学，并力求在外国文学的语境下重新认识自己，以寻求发展新路，但它的根基始终是中国社会和悠久的中国文学传统。

邹：近年来，国内外有学者质疑比较文学学科的合法性，其立论主要基于两个维度：要么质疑"比较文学与世界文学"这一称谓，要么是对文化研究的介入表示担忧。2003 年，美籍印裔学者加亚特里·斯皮瓦克发表《学科之死》，该书前半部分宣布了比较文学作为一门学科在美国濒临死亡，她的危言耸听引起了激烈讨论。我个人以为，斯皮瓦克所谓"学科之死"并不真是在为美国比较文学唱起挽歌，其真正的意图是要表现欧美比较文学所遭遇的危机，呼唤一种"新生的比较文学"。您怎么看待斯皮瓦克的观点和欧美比较文学所遭遇的危机？

乐：上世纪末，有关比较文学"学科之死"的论调甚嚣尘上。近几年来这些论调有了很大改变。过去强调"学科之死"，理由无非是"后殖民理论，特别是女性研究、文化研究等跨文化理论全面地改变了文学研究的面貌"，因此不再有原来意义上的比较文学；而过分强调比较文学的"规定性"，也就是"过分限定研究对象的方法"，又几乎灭绝了比较文学发展的生机；最重要的当然是斯皮瓦克等人提出的"全球化强迫人们接受相同的价值观和无处不在的交换体系，由主张单一意义的殖民强权来推动的比较文学的早期模式早已不能发展"等等。发展到今天，许多比较文学学者已经改变了看法。最早提出比较文学濒于消亡的巴斯奈特坦承当时"一是要宣布比较文学的死亡，一是想提升翻译研究的形象。今天反观那个主张，看来基本上是错误的"。写了《学科之死》一书的斯皮瓦克则强调"复调观"是后殖民思想的核心，比较文学若走出欧洲中心的原点，不受由国际商业所决定的全球交换流的控制，就会有新的发展，形成新的学科。为了比较文学学科的更新和发展，斯皮瓦克还提出了建设性的意见，认为新的比较文学需要"颠覆和摧毁"强势文化对新独立文化的"挪用"，也就是需要超越西方文学和西方社会的成见，在"星球化语境中重置自身"。

邹：我最近读到您在《中国比较文学》"快乐的对话"栏目发表的

文章，其中有一篇题目叫《文化转向的风标》，您谈到了比较文学的文化转向问题，并乐观地认为比较文学的发展即将走出低谷、迎来新的繁荣。那么，您认为当前比较文学面临从低潮走向高潮的契机是什么？

乐：我最近应邀在《中国比较文学》不定期地撰写专栏文章，主要是谈谈自己研究比较文学的一些心得体会，专栏题目也很随意，所以叫"快乐的对话"。

我在那篇文章中谈到，当前比较文学的发展面临着非常好的契机，即一种多元文化氛围。2008 年下半年，发生了两件大事，标志着世界文化的重大转折。一件是法国作家让·玛丽 - 居斯塔夫·勒克莱齐奥以其"世界主义"的全部作品获 2008 年诺贝尔文学奖；另一件是有 50% 肯尼亚黑人血统和复杂文化背景的巴拉克·侯赛因·奥巴马当选为美国总统，这两件事引发了全世界的欢呼与轰动。勒克莱齐奥生于法国南部海岸城市尼斯，长大后赴英国求学，毕业后在泰国教书，后来又在美国、非洲、亚洲等多地执教，并游历了许多国家，夫人是非洲摩纳哥人，他们目前主要居住在印度洋西南部岛国毛里求斯。勒克莱齐奥的大半辈子都是在复杂多样的文化熏陶中度过的。他的作品在很大程度上反映了他的经历。这些作品不仅表现了对西方文明的不满，而且直接表现为对他国文明的追求，如《沙漠》《寻金者》《乌拉尼亚》等。他所写的带有很强自传性质的作品，如《奥尼恰》《非洲人》等也往往与异国风情联系在一起。他对中国有很深的怀念，对老舍情有独钟。1983 年就写过《老舍，一个北京人》，后来又为法语版的《四世同堂》写了序。他认为老舍是最有力、最真诚地表达了中国革命的必要性、东方与西方相遇的必要性的作家之一，足以和狄更斯、萨克雷、陀思妥耶夫斯基等作家并驾齐驱。他的名著《乌拉尼亚》写一位法国地理学家在墨西哥勘探地貌时，意外发现了一个乌托邦式的理想王国——"乌拉尼亚"。这里的人都是来自全世界的流浪者，在这里人人平等，没有贫富和阶级，人人过着安居乐业的生活。无论从勒克莱齐奥的经历、兴趣和追求，都足以说明他是一个多元文化或跨越不同文化的前驱者。奥巴马总统就更无须多加介绍了。他的父亲是来自肯尼亚的非洲人，他 6 岁时即随母亲与继父（印尼人）在印度尼西亚生活过多年，他自己的家庭，包括妻子、女儿也都属于有色人种。美国人认为奥巴马身上所体现的多元文化正是可以超越种族的明证，这不仅没有对他产生负面影响，反而使他易于得到各方面的认同。奥巴马的巨大成功在种族歧视根深蒂固的美国，哪怕在十年前也是很难想象的。显然，最激动人心的不只是这两位名人自己的才能和魅力，而是他们所受到的普遍热烈而真诚的欢迎。

他们的遭遇并不是孤立的案例，在世纪转折处，我们看到很多肯定和赞赏多元文化的现象，例如曾宣告"比较文学作为一门学科气数已尽"的英国学者巴斯奈特又重新提出："反观那个主张，看来基本上是错误的"，她承认这是由于"没有考虑跨文化转换过程中的政治含义"所致。凡此种种，说明多元文化的认同和互相交往的需求不只是个人行为，不只是个别偶然的事例，而是标志着世界文化的一种转向——从单边统治、西方中心的全球化转向共荣共存、多元互动的全球化。这也说明，以文化间性、主体间性为研究诉求的比较文学有了广阔的用武之地。

邹：诚如您所言，比较文学要研究文学、语言和文化间性，文化研究与比较文学并非截然对立，现在大家都热衷于谈论"比较文学的文化转向""翻译研究的文化转向"等，您认为这种转向的深层次原因是什么？

乐：转向的原因是多方面的。首先是进入 21 世纪，科技发展如全球互联网、移动通信等，使人与人之间的频密沟通成为可能；转基因、干细胞、克隆等生物工程技术，使生命可能通过人为的手段复制、改写、优选而更凸显了人类生命的一致性；而纳米技术使人类能够实现对微观世界的有效控制，有了更宽阔的视野。

这些革命性的新知识、新技术贯穿到人类生活的每一细节，导致了所谓"时空紧缩"，人类对时间和空间都有了和过去根本不同的认识；其次，人类的过度发展造成地球的超负荷运转，导致了对地球资源的空前消耗和争夺，为了应对这种局面，对抗（你死我活的抗争）已被证明为不可取，可能的途径只有对话；另外，20 世纪的两次世界大战给人类留下了惨痛的记忆，物质的损毁和精神的创伤都要求我们对那一时代残酷的经验进行反思，重新定义人类状况，重新考虑人类的生存意义和生存方式，这种重新定义只能在全世界各民族的对话中进行；加之，文化冲突越来越严重地影响着全球人类的未来。"文化霸权主义"和由文化封闭主义发展而来的"文化原教旨主义"的尖锐对立，已经使全世界处于动荡不安之中。要制止这种冲突，通过暴力，代价太大，最好还是通过对话。因此，对话，特别是跨文化对话成为处理世界各种问题的一个越来越重要的关键词。在跨文化对话中，文学对话（包括不同文化之间的文学对话、古代与现代作家作品之间的对话、作者与读者的对话、作者与作者的对话等）是最易于理解和沟通的。

在文学的领域内，总是可以找到人类许多共同的问题和感受。例如，人的生、死、爱、欲等问题是古今人类共同的问题。死，是任何人都不能幸免的。陶渊明认为"纵浪大化中，不喜亦不惧，当尽便须尽，无复独多虑"，十分放达；美国作家海明威认为，人的一生，开始时有如一条活泼嬉闹的小溪，它从山上流下来，不断溅起浪花，和各种石头、花草亲吻，然后，变成壮阔的大河，最后慢慢地、平静地自然消融于大海，流入永恒。陶渊明和海明威属于不同时代、不同文化，但他们谈的是同一个问题（尽管语言不同，要通过翻译），人们从中可以找到共同的话语，会同样有所领悟，同样受到启发。文学里有很多共同的东西，无论古今中外，都有很多共同的题目在对话，有很多相通的感受在交流。事实上，每一部伟大的作品都是根据自己不同的生活方式、思维方式，对人类的共同问题做出自己的回答。这些回答包含着一个民族历史传统的回声，同时又受到属于不同时代、不同群体的当代人的解读。不同文化、不同时代的人们通过这样的解读，可以互相交往、互相理解，得到共识。正因为这样的转向，作为跨文化文学研究的比较文学才迅速扭转了在欧美的颓势，而越来越受到重视。在目前风起云涌的文化转向浪潮中，跨文化文学研究的思想、理论和方法必将迅速扩展到文学研究的各个领域，而为世界文化的发展做出更大贡献。

邹：经过几代学者的理论摸索和实践，中国比较文学在学科基本问题研究，如"中外文学关系""形象学""主题学"等方面取得了令人瞩目的成绩，同时，一些由比较文学派生的学科分支如译介学等也获得了长足进展。除此以外，您认为中国比较文学在哪些领域有着较好的发展前景？

乐：世界进入 21 世纪，中国比较文学除了对学科的常规研究如"中外文学关系""形象学""主题学""文类学"等都有了长足的进展外，特别在以下几方面，有了较大的突破，也有着很好的发展前景。

其一，比较诗学的新进展。世界进入后现代时期，比较诗学有了根本的改变。各色各样的"理论"代替了原有的大哲学体系。这些理论不仅跨越学科，也跨越不同文化，这正是萨义德以"理论旅行"命名的后现代理论的特征。新的比较诗学力求凸显原创诗学、国别诗学、民族诗学在理论及美学价值上呈现出来的共通性、普遍性与世界性；同时在共通性、普遍性与世界性中追寻不同诗学的差异性、特殊性与民族性，进行解释学的视域融合，进而形成有解释力的可流通的诗学观念，最终汇入多元化的流动性的世界诗学的潮流之中。这就是在中外诗学的汇通与整合中生成的"第三种诗学"。这种诗学已成为当下本土诗学与国际诗学汇合的前沿理论，其中不可避免地包含着混杂、误读、汇通与创新等因素，它既非原有的任一种外国诗学，亦非中国固有的传统诗学，而是在"材料间性"、"美学间性"与"学科间性"的基础上，通过互动而生成的、广泛吸收外来诗学、以本土特色为主体的多元的新诗学。

其二，文学人类学与国内少数民族文学比较研究的新视野。文学人类学与国内少数民族文学比较研究已成为目前中国比较文学研究的一个十分重要的生长点。从事这方面研究的比较文学学者首先觉悟到：西方学院式文学专业教育遮蔽和压抑了本土知识的发展，形成了文本中心主义、大汉族主义、中原中心主义三大流弊，他们认为应更加重视活态文学，多元族群互动文学和口传文学，充分发挥其融合故事、讲唱、表演、信仰、仪式、道具、唐卡、图像、医疗、出神、狂欢、礼俗等的文化整合功能，逐步完成从仅仅局限于文学性和文学内部研究的范式，走向对文学的文化语境还原性研究范式的演化。这将大大扩展我们对本土遗产的多样性、丰富性和独特性的认识。即将出版的《文学人类学教程》根据中国文化内部多样性与多源性的构成特征，根据中原汉民族的建构过程离不开周边少数民族的文化迁移、传播与融合运动的事实，力求突破划分多数与少数、主流和支流、正统和附属、主导和补充的二元对立的窠臼，提出重建文学人类学意义上的中国文学观，倡导从族群关系的互动及其相互作用的建构过程入手，在中原王朝叙事的历史观之外，寻找重新进入历史和文学史的新途径和新材料。他们据此认为过去对中国"作为多民族共存之共同体及其传统之多源与多样"理解不足，因此特别强调结合中国多民族国家的历史传统，进行跨民族文化和跨学科的比较研究，并将人类学的田野分析方法引入比较文学，在讨论近代中西交往中的族群书写问题时，既重视宏大理论，也触及细微的民间案例，特别强调要"学会尊重弱小和边缘"。继 2001 年《南方民族文学关系史》和 2004 年《中国各民族文学关系研究》出版后，"中国少数民族文学研究资料库"及《多民族国家的文学比较》等大项目正在进行之中，从比较神话学视角探讨中华文明起源的宏大计划也已提上日程。

其三，华人流散文学研究。海外华人文学是世界最大的移民和侨民文学创作群体。90 年代中期以后，中国比较文学界开始聚焦华人流散文学的特殊诗学话语，诸如华人流散文学的文化身份追寻、中华文化意识及其与当地本土文化意识的碰撞与交融，华人流散文学的边缘性与世界性等。新世纪以来，数以百计的著作和大量学术论文提出了有关华人流散文学深化和发展的一系列理论话题，例如，海外华人文学的"本土性"、"流散性"与"现代性"及其"世界性"、"边缘性"与"跨文化性"的研究等；还有海外华人文学的文化诗学和艺术审美问题；华人流散文学中母语与非母语文学的比较研究，以及以非汉语表现中国人和中国文化的作品的跨语际研究等。目前，研究华人文学在世界不同地域的不同的历史语境中，与其本土文化的冲突、融合、衍生的发展过程，从人类文化、世界文学的总体背景，来考察中华文化和华人文学及其整体命运与特点已成为中国比较文学的一个重要热点。

其四，文学翻译观念的更新。中国是一个翻译大国，不仅有着近两千年的翻译历史，而且从事翻译工作的人数和翻译作品的数量在全世界也都遥遥领先。文学翻译不只是文字符号的转换，而且是文化观念的传递与重塑，翻译文学不可能脱离译者的文学再创造而存在，翻译家的责任不仅是创造性地再现原意，而且还要在"无法交流处，创造交流的可能"，也就是在两种语言相切的地方，发展本土的语言。因此，翻译文学不等于外国文学，译成中文的文学翻译作品应是中国文学的一个不可或缺的重要组成部分。自 2001 年起，《21 世纪中国文学大系》已把"翻译文学卷"与其他"小说卷""散文卷"一样，正式列入这个大系，每年一本，至今已出七本。《中国现代翻译文学史》以及《中国 20 世纪外国文学翻译史》等专著已相继出版。翻译学正在从传统的外语教学学科中独立出来，15 所高等院校已正式设立了独立的翻译学专业和硕士点。

其五，以马克思主义宗教观为指导，开展文学与宗教学的跨学科研究。文学与宗教学的跨学科研究有了深入发展。近年来，连续举办了每年一届的暑期国际学术研讨班。讨论了"文学与文化的宗教诠释""文化研究与神学研究中的公共性问题" "文学与文化研究的神学进路""汉学、神学、文化研究""神学与诗学"等问题。《基督教文化学刊》至今已出版 19 辑，包括"诗学与神学""诗性与灵性"等专辑，《神学美学》和《圣经文学研究》等多卷学术辑刊也已陆续出版，其作者队伍扩展到宗教学、哲学、史学、人类学、社会学等多个学科，成为业绩显著的跨学科研究的前锋。世纪之交出版的"20 世纪中国文学研究丛书"也已史无前例地包括了中国文学与佛学、基督教、道家文化之关系等方面的专著。

最后，中国电影研究也是一大热点。通过引入比较的方法和观念，研究电影与文学的互动、中国电影与中国文化史和思想史之间的复杂关联等，这是比较文学和文化研究交叉领域的重要课题，北京大学戴锦华老师的研究在这方面就很有代表性。

邹：最后，我想谈谈自己对比较文学的几点困惑，以求教于乐先生。您刚才也提到，中国比较文学应该有两个面向，既要注重"跨文化"的中外文学比较，也要关注比较文学的"向内比"，即要重视中国内部各民族文学之间的比较。就我所知，国内已经有学者提出应该重写"中国文学史"，只有将少数民族文学经典包括在内的文学史才能算是真正意义上的"中国文学史"，各民族文学间存在跨民族、跨文化、甚或跨语言等特性，天然地成为比较文学研究的对象。事实上，我了解到已经有新疆高校的学者正在研究维吾尔文学和汉语文学的叙事比较，这是个很好的尝试，期盼比较文学界的前辈学者们在比较文学"向内比"方面作更多的理论探讨和学术指引。其次，我想就国内高校中文系的比较文学课程教材谈谈自己的看法。我觉得很有必要组织专家学者编写"比较文学学科方法论"系列教材，不求大而全，动辄冠以"史论""通论"之类。就像北大中文系的陈跃红教授所说，"什么是比较"这一话题就完全可以写一本很有价值的著作。另外，现行的"比较文学教材"也应该补充更多新鲜的分析案例，"寒山诗的流传""《赵氏孤儿》与《中国孤儿》""milky way（牛奶路）"等旧例确实应该换一换了。我刚才谈了些自己的教学、研究心得和困惑，可能也代表了中国比较文学教学存在的若干问题，恳请乐老师批评指正。

乐：中国比较文学朝向国内各民族文学与文化之间的交流和比较，这是一个大的发展趋势。已经有一批学者和院校在从事相关研究工作。我国是一个多民族大国，我们对于各民族音乐歌舞的发掘和推广取得了很大成绩，但对各民族文化的研究，对其相互关系的研究，特别是对有关各族文化对"多元一体"的中国文化的贡献的研究，除了少数先觉者的勤奋努力（他们的成果如《中国各民族文学关系研究——先秦至唐宋》等）外，还缺少更广泛、更深入的探索。事实上，从中国历史来看，"多元一体"正是中国文化的重要特征。如果没有这个发展了几千年的"一体"，各民族文化都是孤立，互不相关的，那就没有今天的中华文化；同样，如果没有56个民族各具特色的文化多元，那也不会有今天这个丰富多彩的"一体"。

至于你提到的有关比较文学教材建设问题，现在各种比较文学教材名目繁多，虽各有特色，但重叠复沓，存在不少问题。我特别赞赏你提出的"比较文学学科方法论"问题。其实，这个问题已经引起世界比较文学研究者的强烈关注。2013 年将在巴黎召开的第二十届国际比较文学年会，主题就是"作为批评方法的比较文学"。我们的确早该有新的、符合当前形势的新的教材，特别是基础教材。我个人打算花一年左右时间来修订和改写流传甚广的《比较文学简明教程》，争取尽可能多地吸纳比较文学学科发展的新资料，以及学界的各种反响和建议。你提到的比较文学个案研究的更新问题，我一定会充分考虑，这是一个很好的建议。

原载《社会科学家》2010 年第 5 期

"文化研究"视域下的外国文学教学*

——访刘意青教授

邹　赞

【名家简介】刘意青：北京大学教授、博士生导师。现任北京大学外国语学院学术委员会副主任、外国文学学会理事、高校外国文学教学研究会副会长，兼任《外国文学评论》、《国外文学》、《外国文学》和《英语世界》编委。出版英文专著《女性心理小说家塞缪尔·理查逊》、中文专著《〈圣经〉的文学阐释》等；同罗经国共同主编李赋宁任总主编的《欧洲文学史》第一卷，主编和撰写了王佐良、周珏良主编的五卷本《英国文学史》的第三卷《18世纪英国文学史》；编译《圣经故事100篇》；等等。

邹赞（以下简称"邹"）： 您多年来一直在北大外国语学院从事外国文学的教学与研究工作。令尊刘世沐先生是我国著名的英国文学专家，您对专业志趣的选择是否得益于您的家学渊源？

刘意青（以下简称"刘"）： 我之所以考上英语专业或者说后来从事英美文学的研究，还是有偶然性的。我中学六年学的都是俄语，所以高考的时候，我报的第一志愿是俄语专业。那时候考生可以申报十个学校。我当时认为报一个学校的多个专业容易被录取，所以我第一志愿报的是北大俄语，第二志愿是北大英语，然后北大法语，北大德语。申报的第二个学校是北京外国语学院，第一志愿俄语，第二志愿英语。所以

---

* 石河子大学外国语学院聂凤芝、欧光安两位博士对访谈亦有贡献，特此说明并致谢。

说，我并不是因为父亲是学英语的所以就选择英语。尽管高考第一志愿报的都是俄语专业，但是不知道为什么，我被录取到了英语专业。既然被英语专业录取了，那时候又是国家分配工作，所以毕业之后就从事了英语文学教学与研究。当然家庭的影响还是有的，毕竟我父亲是英语教授，从英国爱丁堡大学留学回来，他在大学念的是欧洲中世纪语言文学，主要研究乔叟和语文学，当然还研究语法。在我刚开始最困难的时候，我父亲指点了我，让我走文学路，一开始让我读大量的简易英文读物，培养语感，也由此对英语产生了兴趣。后来我父亲又到北大来做讲座，当时北大、北外云集了一批优秀的英语教授。在这样的环境中，我最终走上了英语文学的道路。

邹：我们知道，在中外文化交流的悠长历史中，文学占据了重要的位置，比如肇始于东汉后期的佛经翻译，佛经故事不但有助于我们了解印度的神话与民间传说，而且还催生了一些新的文学样式如唐代的俗讲。佛经翻译应该可以算作早期传入的外国文学。从晚清到民国期间，在"开眼看世界"的社会风潮的推动下，国人开始大量引介西方文学名著。相比较而言，我国的外国文学教学则显然要晚近得多，请您简要介绍一下我国外国文学教学的几个发展阶段。

刘：首先我要声明一点，我讲的都是基于我个人的经历得到的看法，不一定对。特别是牵涉到过去发生的事情时，一些细节和事实可能会因我听到的来源局限而不够准确。请大家指正。

我想从五四开始谈起，其实在五四之前，我们国家就已经有留洋的学生了。从五四开始，在振兴国家、打倒封建的社会思潮的推动下，知识界引介了很多外国文学作品，其中就有不少涉及思想和意识形态层面的东西，比如宣扬个性解放。在我的印象中，爱伦·坡的很多小说在当时就被翻译过来了，流传范围甚广。三四十年代，我们国家派遣了大批优秀人才出国留学，一部分人学成归来后，在西南联大或清华大学执教，应当说，当时的教学并不是有意识地灌输意识形态，清华大学和燕京大学的课程安排在很大程度上沿袭了西方的高等教育模式。以这两所院校的外语专业为例，由于考入的学生在入学前已经具有相当的外语基

础，所以他们攻读外语专业的目的并不是要从 ABC 学起，而是要直接
学习文学、历史或者经济学之类。值得一提的是，当时的清华大学外文
系的罗伯特·温德曾邀请过他的好友、两位著名的新批评派代表人
物——I. A. 瑞恰兹和威廉·燕卜逊来讲学，这两位学者堪称新批评派
在美国的大家。他们的授课模式表现出浓厚的新批评色彩，这个影响一
直延续到 1950 年代、1960 年代。从清华英语系、西南联大的外语系，
再到北大西语系和后来的英语系，其教学思路和原则始终都没有脱离新
批评的范围；即便后现代文论一波盖过一波、文化批评汹涌而至，我们
北大起码最终还坚持着文本细读的维度，这其实跟那代人的影响有关。
以上所说的可以算是我国外国文学教学的第一阶段。

　　解放之后，社会情势的万象更新也带来一些新的变化，首先是院校
合并，辅仁大学、燕京大学等与北大合为一体，院校之间的合并带来了
很多原先不存在的外围因素；其次是从学习西方转变为效仿苏联，当时
盛行的是一种极左思潮，学习英美就仿佛是跟着帝国主义跑，被认为是
绝对错误的。苏联成了我们学习的理想对象。实际上，我们看待苏联的
文艺创作与文艺批评也应当采取一分为二的辩证态度，一方面，苏联的
文学艺术拥有一个相当严肃认真的传统，无论是从文本的创作与选择，
还是从文学批评的角度上讲，莫不如此，比如苏联的出版物对于英美文
学的译介、莫斯科大剧院始终坚持上演精品剧目以及他们在莎剧研究领
域所取得的重要成果等。另一方面，苏联文艺界存在一个意识形态的偏
见，他们尤其强调批判现实主义，但凡反映了资本主义现实消极面的文
艺作品，统统被印上批判现实主义的标签，这种贴标签式的粗暴做法导
致了诸多错误，也对我们在解放后很长一段时间内理解外国文学名著产
生了不利的甚至是荒谬的影响。试以弥尔顿的《失乐园》为例，我们
永远只是囫囵吞枣读完前两三卷，就轻率地断定弥尔顿是在歌颂撒旦。
事实上，如果我们细读这部伟大史诗，就会发现弥尔顿绝对没有批判上
帝的意思。从文学文本层面分析，整部史诗都在表现这样一个主题，即
歌颂上帝对人的处置是正确的。美国小说家霍桑也是一个典型的例子，
霍桑从来没有承认过自己的小说是现实主义的，他自称其小说是一种罗

曼司，渗入了神奇、含混的风格特征。但我们往往简单化地将霍桑的小说全部归入批判现实主义名下。不无荒谬的是，我们照搬苏联的思路，将浪漫主义分为革命的浪漫主义和反动的浪漫主义。其实浪漫主义顶多只有一个积极和消极的区别，根本无所谓革命与反动。即便将浪漫主义区分为积极浪漫主义和消极浪漫主义，也还会存在很多问题，华兹华斯与布莱克都被归入消极一脉，一个不负责任的简单定位就这样抹杀了他们的重要文学价值。由于当时照搬照抄人家的经验，缺乏必要的自我参照和反思。但是最大的问题是什么呢？那就是在这个阶段里，我们的文学沦为辅助性的手段，只是学习外语的工具了，而教学的重心转变为学习英语，一切为学习英语服务。原先延安的翻译班进北京后变成了现在的北京外国语大学，培养翻译成为社会急需的教育任务，甚至认为只要培养了翻译就算外语教育成功了。从这个意义上说，幸亏有三四十年代这一批在国外留过学的学者，他们还努力把文学维持在那儿，但也都是赏析性的，就是教几个故事、一点儿诗歌，让学生背诵一些，目的是帮助学习英语，基本上是这么一个调调。一直到"文化大革命"，中国的外语教学都是偏重于语言学习，文学尽管有老一辈学者的积极维护，但从来都只是一门课程而并非一个学科，这种情境显然未能与国际接轨，因为语言在任何一个国家都不能单成一门学科，它就是一个工具，但是我们的国情是外语人才太少，所以英语就堂而皇之成为一门学科了，这种情况一直延续至"文化大革命"时期。

改革开放以后，我国的外国文学教学进入第三个阶段。很多人开始意识到外语本身不是一个学科，所以尝试在外语专业下发展出文学、语言学、修辞学、翻译等门类，而外语本身被还原为一个工具。这种情况的出现跟国人的外语水平提高也有关系，学生在中学阶段已经接受过基本的外语技能培训，所以大学就没必要花过多的时间来回炉中学阶段已经掌握的语言技巧和知识，文学、语言学、修辞和翻译理论课程成为大学外语专业学生的核心课程。很多大学在这一点上都有所纠正、有所认知。但是跟着来的就是我们的理论大潮，二战以后到20世纪80年代，"理论潮"曾经在欧美学界热闹非凡。在我看来，理论潮的降临可谓利弊兼具,有利之处在于,我们的文学批评超越了此前的赏析性层面,进入了阐释性维度。如果说赏析性重在分析诗歌的韵律节奏、散文的情思意境、小说的人物情节;那么,阐释性路径则显然凸显出读者的中心位置。每个人根据自己的理解去重新解读文本,他可以凭借不同的方法解读出不同层面的意义,这实际上激活了许多古老作品的活力,使得文本更具吸引力,同时也很好地锻炼了年轻人的思维和文字驾驭能力。但一些不利现象也伴生而来,那就是学界对于外国文论的盲目追捧,不求甚解地全盘"拿来",东施效颦式地照搬误套,完全无视中国的历史积淀和现实语境。这种搞社会运动似的盲目跟风滋长了令人担忧的浮躁学风,所谓的理论也就是用理论的名词来贴文本,最后文本和理论是两张皮,这样包装着光鲜外表的低劣之作已然泛滥成灾。从后一种意义上说,在当今西方都开始了"理论之后"的阶段,"理论潮"在中国是否也该反思和总结了。

邹: 您曾经在芝加哥大学攻读英美文学博士学位,您觉得美国大学的文学教学的主要方法论特色是什么?对您影响最大的是哪些方面?

刘: 美国大学的文学教学就像是我们大学中文系的中国文学教学。也就是说,他们的外语系虽然有必要设起步的语言训练课程,但都很快开设文学、文化、语言等专业课,特别是法语、德语、希腊语、拉丁语这些西方语言系科。而他们的英语系从头就没有技巧和翻译这类课。我曾经在纽约州立大学念硕士,我的美国文学基础就是在那儿打的,除了修读美国文学,也上了弥尔顿研究、莎士比亚研究等课程。给我印象最深刻的是,老师布置的阅读量非常大,一周内每门课都有一两本小说或戏剧、诗歌要读完。如果一学期修三门课,阅读量可想而知。我们还要跟着课程进度读完相关文献,然后在阅读的基础上撰写课程论文。就研究生的课程而言,教师在课堂上通常只是点到为止,大部分时间交由学生发言,但教师在每节课之前都会进行详尽周密的部署。

美国的大学也是一个大熔炉,有着各式各样的教员,既有比较严肃的老派教员,也有为数甚多、思想开放的新派教员,大家观念差异甚巨、杂陈并置,催生出了极为典型的"美国式"校园政治。我在芝加哥大学读书的时候，能够明显感觉到"政治正确"对于校园政治的影响，女权主义、同性恋等少数派教员不论实际授课效果以及教学态度如何，在晋级、竞聘岗位方面都常常受到照顾，用我们的话说叫作"政策倾斜"，因为学校特别怕担个"保守""压制少数派别"的名声。

至于这段求学经历对我的影响，我觉得首先还是那些课程促使我阅读了大量的文献资料，纽约州立大学和芝加哥大学给我的营养，就是在很短的时间里以压缩饼干的方式，压给了我大量的东西。这些东西也许我当时没有消化得太好，但是回国后在教学的过程中慢慢稀释、慢慢消化，这段学习经历使我终身受益。我在这里想特别补充一点意见：在大学文学教育方面，中国大部分教师的敬业精神和课程分量跟美国相比并不存在显著的优劣差距，主要的差别在于阅读，尤其是学生的自主性阅读。

邹：外国文学的教学发展历程，其实也就是外国文学作为一门总体意义上的学科的学院建制化过程，这让我想到英国文化史和教育史上的一个重要问题——"英文研究"（English Studies）的兴起，除却其中鲜明的殖民主义政治意味不谈，英文研究自始至终都伴随着两个潜在的对话主体——"文化"与"工业文明"，贯穿其间的一个重要脉络就是强调英国文学之于人文教育的功用。那么，您觉得外国文学教学对于我们当前处于文化转型时期的素质教育有着什么样的独特意义？

刘：这是一个很大的题目，也是我最近在思考的问题。我觉得正确地、比较全面地介绍国外人文思想，具有非常重要的意义，关系着我们国家未来的发展前景。文化现在成为一个热门词，文化的意义越来越突出，党中央适时提出了文化强国的发展战略，这是很正确的提法，我们以前一直在强调经济、工业和科技的发展，但是如果没有文学和文化对于意识形态的驾驭，经济的发展也就容易剑走偏锋。

从霍桑开始，很多人就开始批评纯粹理性、批评科技，因为科技如果缺少人文精神的引领，那将会是非常危险的。霍桑的小说在 19 世纪就开始关注到：如果只有理性，只有科技，而没有爱，没有人文关怀，那么人类的生存之境必将危机重重。霍桑讲的其实就是这个问题。马修·阿诺德为我们树立了很好的榜样，中国的很多学者欣赏阿诺德，研究他的著作，特别是《文化与无政府状态》，这很好。但阿诺德实际上是一个涉政的人，他的《文化与无政府状态》瞄准了当时英国资本主义发展以后，社会道德和文化准则出现了混乱这一问题。从这个意义上说，我们学习阿诺德不应该只研究文本，将其局限为一种纯粹学术性的、欣赏性的对象，而应该像他那样，每个文化人都致力呼唤群众关注精神文明。

我们国家现在到了非抓文化不可的时候了，重视文化问题不等于仅仅大力发展文化产业并以此获利，文化产业只是当下文化问题的很小的组成部分。我们国家的文化战略发展包括两方面的内容，一是要弘扬中华文化的悠久历史和精华，向世界宣传中国文化，树立新的国家形象；二是要学习西方的先进文化，尤其是那些承载着丰富人文精神的优秀文化。从 17、18 世纪资本主义崛起和商品社会大发展，直至 19 世纪的英、美，道德一直都是哲学、文学、美学等文人学者关注的热点话题。我们要吸纳英美的有用资源，当务之急就是要研究、梳理、评介英美几百年来意识形态中关于伦理道德和价值观念的思想和理论，以及文学如何反映他们在资本主义上升时期凸显的社会各种矛盾和问题，作家们又是如何竭尽全力用自己的作品配合宣传有利社会安定、和谐的伦理和价值观念的。实际上，西方文化所宣扬的并非一直都是后现代的个性解放、性自由、绝对个人中心。虽然人之为人，西方人文主义思想一直强调要给予尊重，需要得到自由，但他们的主流意识形态还是一直在强调正直、同情、包容，甚至自我牺牲这些美德。道德的维度在英美文学中有着很深的积淀，18 世纪的英国文学就特别强调做人要诚实守信、富有同情心，比如塞缪尔·理查逊强调女人要贞洁，不能堕落；菲尔丁揭露虚伪、卑鄙和背后搞阴谋；狄更斯描写了那么多社会下层百姓的苦难，宣传同情心和慈善；美国也有这样的传统，比如富兰克林在自己的成长过程里每天用十三条美德来约束和检讨自己。所以我们要系统、全面地介绍外国文学，特别是他们与我们相类似的商品社会发展阶段的文学，而不是只热衷于津津乐道跟我国生产和经济发展阶段不一回事的后现代性自由、乱伦、暴力、荒诞和魔怪文学，要改变那种英美文学教学，或宽些说，要改变外国文学教学中存在的追逐时髦和片面的倾向。

邹：如果我们回顾马修·阿诺德与 F. R. 利维斯的文化思想，会发现他们所坚守的人文理念和文化精英思想固然一直被冠以文化保守主义的标签，但那些思想对于当下中国的现状有着颇为惊人的启发意义，您同意这个看法吗？

刘：这个问题已经牵扯到如何看待马修·阿诺德文化观中的意识形态问题了。我刚才讲的主要就是说我们要学习马修·阿诺德把文化和文学教学研究用来为国家为社会服务，至于他的意识形态问题，阿诺德可以吸收一些当时比较先进、前卫的东西，但是他的核心思想就是反对追逐物质享受而抛弃精神文明。说他保守也好、精英主义也好，不管贴什么样的标签，其实都失之肤浅。其核心理念和关键思想就是要和谐，要团结，要精神追求，不要铜臭气。

邹：您常常自称属于"常识学派"（School of Common Sense），其实这并非一些人所误解的"自谦"，"常识学派"确确实实存在，是英国近代一脉重要的哲学思潮，以苏格兰哲学家 T. 里德和 D. 斯图尔特为代表。您的这种自我表述一方面是对英国"常识学派"的当下回应，另一方面可能更多地基于对多元文论话语游戏（能指狂欢）的一种批评，是这样的吗？

刘：我说自己属于"常识学派"，这是一个玩笑话（笑）。我也不是那么认真地称自己就是常识学派。为什么说是个玩笑话呢？这是指我当时的一种态度，就是反对在文学研究、哲学或理论上故弄玄虚。实际上苏格兰的常识学派，强调认识事物要通过明显的道理，这是他们的一个基本理念。他们宣扬的是，人生来头脑里已经具备了认识事物的简单道理的能力，人天生就有这种常识性的能力，因此和洛克的经验论是相对的。苏格兰常识学派可不是我戏称自己是常识派那么简单。我同意其中的一个观点，就是很多事情可以通过一个简单的道理来解决。而现在各种后现代文论做到最后是复杂又复杂，繁杂又繁杂。又比如说语言学，明明原来就有现成的简单词汇，现在被换成了比较大的词汇，但说的是同样一个问题，最古老的东西其实都还在里头。虽然现代语言学有自己的许多理论，但的确存在用复杂新奇的词汇表达原来就有的一些语法和语言道理的现象。

邹：洛克的经验论认为人一出生之后，其思维是一张白板，随着经验的积累，知识就产生了。我们感觉休谟是在霍布斯和洛克的基础上，更强调道德。休谟在其哲学著作中认为道德在知识的积累中至关重要。比如说，18世纪著名的小说家斯特恩，他对洛克的观念联想学说做了一种游戏性解读，很可能斯特恩受休谟的影响更大。

刘：是这样，不过洛克认为在认知论中有一个升华的阶段，他在《人类理解论》中的理论还是比较复杂的。他从各个方面探讨了人类从感觉如何上升到理性的认识，并且从方式和性质上做了很多区分，有趣的要数对"观念联想"的论述。洛克思想中最基本的层面，与17世纪霍布斯的思想存在显著差异。霍布斯认为，人生来就是恶的，邪恶已经在人的体内，所以必须用法律把它管起来。但是如果按照洛克的观点，人本来就是一张白板，人生来是可善可恶的。那么人实际上就是可塑的，因此教育就显得特别重要。而霍布斯强调的是法制。两个人各有其理。对人而言，教育确实重要。而人又存在欲念，那么要是没有法制，也是不行的。所以可以说他们的观点具有互补性。

当然霍布斯和洛克都是有宗教信仰的，但他们基本上不是从宗教的角度来谈认识。所以说在认识中道德的理念被提出的时候，宗教中的善与恶等理念就已经介入了。这样一来，道德就不纯粹是认识论的问题了，它具备了一些超出简单认识论的更高层面的意义，或者说，它更复杂，它有习惯俗成、社会压力，还有宗教的影响，各种东西都加进来了。

邹：一国文学的发展往往与当时社会的思潮紧密相关，例如文学作品中道德的表现就与当时流行的哲学、伦理、宗教等因素关联密切。更具体地说，作家的宗教身份会极大地影响其作品中道德主题的呈现，例如弥尔顿的清教主义身份、斯特恩的英国国教身份，这种身份与作品的对应在20世纪之前的英国文学中显而易见。而到了20世纪之后，这种宗教身份又与其他各种身份交织在一起，形成作品错综复杂的道德表现。您能从 17、18 世纪英国文学大致的发展方向谈谈文学作品中道德的表现吗？

刘： 这个问题涉及作者宗教身份对于创作的影响，除了你们提到的斯特恩和弥尔顿，比较典型的还有斯威夫特，他本人是英国国教神职人员，曾在都柏林三一学院接受训练，原计划在伦敦待下去，但安妮女王不喜欢他。斯威夫特是托利党人，但当时的执政党由托利党换成了辉格党，所以没有人替他说话。最后他只好回到爱尔兰，但他一直持笃定的国教观点，在这方面代表他观点的著作是《一只木桶的故事》。这本书实际上就是个大的宗教寓言。小说从一个寓言开始，人物关系复杂，内容非常丰富。故事情节大致是这样的，一位老父亲临死以前把他的三个儿子叫到床边，给每个儿子留了一件外套，大儿子叫作 Martin，二儿子叫作 Peter，三儿子叫作 Jack。从名字本身来看，Martin 是一个比较高贵的名字，Jack 常常是通俗和身份地位低的代称。老父亲告诉三个儿子要好好使用这三件外套，要保存好。等到父亲一死，大儿子马上就在他那件衣服的袖子上补上花边，缀上花，搞得十分华丽花哨；二儿子什么都没改，维持原样；小儿子嫌衣服长了，就把下面给剪了，然后又做了许多简化的修改。斯威夫特讲的这个故事，实际上代表三种宗教，大儿子象征天主教，因为他很繁杂，注重繁文缛节和形式主义；小儿子代表清教，就是当时斯威夫特极其反对的 dissenters（持异见者）。很显然，这是斯威夫特在宣扬他的国教立场，他认为其他两个宗教都不行。笛福也是如此，他甚至写了一本行为准则书叫作《基督教的婚恋》，写三个姑娘，一个嫁给了天主教徒，一个嫁给了清教徒，一个嫁给了国教徒，嫁给清教徒的那位过得最好，婚姻最幸福，因为笛福是个清教徒，这当然是在宣扬创作者的宗教立场。相比而言，理查逊虽然是一个清教徒，但他并没有大肆鼓吹清教，原因在于他比笛福小很多，他出生在宗教论战和排挤持异见者之后的时代，受的宗教排挤比较少。但是他推崇实用主义的清教观念，例如要勤恳，要用美德换取更多的好处等。而菲尔丁又不一样，他信仰国教而且是贵族出身，所以他的小说并没有宣扬实用主义，但他强调人要诚实、仗义，要有同情心，最痛恨搞阴谋诡计和两面派。弥尔顿是个特例。弥尔顿在写《失乐园》和《复乐园》的时候，清教革命已经失败，王朝已经复辟，但弥尔顿的内心尚未平静下来，于是在塑造撒旦造反的形象时，不自觉地羼入一种清教革命的勇气。这样的塑造事实上也是诗人的艺术需要，因为撒旦在从天堂堕落到地狱之前，代表着光明，是光彩照人的天使。撒旦不可能从天上一掉下来就变成了蛇，因为神性还在他身上。从诗歌本身的艺术创作规律来说，撒旦的性格也不可能造反后就立刻屈服，所以，诗歌有必要表现撒旦对上帝慷慨激昂的指责。这样一来，倘若有人认为弥尔顿是在赞扬撒旦，那就太简单化了。弥尔顿尝试书写一部人类的史诗，他在写作时已经跳出了简单的宗教派别和阶级立场。我们不能认为弥尔顿仅仅因为坚持清教立场，所以写了三部史诗，弥尔顿创作的是了不起的人类史诗，是一部关于上帝造人的宏大史诗，它超越了我们人类世间的林林总总、琐琐碎碎的斗争。倘若真正将弥尔顿作品中所有的卷册都读下来，就会明白弥尔顿是怎样写撒旦慢慢堕落的，撒旦煽动这些人造反，跑到乐园里去引诱夏娃和人类犯罪，以报复上帝。我想借这个机会说一下，不要误认为弥尔顿是在以清教主义的身份来写《失乐园》和《复乐园》。不管是清教、天主教，还是国教，其实都是基督教。弥尔顿在这个大的立场上对上帝的态度是不变的，并没有受到政治立场的干扰。当他写上帝造人这个伟大史诗的时候，他是崇敬上帝的，这是毫无疑问的。在这样一部恢宏的史诗巨作中，弥尔顿的清教思想并没有起到太大作用，它一方面不同于笛福的《鲁滨孙漂流记》，因为后者强调清教思想所宣扬的"要勤奋、要发家"等理念；另一方面，弥尔顿也和理查逊不同，理查逊的《帕美拉》自始至终都在宣扬一种待价而沽的实用清教主义。西方文学中的很多现象都和宗教文化有关联，我们在阐释这些文本的时候，一定要牢固树立马克思主义的宗教观，绝不能刻意夸大宗教的意义。

所以，我们不能简单化地判定某位作家的政治或宗教身份就一定会反映在他的作品里。这些跟这个作家写什么样的作品，当时是个什么样的处境，他想要完成什么样的工程都是有关的。愉悦和教导这两大目标在文学中永远都是存在的，只不过方式、内容或者层次不同，不能简单化处理。至于作家的政治或宗教身份一定会反映在他的作品里，我认为这不是必然的。

邹：对英国 18 世纪文学的研究在以前一度被忽略，自 20 世纪中期以后在国际学术界逐渐被重视。在我国要到 20 世纪 90 年代才开始起步，时至今日，已经取得一定的成绩。18 世纪英国文学，尤其是英国小说，其中表现出的道德维度都和宗教有关，比如斯特恩和理查逊小说中呈现出的不同道德主题，就可以追溯到英国国教和清教之间的斗争。此外，以洛克为代表的理想主义、以休谟和贝克莱为代表的道德哲学派别，他们的思想对当时的文学都产生了很大影响。您是如何看待这一问题的？您认为我们在研究 18 世纪英国文学时还需要注意哪些因素？

刘：英国的 18 世纪实际上是一个一贯被我们忽略了的世纪，它夹在莎士比亚、弥尔顿几座高峰之后，后面是浪漫主义，再加上维多利亚小说，它处在夹缝中间，显得支离破碎。其实我们并没有把这个世纪充分地研讨过，而且极大地忽视了这个世纪的重要性。

事实上，18 世纪作为英国从商品经济即从资本主义初期到盛期的一个过程，思想、理论的生产与流通十分活跃，科学技术突飞猛进。在这样的情况下，城市经济和大都会涌现，农村人口大举迁入城市，小说和书市开始在都市出现，整个情况与中国的商品经济发展阶段非常相似。可以说，研究 18 世纪英国文学不仅对英国文化有着承上启下的意义，同时对现阶段中国的社会情境也有着重要的借鉴价值。

英国 18 世纪的几个主要思潮，包括洛克的理性主义，还有休谟、贝克莱的道德哲学，我在《十八世纪英国文学》（外语教学与研究出版社 2006 年增补版）那本书中，专设一章讨论苏格兰的道德哲学，比如几个大学的政治经济学研究、社会科学和自然科学方面的贡献，也包括刚才说的常识派等等。18 世纪是一个思想活跃、百花齐放的时代。如果要好好研究 18 世纪，首先就要弄清楚政治经济学、亚当·斯密的经济学和道德哲学，还需要弄清楚文学上怎么从新古典主义转到了现代小说等，当然还涉及市场经济、书籍市场等很多方面的东西。

至于 18 世纪英国文学研究应该注意哪些因素，我想强调一点，那就是英国现代小说的兴起，这是 18 世纪的专利。我始终认为早期小说的兴起，小说家实际上都是实验派。实验派并非 20 世纪现代派文学的独有现象，早期小说兴起的时候，理查逊实验用书信体小说写女性心理，菲尔丁写全景小说，展示主人公游遍了整个英国社会。菲尔丁的小说不是心理小说，凸显动作维度，他们两人引领了后来英国和美国两大派别的作家。一般认为伊恩·瓦特的说法比较公允，他把理查逊定位成心理小说的始祖，其后就是亨利·詹姆斯、乔伊斯等人，而菲尔丁则引领了狄更斯，其后是写了《印度之行》的福斯特等，当然还有萨克雷。我还有一个看法，就是不要以为所有的后现代的东西都是新的，其实在 18 世纪的英国小说里都能找到后来几乎所有小说里的新的因素，只是这些因素变得更加强烈了，或者是采用了更多的手段和技巧，愈加显得复杂玄虚。但一些基本的因素在 18 世纪英国小说里都能找到原型，比如说理查逊书信体小说中的双轨叙述技巧，两个人互相写信，另外两个人也相对写信，彼此说的是同一件事情，但提供了四个不同的视角。后来这种写法就很时髦，比如布朗宁的代表作《指环与书》就是例证，一个谋杀案通过六个叙述人从不同的视角讲述，所以到最后这就变成了一种心理的东西而不是以情节取胜了。这种叙事策略在后现代文学里比比皆是，莱辛的《金色笔记》就是从各个角度来写发生的事情。要是把 18 世纪英国文学研究好了，也就为研究后面的文学奠定了基础。

因此，我觉得应该充分重视 18 世纪作为小说的源头，以及作为英国资产阶级理论和认识论源头的独特意义。洛克、伯克、休谟的思想，苏格兰的文艺复兴、启蒙意识形态等，都值得认真研究。

邹：以马修·阿诺德、F. R. 利维斯为代表的英国自由人文主义批评注重凸显道德哲学的意义，致力于重建社会转型时期的道德秩序。尽管 F. R. 利维斯在批评实践中吸取了英美新批评的"细读法"，但始终与新批评派保持明显的距离，自觉羼入并张扬文学文本的道德意涵，他在《伟大的传统》中设定的经典序列就充分说明了这一点。英国自由人文主义批评由于被扣上"保守主义文论"的帽子，其自身积极意义以及对于当下文化情境的参照意义常常被忽视，您如何看待这一点？

刘：马修·阿诺德和利维斯都属于西方人文传统系列中的精英。阿诺德为了国家和社会安定，主张吸收传统人文经典里的精华部分，主要是希腊文明和希伯来文化的道德约束。我们有必要将利维斯和新批评作明确的界限区分，新批评有一阵特别强调技巧，反对把历史背景和作家立场裹进来，有点排斥社会和历史文化因素而专门从艺术技巧去研究文学的意味。利维斯要强调"伟大传统"的时候，他实际上试图达到与马修·阿诺德同样的目的，即把英国领回到伟大的文学传统里来，从而确保英国社会兴旺不衰，这其中有着明确的意识形态和道德诉求。利维斯一方面自觉与新批评保持距离，另一方面又不能丢掉和批判新批评，因为新批评的方法永远是我们穷尽文本、构造文本继而批评文本的必要工具。我的看法是，只要从事文学研究，就多少要用到新批评。尽管后现代惯于翻陈出新，新批评看似不再时兴，但是具体的文本批评实践始终都未曾真正离弃过新批评。

邹：当前的外国文学教学面临着诸多问题，其中比较突出的问题就是如何处理文本细读与理论输入之间的关系。我们的外国文学教学传统受英美新批评的影响较深（比如您刚才提到瑞恰兹和燕卜逊曾到清华大学传经布道），形成了一套以文本细读为主要特征的教学方法。20 世纪 90 年代以来，形形色色的西方文论话语尤其是"后"字打头的系列思潮强势输入，一时间，各种理论众声喧哗，在很大程度上影响和规训着中国人文学科的研究范式，外国文学教学也深受其影响，囿于理论与文本的取舍中难以选择，您觉得当前的外国文学教学应当如何处理"当文学遭遇理论"的难题？

刘：我在谈到外国文学教学的几个发展阶段时，实际上已经涉及理论潮的话题，这里还想补充一点。当代西方文论界大量涌现了一批以"后"字打头的学者和理论。必须注意的是，他们动辄谈后现代、后殖民等，一是因为想寻求新的话语表述，二是因为他们的确有基础，他们已经把此前的重要理论都弄懂了、消化了，对经典文本也烂熟于心，所以他会自己调整自己，也就是一旦解构得过了头，他们又会及时往回撤。而我们则处于迥然不同的语境，既没有人家的根基，也没能来得及消化吸收外来的理论，更有些人外文都不过关，文学文本和理论都只是看译文，但因为"后"字打头的理论时髦，仿佛巴黎出了新的时装款式一样，一股脑地跟风。这样一来，很多打着研究理论幌子的人反而在学界成了"香饽饽"。我的好朋友 David Jeffrey 是西方文学和《圣经》研究的知名学者。在他看来，学术研究必须有权威的参照系和批判标准，那种"颠覆一切"的解构主义曾经给西方造成了比任何一场革命或者社会运动都要更加严重的后果，因为它的影响不仅仅是文学范围的，它带来的无政府和混乱涉及了政治、经济和社会的方方面面，我想这种理论也是阿诺德看见就要着急的。从 20 世纪 80 年代后期西方学者已经开始反思，调转风向标。这不是说停止搞理论了，理论永远都会有，只是它有高潮和低潮，而且纠正解构主义的理论也是理论。

邹：理论的泛滥引发了学界的批评与质疑，特里·伊格尔顿发表《理论之后》，哈罗德·布鲁姆更是以"憎恨学派"之名囊括了文化研究、西方马克思主义、女性主义、后殖民主义等强势批评话语，这进一步促使人们去反思"何为理论""理论何为"等重要论题。以文化研究为例，狭义上的文化研究专指以伯明翰学派为中心的英国文化研究，其缘起和发展都与英国文学研究息息相关。您怎么看待文化研究与文学研究的这种亲缘关系？是否有必要将文化研究的某些方法策略性地引入外国文学课堂教学？

刘：文化研究和文学研究应该说是没办法分的，如果硬要区分的话，应该说文学研究在文化研究之中，文化涉及的外延更加宽泛。事实上，文学就是文化，文化里也有文学，所以二者很难分开，但是你要真是作为一个学科来说的话，文学更多地指向具体的作品，文化会牵涉到意识形态，牵涉到艺术，牵涉到很多东西。马修·阿诺德把文化的问题提出来，恰恰表明了文化有必要超越精英阶层，走向老百姓的日常生活，要进入普通百姓的意识形态。至于文化研究方法对于文学研究的启示和借鉴意义，我不认为这是一个有争议的问题。在国外的文学教学课堂里，小组活动也好，工作坊也好，其实都是一种有效的主题策划，也是很普遍的"教学相长"的方法。国内研究生层次的教学还是以课堂讲授为主，这种方法其实相当生硬，不利于充分发掘学生的想象力和参与积极性。但除了我们传统上习惯满堂灌的做法外，也有国内图书馆普遍资料缺乏的原因，学生不能广泛阅读到各种资料文献，只能张起耳朵听老师的一言堂。我觉得讨论和学生讲等国外的某些做法值得我们借鉴学习。当然，文化研究重视意识形态解读、话语分析和民族志方法等，都对我们的外国文学教学有着相当有价值的参照意义。

邹：外国文学教学所选用的研读对象基本上都是经过严格挑选并具有长久生命力的经典之作。但正如学者程巍所指出的，并非所有由英国人用英语写作的文学作品都能称作英国文学，英国文学事实上是一个意识形态和权力关系的建构过程。同样，经典也是一个由社会多种因素共同建构的结果，并非一个固定不变的过程。如果考虑到外国文学教学要适应于当前的社会情境，那么我们的文学教材所涉及的经典是否会有一个再度遴选、择取的过程？

刘：仁者见仁，智者见智。因为经典在很大程度上是由学校的课程制度形成的，只要你能进入学校的课堂，那么你就是经典了。经典实际上就是某些文本被选入大学课堂，然后不断地被讲授，延续下来，就成了经典，这在很大程度上要取决于任课教师。我们的英语系可能不太会替换原来的经典，我们这批人的文化趣味及其养成，决定了我们不太可能去为"经典"频繁换血。这个问题其实很复杂，不但跟教师有关，也和大的社会氛围息息相关。比方说芝加哥大学，它盛行"政治正确"的校园政治，这样一来，一些曾经不登大雅之堂的女性作家的作品进入了文学课堂。这种大的氛围包括学术氛围和政治氛围两个向度。经典并非一成不变，它要取决于授课主体，但也并不意味着你选择了某个文本，教了几轮之后就成了经典，这还需要一个大的操作体系，经典不是一个通过个人努力就能完成的东西。

邹："本土视野"已然成为人文社科学界的一个关键词，我们开设外国文学课程的最根本目的是提高人民的人文素养，更好地服务于国家的建设需要。我们以为，外国文学的课堂教学中可以恰到好处地融入比较文学的方法和思路，在讲解外国文学名著时可以适当引入我国的多民族文学文本作为参照，在互证互识的对话中加强对外国文学文本的理解，同时也有利于发掘其本土参照意义。您觉得这种想法是否契合当前的外国文学教学现状？

刘：我认为这种方法值得提倡，毕竟学生对那些与自身体验有着紧密联系的知识更感兴趣，也更容易引发共鸣。文学作品如果要传播，就必须具备某种超越国家和民族界限的共性，比方说情感的投射、人性的表达、生与死的体验等。当文学拥有了这种足以感动人的心灵之物时，它也就拥有了跨越国界和民族的共性。我曾经讲授过加拿大文学的课程，每当谈到阿特伍德和劳伦斯等作家小说中的人性、情感、理性等话题时，都能很自然地从我们的现实生活中找到理想的参照系，它非常容易引发学生的情感共鸣。文学必须贴近生活，要抒发真情实感，才能在跨文化传播过程中流通无阻。

邹：这个话题非常具有启发性，单纯的"异域风情"确实越来越难以激发学生的阅读兴趣和参与热情。我们在外国文学课堂教学中曾经做过一些初步尝试，比如在讲解杰克·伦敦的小说时，有意识地凸显其中的生态主题，比如"杰克·伦敦与狗"。有趣的是，我国西北的维吾尔、哈萨克民族文学中常常会出现以动物为母题的小说，如果有选择地将它们与杰克·伦敦的小说进行比较，会发现很多有趣的面向。

刘：这种尝试很有意思，比较的对象也很具体。将外国文学文本与我国的地域文化、民族文化结合起来理解，肯定会有新的收获，但是也应该注意重心的把握和角度的选择，毕竟外国文学课程不等于比较文学课程。

邹：文学自古以来就不是"真空式"存在，一定程度上始终承载着某种社会道德观念、伦理价值等意识形态符码。文学批评也是如此，社会历史批评、道德－伦理批评、文化批评与审美批评共同构筑起文学批评的立体构架。中国文学素来有"文以载道"的诗教传统，西方诗学也绵延着对理性精神和道德传统的重视，但由于受到 20 世纪后现代文论的冲击，反权威、解构真理、挑战逻各斯中心主义的狂躁热潮压抑了文学批评所承载的道德哲学，甚至将严肃的道德哲学与拙劣的道德说教混为一谈。职是之故，人们往往错误地认为谈论"真善美"就是在宣扬陈词滥调，探析文学中的道德主题就容易联想起元代四大南戏或者明代拟话本里酸腐露骨的道德说教。请您介绍一下道德哲学与道德说教之间的区别。

刘：这是一个大问题。首先，我想说的是，文学是个承载道德的东西，这是自古以来的真理。即便到后现代，人们常说文学中充斥了颓废、魔幻、荒诞、性自由，它里面还是有道德的因素，这个东西它是没有办法摆脱的。所以从亚里士多德和柏拉图开始，就讲文学的两个功能，一个是 to instruct，即教育和教导，另一个是 to delight，就是使愉悦。文艺应当同时具备愉悦和教导两项功能，这种说法直到现在也没有人能推翻。但是从另外一个角度讲，to instruct 和 to delight 的内容在变，它辐射的范围、含义和方式都在变。比如说，从古希腊罗马到了中世纪末期，以但丁的《神曲》为例，它是怎样的 to delight 和 to instruct。到了莎士比亚时代，这两项功能的内容就又很不一样。法国拉伯雷的《巨人传》融汇了很多荒诞和搞笑的东西，那么它的愉悦和教导功能的表现方式又将大相径庭。不同历史语境下的运作模式都不一样。到了后现代的图像时代，甚至吸血鬼也可以有 to delight 和 to instruct 的功能了，而回想 17、18 世纪甚至中世纪，那是不可想象的。因此文学的这两个功能永远都是存在的。人类之所以存在，就是它必须具备一些正直的理念，这些理念不管是用吸血鬼的形式还是用福尔摩斯的形式包装，最后还是这两种因素在不同程度上发生作用，这是我的看法。

其次，说教和文学的教导是很不一样的。所谓说教就是当你把一个政治理念强加给文本的时候，或者你的艺术手法特别差的时候，作品的愉悦程度就降到几乎为零或者很差，这就变成说教了。说教的最典型的例子，就是使用简单化的政治手段干预艺术创作，比如说白桦的小说《苦恋》主要讲述一位知识分子十分爱国，而"我"苦苦恋着的这个国家却不爱"我"，"我"遭到了不公正的批判。作品发表以后，白桦就遭到了批判，因为当时的观点就是非要把小说的主人公和作者等同起来，这是非常简单草率、粗暴的做法。大家在阅读西方文论时都知道，有真实作者和隐含作者之分，而且还绝对不能把人物和作者等同起来。白桦的遭遇有着特定的社会历史原因，这种情况往往出现在特定的政治氛围中。倘若回顾英美文学的进程，道德说教也是存在的，例如18世纪英国作家理查逊强调年轻姑娘们一定要守身如玉，不要堕落，不要成为别人的情妇，不要当妓女，否则你就完蛋了。怎样才能达到艺术性和教育目标的结合，始终是考验作家的一块试金石。18世纪的英国，说教的问题干脆变为行为书，在那样一个特殊年代，社会比较无序，商品经济迅猛发展，人们开始疯狂捞钱。与此形成对照的是，所有18世纪的英国小说家都是道德家（moralists）。笛福、理查逊、菲尔丁等人的小说都没有简单地说教，而是热衷于出一种书叫 conduct book（行为指南），教给雇主们怎么管教你的徒弟，姑娘们怎么给不同的人写信，姑娘们怎么选择婚嫁等。这些作家明确地把它从文学作品里分出来，变成一个通俗读本，就是指导读者的行为，这种就是完全的说教了。所以，在当时说教和教导也是有严格区分的。一般来说，会造成简单化的说教跟这个社会是不是民主，这个社会的统治者或者中央政府和掌权的人是不是高压有关系，所以道德说教往往和政治环境联系在一起。当然也与对理论的简单化认识有关系，比如说我们过去简单地把上层建筑和经济基础联系起来，从苏联那里照搬来经济基础决定上层建筑的僵硬教条。反映在文学创作中，就是人物必须归属黑白分明的不同阵营，不允许中间人物的出现，有缺点的、模棱两可的人物形象是要遭受严厉批判的，这种情形就是后来被西方称为庸俗马克思主义的时期。充斥着道德说教的作品往往只注重政治目的，全然不顾艺术性，结果恰恰适得其反，这种作品都是不能持久的。

邹：我们习惯上用多元文化主义来图绘全球化时代的文化地形。在众神狂欢、杂色纷呈的表象背后隐藏着关于新人文精神，关于全球对话主义的深度思考，这些思考同样是英语文学课堂教学必须履行的任务之一。您认为我们应当如何在接续传统英语文学教学的文本析读法的同时，有效传输一种适应于现时代的新型道德哲学？

刘：现在很时髦的一个话题就是有关多元文化主义的，人们使用这个词来认知和图绘后现代社会的文化状况，众神狂欢也好，杂色纷呈也罢，其背后始终存在一个主导价值的问题。我想从这方面谈谈自己的看法。我坚信文学从来都不曾脱离"愉悦"和"教导"两个功能，关于"人人平等""自由民主"等价值问题也未曾真正缺席过。后现代鼓吹反权威、自树真理，在人人平等的问题上可能有点走极端。这种极端具体表现为"过度"，即平等到了我爱怎么样就怎么样。我觉得还是应该把握一种度量，因为人都是社会人，每个个体的日常习性都会有意无意影响到他人。拥有某种意义上的共享价值是很有意义的，但具体践行的时候也会遭遇诸多影响。多元文化主义也容易走向反政府管理的另一个极端。20 世纪 80 年代，西方就开始反思多元文化主义了，所谓多元主义，其实存在一个荒唐的逻辑，即所有的构成脉络都积极向中心进发，梦想着成为又一个中心。宗教问题、女性主义、族裔政治等都遭遇了类似困境。

比方说强调人的尊严。我们经历了几千年的封建社会，这方面比起西方来有很大的落差，所以不能简单化地生搬硬套，我们从事外国文学教学研究的专家学者，应当好好地把外国文学每个阶段文学里体现出来的意识形态、文化、传统、哲学道理、道德观念吃透，真正弄清楚了，而不是瞎忽悠，空口喊大词汇。身处一个非常浮躁的现实情境里，我们应当坚守学术的底线，潜心钻研，真正进入文本的内部，发掘文学文本的意识形态与审美内涵，从而传达一种适用于时代的道德哲学。

邹：我们最后想表达一点自己的想法。一个有趣的现象是，文学作品中的经典形象常常处于一种流动的、旅行的状态之中，经历着跨民族、跨文化、跨时空的挪用和改写，其所负载的道德寓意也在不断遭遇着解构与重构，比如《圣经》里大逆不道的"该隐"到了拜伦的笔下，摇身一变成为被歌颂的反抗英雄，英国文学长廊里这样的例子很多。这自然牵系到另一层面的问题，即文学经典通过成功改编传统形象以表达契合于时代情境的道德主题，我们把这种现象命名为道德主题的"在地性"，这可能也比较好地印证了前一个问题。

刘：确实如此，你们的想法事实上已经成为很重要的比较文学和比较文化研究课题了。

邹：影视等大众媒介形式越来越多地被用于外国文学教学，比如在讲解约翰·福尔斯的《法国中尉的女人》的后现代风格时，卡雷尔·赖兹的同名电影就更有利于学生理解抽象的后现代特征。斯隆多夫的《铁皮鼓》也非常有便于学生把握小说的故事情节。但也有学者担心影视文本容易越俎代庖，从而遮蔽小说自身的丰富性，您怎么看待这种跨媒介教学方法的运用？

刘：我觉得用影视欣赏来上外国文学是一种比较浅层的办法，只适宜作为一种文学教学的附加手段，学生完全可以到指定的语音室去欣赏。影视这种方法不应当纳入正式文学课堂教学范畴。综观比较成熟的外国文学课程，包括芝加哥大学、纽约州立大学的文学课堂都很少借助电影来解读文学文本，除非上的是讲电影文学的课。我们要注重文学文本的细读，在细读的基础上进行深层次的讨论。外国文学课绝不应该开成看电影课。如果说，英国 BBC 拍摄的名著改编影片比较严肃认真，其尽量忠实于原著的做法赢得了行家认同；那么，好莱坞的名著改编电影就显然面目全非、令人可怕了。我每次讲解《红字》这部小说的时候，都会不自禁地批评好莱坞拍摄的同名电影。《红字》是一部非常严肃深刻的小说，这在学界早已成为定论，女主人公海斯特戴着的那个红色 A 字也早已获得大家认可，海斯特始终戴着那个红字，丁梅斯代尔也始终没有摆脱负罪意识的纠缠，霍桑以悲剧的方式讲述了一个了不起的女人的故事。但好莱坞电影的改编可谓荒谬至极，电影中，海斯特的丈夫被印第安人劫持，学会了扒俘虏头皮，他曾经费尽心思想要实施谋杀丁梅斯代尔，最后徒劳无功，上吊死了。电影加了这么多乱七八糟内容，将这个人物改编成了彻头彻尾的恶棍。事实上，霍桑虽然批评了这个没有感情、以折磨对手为乐的人物，但他也不是一个小丑，在丁梅斯代尔死去后他也死了，并把财产留给了丁梅斯代尔和海斯特的女儿。同名电影中还添加了广场上行刑的情节，更是让人匪夷所思：行刑的吊环已经套在丁梅斯代尔的脖子上，就在这千钧一发之时，印第安朋友纵马飞奔而来，一支利箭射下吊环，救下了男主人公。这种改编简直就是为了票房而歪曲原著。还有好莱坞拍摄的奥斯丁的名著《傲慢与偏见》也是如此，把奥斯丁重点讽刺的达西姑母的势利给抹去了，以求皆大欢喜。所以我不赞成在外国文学课堂里播放电影。我们固然没有办法去阻止影视的胡编乱改，但是这种离题万里的名著改编电影显然不利于外国文学教学，容易给学生造成很多错误印象。外国文学教学的宗旨就是要引导学生去阐释文学文本，借助于文本细读的方法，读解、挖掘出文本的审美特质和意识形态表述，并顺带强化学生的外语阅读、理解和思辨能力。

原载《社会科学家》2012 年第 4 期；

《山东外语教学》2014 年第 4 期

跨文化研究范式与作为现代学术方法的"比较"

——访陈跃红教授

邹　赞

【名家简介】陈跃红：北京大学教授、博士生导师。曾任北京大学中文系主任、比较文学与比较文化研究所副所长、跨文化研究中心主任、中国比较文学学会副会长兼秘书长、中国比较文学教学研究会副会长等。历任韩国忠南大学交换教授，中国台湾实践大学客座教授、香港大学访问学者，以及荷兰莱顿大学访问学者等。主要论著包括《比较诗学导论》、《欧洲田野笔记》、《比较文学原理》（合著）、《比较文学》（合著）。在《中国社会科学》《文学评论》《中国比较文学》《北京大学学报》等刊物发表学术论文四十余篇。

邹赞（以下简称"邹"）：陈老师您好，您多年来从事比较诗学研究，并坚持为北大中文系本科生开设"比较文学原理"课，为研究生开设"比较诗学"课，您的课程非常注重培养学生的方法论意识，尤其是在进行比较文学论文的选题时，您强调要首先追问"比较"的有效性，"不比较可以吗？"这已经成为大家耳熟能详的经典语。随着全球化的日益深入，不同文学/文化间的交流对话也越来越频繁，为了防止不必要的"误读"与隔阂，很有必要构建起真正的"比较"学科意识和比较文学方法论。然而不容乐观的是，原本学理性十分严谨的比较文学在中国当前的学术实践中却被极端简化、扭曲了，人们随便拿起两个作家、几个文本乱比一通就以为是比较文学。您觉得造成这种混乱局面的原因是什么？

陈跃红（以下简称"陈"）：你提的问题具有重要的现实意义，"方法"从来不是某些人所认为的虚的东西，它是一套在学术实践中逐渐形成的思维和问题追问结构，与学术史、学科史的研究紧密联系，我们做任何研究都要对方法的学术普适性与学科特殊性进行追问，从某种意义上讲，方法即是研究的灵魂。比较文学之"比较"从来就不是一种纯粹的比较，它是一种多元的文化对话。作为跨文化研究范式的比较文学，首先就应当跳出单边文化的立场，要以包容他者文化的心态来确立自我与参照系之间的精神逻辑关联，从这一意义上说，跨文化研究范式的建立与作为现代学术方法意义上的"比较"是分不开的。

"比较"是人类习以为常的思维习惯，比如日常生活中的美与不美就是通过比较而得出来的评判。正因为"比较"的相对性太强，因而往往造成很大的误区。许多人认为"比较"就是人类与生俱来的自发意识，不需要讨论。比较文学曾一度在中国兴盛到有些泛滥，一个重要的原因就是人们认为做比较文学很容易。学术圈曾流行这样的说法：如果做不了中国文学，也做不了外国文学，那就去做比较文学，因为比较文学不外乎就是给中国人讲外国文学，给外国人讲中国文学。这种认为比较文学不需要学习、"比较"可以无师自通的观念在学界比比皆是，例如对外语系科从事外国文学研究的学者而言，一个中国人以中国式思维去阅读和研究莎士比亚或乔叟，就认定是天然的比较文学。中文系老师教外国文学，多年来一直很少去读外文原典，往往接触的是用汉语翻译表述出来的世界文学故事。尽管傅雷的译作将巴黎外省生活表现得栩栩如生，但由于读者接受的不是法文原著，译介过程中肯定存在误读和意义的变形，傅雷笔下的巴黎外省与巴尔扎克的描述也就必然有差异。典型的例子还有林纾翻译的《茶花女》，茶花女的形象几乎被改造成《陌上桑》里秦罗敷的翻版。这由此也容易产生一种误识：阅读研究中文翻译过来的外国文学作品，仿佛本身就处于比较文学的场域中，无须进行内在逻辑的追问。甚至科班学习比较文学的一些学者，也以为只要通晓两种以上语言、具有相应的文化修养、最好有一定的国外生活经历，就理所当然地可以从事比较文学研究，这几乎成为学界压倒多数的看法。诚然，精通数门外语并拥有国外生活体验是从事比较文学研究的优势，但它们还远远没有解决这一学科研究的根本理念和方法问题。

邹：学术方法上无师自通的理念导致了比较文学的庸俗化倾向，既然比较文学的"比较"不是望文生义的比附，那么判定一个比较文学论题是否成立就应当具备一套严谨的问题价值前提和方法逻辑标准，您认为应该如何去定位作为跨文化研究范式和现代学术方法的"比较"？

陈：首先，我们不能把"比较"一词简约化为常识性直觉判断的层面，"比较"一定要与价值追求、问题意识和学术目标结合在一起。那种"X 比 Y"的比附之所以导致了比较文学学术中大量的"1 + 1 = 2"式无效研究，也极易导致把文化差异当成结论的研究，问题常常就出在这些地方。"比较"的价值就在于要有"1 + 1 > 2"的判断，要保证其中存在不作比较就发现不了的学术命题，于是，这里面就必然会涉及一系列问题价值判断和方法学上的问题。

要深入追问"比较"的意义，必须进行四个层面的思考。首先必须问，"为什么要比较""不比较可以吗"，如果不比较也可以，那就没有比较的必要了，例如，专治古代文学的老师在研究杜甫诗歌的格律时，就没有必要去考察当代诗歌的发展现状，也不用去追溯西方文艺复兴之后诗歌的韵律情况。其次，如果决定要比较，就必须回答"在什么层面上去比较"，是在思想史、学术史、学科史，还是在某一主题或者审美意义上的比较。再次，鉴于比较文学的发展已经跨越三个世纪达 100 多年的历史，它在不同时期已经发展出了各种相应的研究范式和方法路径，因此我们在进行比较时，必须明白是在什么样的学理和方法论指导下展开的。如果是阐发研究，就应当警惕阐发研究所可能导致的危险性，人们常常以为阐发研究就是借用一种外来理论分析处理本土的个案，这种认识显然是偏颇的。事实上，对外来理论资源的借用，存在萨义德所谓"理论旅行"问题，理论都产生于某种特定的语境之中，比如女性主义在很大程度上是白人中产阶级在沙龙中生发出来的话语资源，如果照搬这样的理论来处理中国西部农村女性的自杀问题，就肯定存在陷阱。欧美女性主义理论所应答的焦虑往往是娜拉出走后的焦虑，旨在追求爱情的丰富性，更倾向于形而上层面的思考，而中国西部农村女性的自杀现象常常与生存联系在一起，很少关涉内在的精神层面。我通过这样的例子仅仅是企图说明："比较"不是无师自通的，我们在"比较"的分析实践中必须高度重视文化差异与逻辑结构上的不同，避免挪用外来理论话语资源所可能导致的陷阱。最后，在当下中国语境中做比较文学研究，还要充分考虑今天的比较与以往的比较的语境和前提条件有什么不同，确定我们是基于哪种主体的价值观念和问题意识去比较。比较文学在历经 100 多年的发展过程中，形成了影响研究、平行研究、阐发研究、比较诗学以及诸如形象学、主题学等诸多范式，这种"范式化"特征也恰好说明了这门学科的科学性和方法系统性。另外，这些范式却又都是西方比较文学已经界定的研究方法，与我们当下的学术研究存在时空上的差异，所以我们在分析当下中国的现实问题时，要注意到研究语境已经发生了变化，要质疑原来的方法是否依然有效，要对自身所处的语境与传统的研究范式进行二次整合，其中包括对价值立场的修改。

　　邹：您前面提到了所谓一般认识论意义上的"比较"的问题，根据拉康的"镜像阶段"理论，人类个体身份的确证首先是以自身作为参照系的。比较文学是从跨文化、跨族群、跨语言角度讨论文学，由于种族、语言、文化和宗教上的差异，不同群体的文化价值观念彼此相距甚远，因此在"比较"的意义上容易剑走偏锋：一是完全搁置自身的参照系，把"非我族类"的一切都合法化；二是将自身孤立起来，对其他的参照系视而不见，这样又可能导致盲目自大的文化沙文主义。您认为这里所谓以自身为参照系所进行的"比较"，对于我们今天理解"何谓比较"有着怎样的启示意义？

　　陈：一般认识论意义上的"比较"，其初始阶段就是和自己"比"，如婴儿的"镜像"阶段，首先看到的是镜中自我，然后看见父母族类，于是开始意识到自己的存在。只有通过比较，人类才能感知到自身的存在性，这种比较仅仅是为了解决人和事物的类的认同和相对差异性的工具，但是它构成了人认识世界的基本方法依据。远古时期，人类生活在彼此隔绝的氏族群落中，有意识的部族交往尚未形成，人们在进行比较时不外乎出现两种情况：其一，以自己的族群为参照系进行比较；其二，以自身的文化为参照进行比较。这两种"比较"都存在同样的误区，即缺乏真正的"他者"参照系，自身的参照系被神圣化地搁置。这种一般认识论意义上的比较很难构成比较文学方法论意义上的"比较"，但它启发我们一定要学会寻找适当的参照系，在他者镜像中去获悉和确认自我文化的核心价值，并注重文化间的交流与相互尊重。这同时也表明，比较是一种不断变化和生成的认识论，一种复杂的知识结构，需要认真学习。

邹：我们不妨从历时维度追溯"比较"意识的变迁。西方文化的源头是所谓"二希"传统，古希腊罗马是一个创建文化元话语的轴心时代，其建构起来的价值观念在当时具有绝对的原创和主导地位，像《诗学》《理想国》《论崇高》等文艺理论经典著作都诞生在那个时期，可以说，轴心时代的"比较"完全是"单边"意义上的，与我们今天所说的"比较"大相径庭，但我觉得前者对后者应当具有某种程度的启示意义。

陈：古希腊罗马时期，也包括中国、印度、阿拉伯的古典时期，都是属于单一文化相对发达的时代，也就是人们常说的轴心文化时代。在这种时代所形成的任何一种孤立发展的文化体系，都十分坚定和固执地认为，只有它们才是世界和真理的代表，譬如：柏拉图的"理念"；基督教社会的"上帝"和"三位一体"；黑格尔的"绝对精神"；中国思想诸家的"道"即是真理的最高体现等。在这里的所谓"比较"，价值判断已经被先行地确定，那就是："上帝伟大"，"道之永恒不可改变"，"一切只是理念的模仿之模仿"，如此等等。在这样的价值理念支配下，比较的结果也早已经不言而喻，就算你的比较是跨语言、跨文化的比较又怎么样，结论并不会有什么真正的改变。所以，在这种语境下，其实并不需要什么真正平等的对话和比较。因为，既然是平等的比较，就意味着承认这个世界上有着和自己价值相类似的参照系，有着与另外一种文化平起平坐的权利，可以相互分享真理的地位。

因此，我们在回溯轴心时代的"比较"意识对于跨文化研究范式的"比较"的启示意义时，应该强调两个面向：其一，要对轴心时代建构起来的价值观念率先加以解构，解构那种"真理先行"的文化中心主义，对于那些拥有文化关键词和历史价值深度模式的民族，尤其应该防止步入这一误区；其二，轴心时代的"比较"与我们今天所说的"比较"依然相去甚远，不可盲目崇信。

邹：那么，我们沿历史的路径走下来，到了近代西方文化扩张时代，学术与意识形态的关联愈加紧密，文学成为西方国家兜售价值观念的重要载体，在西方文化掌握绝对话语霸权的情况下，文学/文化思潮的"理论旅行"具有什么样的新特点？

陈：近代各种比较学科的兴起，是和西方资本主义在世界范围内的崛起密切相关的，这些学科的催生与那个时代的资本主义精神、思想、经济理念和科学技术发展分不开。这类学科的兴起和发展，有助于人类超越自身民族文化的视野局限去认识和吸收"他者"的文化。正如韦勒克曾经说过的，"比较文学的兴起是为反对大部分十九世纪学术研究中狭隘的民族主义，抵制法、德、意、英等各国文学的许多文学史家的孤立主义"。但是，资本和文化的扩展也同时衍生出一些不好的副产品，一个是社会存在形态上的西方殖民主义，另一个则是文化意识形态上的西方中心主义。这种文化中心主义恶性膨胀的结果，就是把文艺复兴和启蒙时代以来一直存在的、对东方和其他地区文化的学习态度扫荡殆尽，变成一种视西方逻各斯理性中心主义为权威至上的文化扩张主义。

建构在这种学术立场上的所谓"比较"，似乎与生俱来地会沾染上西方文化自我中心主义的影响。这种思想的一个明显特征就是，假定西方的一切都是先进的，而非西方社会的一切都是落后的，因此必须加以启蒙和教诲。其结果自然是想要泯灭掉非西方文化的本性和特点，抽空它们的文化精髓，然后将它们的一切都纳入西方文化的价值体系里去。直至今天，在比较文学这一移植来的学科的理论预设、研究范式和方法论原则中，多少都可以找到它的痕迹。西方文学意图建立所谓"总体文学"，其内在实质是想把西方的个体化的文化普适化，其价值目标基本上是以欧洲的文学传统作为范本来展开，其所谓"世界文学"，实际上多数指的是西方文学，这样的比较与我们今日所理解的现代意义上的"比较"精神仍然相去甚远。

邹：当世界进入一个多元文化时代，全球性的文化/文学交往与对话众声喧哗，一方面，西方学者试图套用他们的模式来研究中国文学，比如刘若愚（James Liu）对中国文论的考察、蒲安迪（Andrew H. Plaks）对明代四大奇书的研究和宇文所安（Stephen Owen）对唐诗宋词的阐释，虽然不乏新意，但总是难以摆脱理解上的隔膜；另一方面，国内也有学者跃跃欲试，高谈阔论中国文论世界化，期望以中国古代文论的某些核心概念去套解西方小说。这两种做法似乎都未能处理好"自我"与"他者"的位置关系，您认为多元文化时代的"比较"面临着怎样的困境，对中国比较文学的突围有何启示？

陈：处于今日多元文化时代，比较研究将面临更复杂的阐释挑战，学术史的深度研究证明，不同文化之间存在一种共创的历史渗透和生长关系，因此文化之间应该是"和而不同"的。对于追求文化"现代化"的"后发"国家而言，必须在坚定地拆除自我与他者双重中心主义的基础上去进行比较，在文化共创的历史价值维度基础上去区分文化是非、文化贡献和参与意义。西方学者套用西方理论来研究中国文学，或多或少给人一种"隔"的感觉，这其实是因为他们站在西方学术话语的主体性立场发言，作为研究对象的中国文学成了参照系，二者并没有形成平等对话的互为主体关系。国内以及港台学者也有尝试用《文心雕龙》《诗品》《沧浪诗话》中的文论话语和分析思路去阐释西方小说，这往往又确证了另一种自我的主体性姿态，忽略了他者的主体性，起到的效果只能是一厢情愿的自说自话。两种情况都说明了自我与他者应该"互为主体"，但并不"互为替代"，要学会从对方的角度去思考问题。

其次，多元文化时代的比较也面临一些困境，比如理论的失效问题。理论一旦走出了自身的文化疆界，必然面临着双重失效的处境（理论运用失效、逻辑关系演绎失效），理论的语境化决定了它的阐释效用，刘若愚用艾布拉姆斯的四要素理论套解中国文论，或者我们的学者用"言不尽意"等关键词去解读康拉德、奥康纳的小说，都存在理论方法与阐释对象的文化错位险境。另外还有所谓通约性的困扰，多年以来都有人试图寻找覆盖所有文化的统一批评理论，其实是另外一个误区，一个更大的中心主义陷阱。要解决这些困境，除了深入平等对话，以他者的处境为自己的处境，把自己作为问题，引入多种参照系，达成一种多边对话、众声喧哗的效果，在"理解—比较—对话—分梳—共创"的联动中去寻找机会之外，目前还看不出更好的办法。

至于有什么启发意义，我想至少可以有三点思路。首先，我们在进行文化交流时要充分考虑到"需求"，仔细揣摩对方是否真的需要。其次，中国文学必然要与世界其他各国文学交融碰撞，只有经过选择、改造之后的民族文学经典，才能真正融入世界文学的河流。最后，我们要警惕西方学者在研究中国问题时的偏差和误解，同时也要提防自身对他者文化的偏见，我曾经将其归纳为三面镜子，即意识形态的偏光镜、考古学的放大镜、扭曲变形的哈哈镜。我们要时时回看真实历史和现场中本真的我，而不是存在各种各样偏差的镜中自我。

邹：随着当代西方文艺理论的长驱直入，种种半生不熟的文论话语充斥着学术界，加之中国古代文论的核心范畴尚未经过有效的现代转换，于是有学者提出"中国文论失语症"问题，并且引发了关于中国文论究竟是否"失语"的论争。如果从"比较"的有效性角度出发，您认为"失语症"的提法是否妥帖？它的根本症结是什么？

陈：我一直不太喜欢这种说法。跨文化比较和共创生成意义上的中国现代文论发展，在近代已经有了自己的理论"小传统"，而且已经成为本土和海外中国学界的研究对象。至于它的形态如何，问题所在如何，学理和话语偏重如何，都可以讨论，但是，传统并没有完全在近代文论和文化历史的生成中缺席，只是呈现方式不同罢了。"失语症"的判断有失机械和简单表面了。

邹：比较文学方法的跨学科挪用也已经成为一大趋势，比如比较经济学、比较法学，比较政治学、跨文化广告研究、跨文化传播策略、跨文化媒介经营管理等，但这种方法的借用对于相关学科而言常常是无意识、不自觉的比较。那么，是否有可能建构起一套完善的人文和社会科学比较方法论，使得作为现代学术方法的"比较"为其他学科所用呢？

陈：这的确是一个很有趣也很有跨学科意义的问题，我曾经和来北大访学的苏州大学马中红老师合作发表过一篇学术对话，题目就是《网谈录：比较文学方法的跨学科应用及其前景》。我至今还记得她以阿迪达斯球鞋上的广告为例，分析了广告跨文化传播中的文化麻痹和文化过敏问题，非常有启发性。我们生活在一个全球化的交流时代，跨国交往的频率越来越快，交往的空间也越来越广阔，它已经深入了人类社会的每一个角落。仅从我们人文社科的角度去看，这种交流之间的文化误读和文化理解的问题，已经成了最普遍也是最亟待解决的问题。也就是从这个意义上来讲，跨文化的比较研究将不再是比较文学学科的专利，而是我们这个时代几乎所有学科的内在需求。值得强调指出的是，尽管比较文学学科本身常常受到质疑，但是它在研究方法论和研究类型方面的结构系统性和严谨性，却是非一般的学科所能比拟，所以，如果你能挪用比较文学学科的方法，尝试去做其他人文社会科学学科的跨文化比较研究课题，肯定大有可为。

邹：这样的例子在文化研究领域也十分普遍，比如人们常常引证罗兰·巴特对一个黑人士兵向法国国旗敬礼的封面图像的分析，还有大量的关于芭比娃娃、好莱坞电影和时尚广告的文化分析，基本的研究路径都是敞开文化文本，解读其中隐含的、深层次的性别、阶级和种族主义意识形态，我想这些研究大都普遍采用了跨文化比较的视角。

陈：是的，例如人们往往都会把一些品牌广告的反种族主义表达读解为某种种族主义意识形态的象征话语，西方公司如果用非西方地域形象和少数族裔形象做广告，多数会被批评为"东方主义"隐晦的霸权话语，这在全球化时代的文化传播中表现得尤为突出。这种误读和误解的造成，正在于我们骨子里的文化部落主义思想在作怪，也在于，我们对他者文化和艺术的个性特征缺乏了解，不能站在跨文化的立场上去理性地看待问题。于是，在面对跨文化传播现象时，如何卸掉历史留给我们的文化和意识形态包袱、消除文化偏见、包容非我文化的特异性、站在"和而不同"的立场去实现不同文化之间的交流和对话，就成了现实赋予我们的课题。很显然，文化误读的普遍性存在必然导致对这种现象的读解和认知的理论方法在不同学科具有类同的价值。从这个意义上讲，将比较文学和比较文化的研究理念和方法，有机地应用于相应的人文社科领域并不存在特别的困难和陷阱，或者说，对于问题的解读更加有所助益。当然，事情也未必那么简单，这当中，同样也有文化差异和文化类同的比较研究问题，同时也牵涉到现代文化研究中的话语与权力的运作等。不过，可以肯定，比较文学在它的过去和现在的发展过程中所形成的研究理念、范式和方法，对于非比较文学的诸种学科都应该有很好的借鉴和参照意义。

当然，一个学科的方法和研究范式，在往其他学科挪用时，一定要考虑它的可行性和问题适应性，并不是所有的方法和原则都可以简单搬用的，尤其要警惕其中的文化陷阱。一套成熟的跨文化比较研究范式的建立，将会有助于比较文学方法的跨学科挪用，相信我们以后肯定还会见识到更多以"跨文化"或"比较"命名的新的学科分支和研究课题。可见比较文学学科一点也不寂寞呵！这至少是由于中国文化在近代以来的命运和问题意识所注定的，跨文化比较和对话，无疑是这个时代中国学术研究的某种"宿命"。

邹：您长期耕耘在比较诗学领域，并取得了令人瞩目的学术成果，请您推荐几本比较诗学方面的权威读本，谢谢。

陈：呵呵，这个问题如果在 15 年前我很容易回答，因为国内外出版成果都不多，到了今天就麻烦了，我课堂上给咱们研究生开出的参考书就近百种。我在北大出版社印的那本《比较诗学导论》的附录也列了几十种。如果硬要推荐几本，我觉得钱锺书的《管锥编》、叶维廉的《比较诗学》、刘若愚的《中国文学理论》、张隆溪的《道与逻各斯》、张法的《中西美学与文化精神》、宇文所安的《中国文论：英译与评论》都不错，至于供查阅的辞书类，乐黛云等主编的《世界诗学大辞典》至今很有参考价值。

原载《社会科学家》2010 年第 11 期

"边缘"的号角：中国比较文学的普及与应用

——访刘献彪教授

邹　赞

【名家简介】刘献彪：中国比较文学教学研究会副会长，山东省比较文学学会副会长，潍坊学院教授，潍坊学院比较文学与世界文学研究所创办人。长期从事中国现代文学、比较文学教学与研究，主要论著有《鲁迅与中日文化交流》《外国文学手册》《比较文学手册》《比较文学及其在中国的兴起》《比较文学与现代文学》《新时期中国比较文学编年史稿》等十余部，其中多项获全国和山东省社会科学优秀成果奖。其事迹先后被剑桥《世界名人录》《亚洲教育名人传》等传记辞书收录。负责中国比较文学教学研究会学术刊物《中国比较文学教学与研究》，主持《比较文学与中学人文素质教育丛书》并任主编。

邹赞（以下简称"邹"）：您三十多年来一直从事中国比较文学的普及与应用工作，编撰了大量的学术著作和工具书，在教材编写、课程教学、人才培养、机构组建、学术团体建设以及社会实践方面做出了重要贡献。恰如学界所传，"刘献彪现象"堪称中国比较文学的一道独特风景，您在昌潍师专的"小舞台"上大显身手，为中国比较文学事业振臂高呼、增砖添瓦。我关注到，您在研究生班学习的专业是现代文学，早期写过有关鲁迅、郭沫若、夏衍以及《新青年》方面的文章，从专业学习的角度上讲，您是从现代文学领域开始涉猎比较文学的相关论题吗？您后来特别注重比较文学的学科史研究与资料编撰，是否与现代文学的学术训练有关？

刘献彪（以下简称"刘"）：从专业角度上讲，我是从现代文学、外国文学、翻译文学等领域（主要是现代文学），跟着季羡林、戈宝权、杨周翰、乐黛云等前辈和同辈走近比较文学，涉猎比较文学的相关论题。

20 世纪 70 年代中期，因为函授教学工作的需要，我在给函授生编写现代文学、外国文学等教材的同时，开始研究编辑"鲁迅与中日文化交流"的相关资料；开始探讨中学语文课本中的外国作家作品；开始思考现代文学教学与研究等的出路问题。70 年代末 80 年代初（1979 ~ 1981 年），这三年时间，对我走近比较文学、涉猎比较文学相关论题是一个非常重要的阶段。因为在这三年里，先后发表出版了《中学外国文学知识》（1979 年昌潍师专函授部印刷出版）、《从鲁迅日记看鲁迅与日本友人增田涉的友好往来》（《函授学习丛刊》1980 年）、《鲁迅与中日文化交流》（湖南人民出版社 1981 年）等作品，先后拜访了许多比较文学研究的前辈学者，同时，各种学术会议让我呼吸到新鲜的学术空气，眼界大开。我在这些学术活动中有幸结识了一批外国文学专家，如陈惇教授、徐京安教授、李明滨教授等。他们每个人都是一本书。我的良师益友，都是一本好书。

我后来特别注意比较文学学科史研究与资料编撰，与现代文学、外国文学的训练很有关系。此外，与我自己定位走比较文学普及、传播、应用之路的想法也有密切的联系。

我是从自己和学校的实际出发，从普及、传播、应用的需要出发迈开比较文学的步伐。要把比较文学普及到大众中，从著书立说的角度讲，一要向大众介绍什么是比较文学及其历史；二要为大学生编写好普及比较文学的教材；三要为喜欢热爱比较文学的读者大众编写学习比较文学的工具书和相关资料。根据这种想法，我在 20 世纪 80 年代联合朋友、学者、专家编写出版了三本书：一本是学科史《比较文学及其在中国的兴起》，一本是工具书《比较文学自学手册》，再一本是教材《简明比较文学教程》。

在新时期比较文学复兴阶段，像我这种年龄的人，涉猎比较文学，绝大多数是半路出家，如我的老朋友乐黛云、卢康华、陈惇、陈守成等。这种情况，可以说是中国新时期比较文学复兴队伍中客观存在的带有普遍性的历史现象。对于这种现象，很少有人重视和提出来研究，今天您注意这个问题，重视这个问题，我觉得很有意义。

邹：您在昌潍师专函授部工作的时候，就着手从事比较文学与现代文学的关系、跨文化研究方面的课题，据季羡林先生说，您和淮阴师专的肖兵老师是当时仅有的两位在师专层面做比较文学的学者。是什么力量促使您义无反顾迈向比较文学的殿堂，并从此走上比较文学的普及和应用之路？

刘：从地域学术环境而言，当年我在潍坊地区昌潍师专函授部，与北京、上海，北大、复旦等相比而言，的确条件很差，不能相提并论，再加上自己本身的条件，半路出家，先天不足，后天失调，从主客观条件来说，迈向比较文学的学术殿堂是不敢想象令人怀疑的。记得我主编《比较文学自学手册》的消息传到当年在辽宁的刘介民先生耳朵时，他曾深表怀疑，并毅然说："这是不可能的，因为昌潍师专没有条件……"回顾地看，促使我选择比较文学之路，主要有以下几个因素。

一是为现代文学寻找发展的出路。我当时深感现代文学教学与研究面临很多困难和挑战，1980 年前后，我先后撰写了《中国现代文学史研究的四题》《中国现代文学史教学与研究中的几个问题》《漫谈文学革命运动》等文章，并得到季羡林、王瑶等前辈的好评。当时只是感到现代文学研究与外国文学、比较文学等有很密切的关联，但并不清楚自己所做的就是跨文化、跨学科的研究。因此，可以说自己当年走向比较文学是为现代文学寻找出路，也可以说是"逼上梁山"。

二是比较文学学科自身的魅力和营养。我逐渐认识到比较文学是一门极富人文思想精神财富的学科，尤其是她那与生俱来的全球眼光、开放包容胸怀、与时俱进的前卫姿态和人文精神等，都令我着迷，给我极大的吸引力。我曾告诉朋友说，"比较文学有惠于我者很多，其精神与学魂或许可以说渗透到我的骨髓里，让我无时无刻都和她在一起，乃至在梦中开会讨论、交流，挂在嘴上的都是比较文学"。在学习比较文学的过程中，我体会到一种享受：从书本到知识，从知识到学问，从学问到学识，从学识到学科，从学科到学理，从学理到学魂，既是一条修为之路，又是一条享受乐在其中之路。在中国比较文学史上，梁启超、鲁迅、季羡林等强调研究比较文学的"使命感"；杨周翰强调研究比较文学要重视中国传统和有一颗"中国心"；乐黛云强调研究比较文学的"新人文精神"等，他们为我们树立了重视学魂、传播学魂的光辉榜样。

三是良师益友的关爱、鼓舞和帮助。我后面会详细讲到这一点。

四是大众共享比较文学的需要和意义。我眼前始终呈现一个梦想的比较文学世界，这个世界，比较文学百花齐放、万紫千红，在大众中生根发芽、开花结果。我一直记得老友乐黛云的一句话，"一门学科，如果老是局限于少数'精英'层面，没有广大群众基础，是不可能深入发展的。比较文学这门学科，能否在我国生根、开花、结果，在很大程度上取决于它是否在教育园地上能被全国大学、中学以及广大群众所接受。可以说，比较文学普及是比较文学走向大众、服务大众、健康发展、永葆青春的保证"。

邹：您当初选择比较文学的道路，无可避免遭遇着重重困难，比如说教学资源短缺、学术信息相对闭塞、学科队伍薄弱、经费困难，更主要的是，尽管比较文学的若干元素在晚清的文学研究中已经萌芽，但作为大学（准）学科范式的比较文学却依然携带鲜明的舶来印记；虽然历经季羡林、钱锺书、杨周翰、朱维之等前辈学者的身体力行以及乐黛云、孙景尧、卢康华等当时中青年学者的冲锋陷阵，比较文学仍然容易被"妖魔化"，被指责为赶时髦、不伦不类，甚至被粗暴地扣上政治帽子。回顾当时的心路历程，您遭遇到的最大困难是什么？您是怎样克服这些困难因素的？

刘：以遭遇到的困难而论，在比较文学途路中，应该说不少而且令我难忘。20世纪80年代初，因为自己到北京查阅比较文学资料，拜访前辈学者，主编《外国文学手册》等，住在教育部招待所，突然收到学校来信来电，催我速归，交代问题，听候处理。我回到学校后，真有一种大祸临头的感觉："不务正业""游山玩水""追名逐利""资产阶级自由化"等诽谤和莫须有的罪名压到我头上。同时，还暗中监视我的行动，比如到谁家去了，与谁来往等均有人盯梢和打小报告，甚至连我购买一张桌子也被认为是"顶风而上""态度很不老实"。据说，当时学校领导已经整理好我的材料，上报给省教育厅，准备将我开除教职，扫地出门，送到农村劳动改造……面对这种高压，我当然处之泰然，因为我问心无愧，坚信搞学术活动何错之有？就是在这种情况下，中国社会科学院和教育部高教司戈宝权先生、付克司长，先后从北京专程到潍坊和我家中探望，为我排忧解难，这样才逃脱了这场令我至今仍感心悸和悲哀的灾难！正是因为得到戈先生、付司长等前辈和领导的关怀与鼓舞，我才能在当时不正常的高压下，完成了《比较文学自学手册》等普及读物的编写任务。

但是，我觉得自己在普及比较文学途路中遭遇到的最大困难并不在此，也不在资料、资金、队伍、信息等方面的缺乏和闭塞（当然，这些也都是面临的实实在在的挑战和困难），而在于普及、传播、应用比较文学得到同行的认可和大众的接受。大众共享比较文学，普及传播应用比较文学，这一直都是我的梦想和追求。为了这个梦想和追求，我很幸运地联合志同道合的朋友，闯过了一道又一道难关，冒了一次又一次的风险，终于得到前辈、良师益友和同行的支持以及大众的接受。例如自己从上世纪90年代到本世纪伊始，先后操办了几次全国性的以普及、传播应用比较文学为主旨的学术研讨会，其中2002年举办的"全国中学比较文学普及暨潍坊市中学语文教师比较文学学术研讨会"就是一个典型例子。中国比较文学教学研究会陈惇会长在开幕式上指出："像我们今天这样，大家坐在一起，共同来认真地讨论比较文学的普及和比较文学与中学语文教学的关系，这在比较文学学科历史上也是首创的。"我在遇到重重困难时，把困难、非议等放在嘴里细嚼慢咽，化为营养，挑战自己，挑战困难，挑战生命，继续前进。在任何情况下，我心中的比较文学都在燃烧、冒火，与我的生命燃烧在一起……

邹：您在一些回忆、纪念性文章中提到与钱锺书、杨绛、季羡林等学术名家的交往，钱锺书先生还曾为您编写的《外国文学手册》题名，在您走向比较文学教学与研究的途路中，这些前辈学人对您产生的最主要影响是什么？

刘：从上世纪 70 年代末 80 年代初，在比较文学学习过程中，我先后在北京、上海、南京、天津等地拜访了季羡林、戈宝权、朱光潜、钱锺书等近四十位前辈学者。这些前辈学人对我都非常友好，都有不同的帮助，都对我有很大的鼓舞和影响，其中尤以季先生、戈先生、钱先生、杨周翰先生等对我产生的影响更大。主要影响有三点：一是做人，二是做事，三是做学问。在做人方面，我亲身体验和感受到他们身上的浩然正气，为人正派、助人为乐，尊重、关爱他人等高尚人格和品德。在做事方面，我亲身体验和感受到他们勤勤恳恳、认真负责，严于律己、宽以待人和强烈的使命感、责任心。在做学问方面，我感受到他们学问世界绚丽多姿以及薪火相传、甘为人梯的精神与品格。

季先生、戈先生是我走近比较文学的引路人。当年我在昌潍师专函授部工作，而且处境欠佳。在有的人眼中，我是资产阶级知识分子，可谓一身臭味，根本谈不上得到尊重和关怀。然而却得到季先生、戈先生等热情的关怀和指导。季先生为我审阅、指导、推荐第一篇比较文学习作，并在给我写的亲笔信中给予鼓励。戈先生领我走进外国文学、翻译文学。上世纪 80 年代初，北京出版社拟出版《外国文学手册》，由戈宝权先生主编，后来，戈先生向出版社推荐由我来担任主编，并表示全力以赴为《手册》审订"编写纲目"和全书的框架，在将近一年的时间里，戈老经常和我们在一起研究、修订书稿，从词条到全书框架，可以说都是在他亲自关怀指导下完成的。

钱锺书先生、杨周翰先生是我走向比较文学教学与研究的良师，当年我拜访钱先生的时候，他破格地接待我，并戏言自己收到我的信后被"打败了"。当我向他请教和求助时，他谈笑风生，有求必应，为我题写《外国文学手册》书名、审阅有关词条等。后来戈宝权先生告诉我，钱先生为他人题写书名，这是头一次，非常难得。杨周翰先生对我帮助更多，为我主编的《比较文学自学手册》写序，为《简明比较文学教程》审稿、题写书名。后来，当上海外国语大学陈生保先生要去日本访学，请教杨先生带几本比较文学之类书籍时，杨先生还特别向他推荐我主编的《简明比较文学教程》。1988 年，我与杨先生、乐黛云教授等同往参加德国慕尼黑国际比较文学学术会议时，杨先生邀我共进午餐，其间他语重心长地对我说，希望我在研究中国比较文学时，注意其优良传统，从梁启超、鲁迅到季羡林、钱锺书，认真读他们的著作。

我曾经多次反问自己，为何这些前辈学者能够如此对待我这样一位普普通通的师专教师呢？我终于找到了答案：在季羡林、钱锺书等前辈学者心中，学问世界是他们至高无上的神圣世界，是生命中的首位世界。只要做学问，谈学问，有利于学问的事情，他们都乐于相助、有求必应。这也就是我这样平凡而普通的耕耘者一而再，再而三得到他们热情帮助、指导的根本原因。

邹：您常常自谦为中国比较文学的"泥瓦匠"，主要敲的是比较文学教育的边鼓。您的大多数论著都是关于比较文学学科建设的思考，一方面重视比较文学学科史的引介和梳理，另一方面积极组织队伍、凝聚力量，编写教材和相关出版物。《中国比较文学萌芽的轨迹》和《中国比较文学学科理论的新进展》可以算作两篇演绎中国比较文学学科史的重要文章，其中对于清末比较文学萌芽的社会基础、翻译实践与比较案例的阐释尤为精彩。梁启超、王国维和鲁迅毫无疑问是中国比较文学萌发期的理论探索者与实践者，王国维引介西方现代悲剧理论解读《红楼梦》、鲁迅作品与日本文化的关系早已成为各类比较文学教程的常识性话题，相比之下，梁启超、黄遵宪等人对于中国比较文学的意义就被处理得相当简略。我认为晚清到明国期间的中外文化与文学交流是中国比较文学学科史一段至关重要的序幕或"前史"，比较文学相关教程或可开辟专门的章节详加论述？

刘：从学科史的角度讲，您提的问题很重要，很有学术价值和实践意义。至于我本人，在敲比较文学教学边鼓的同时，的确关注比较文学学科史和比较文学学科建设等问题，曾在《比较文学及其在中国的兴起》《比较文学自学手册》《简明比较文学教程》《比较文学与现代文学》《新时期比较文学的垦拓与建构》等论著和文章中涉及这两个问题。正如您所说，"相比之下，梁启超、黄遵宪等人对于中国比较文学的意义就被处理得相当简略"。我同意这个看法，如果撰写学科史著作，理应开辟专章梳理您所说的这段"序幕"或"前史"。学科史知识，是学习一门学科的基础知识。走近比较文学，了解比较文学，把握比较文学，运用比较文学，都离不开学科史知识。从这个意义上讲，编写比较文学相关教材，都应该充分重视学科史的来龙去脉。眼下出版的教材，在这方面是有欠缺的。

邹：在您编写的著作中，工具书《比较文学自学手册》被认为是"新时期比较文学教材开创期的尾声"，《比较文学教程》则呈现出浓厚的中国本土特色，该书不仅选用了中国文学的诸多例证，而且极具前瞻性地将中国少数民族文学比较研究纳入进来。我们知道，法国学派的梵·第根、基亚，美国学派的亨利·雷马克以及中国的钱锺书等学者都将"跨国性"作为比较文学的重要特征之一，后来中国学者考虑到中国的多民族现状，主张不能照搬欧美"民族国家"理念下的学术思维，强调"向内比"是中国比较文学的重要内容，虽然已经有相关学术论著如《中国南方民族文学关系史》问世，但该领域的研究工作可谓刚刚起步，您当时在教程中专辟"中国少数民族文学比较"章节，主要的考虑是什么？您对当下中国比较文学的"向内比"有什么建议吗？

刘：记得在1985年中国比较文学学会成立大会上，召开了一次小型的讨论会。我有幸听到季羡林先生的发言，季老当时强调中国比较文学研究的同志们要敢于走自己的路，搞自己的特色，不要老跟着外国人后面跑，特别提出了中国少数民族文学比较的问题，希望大家来研究……后来读季老的书和文章，他又多次谈到这个问题，并赞赏相关领域的研究成果，热情为之撰写序言等。季老的看法对我有很大的启迪和影响。后来我主编《比较文学教程》，在拟定本书纲目过程中，孙景尧、陈惇二位教授给予了许多指导，其中就包括写"中国各民族文学的比较研究"这一章。我当时深感这个建议非常好，特邀两位民族大学的专家教授执笔。教程出版后，同行们都认为各民族文学的比较研究是本书的一个亮点，同时也受到学生和读者的欢迎。

学科史告诉我们：任何学科都是应时代的需要而产生，随着时代的发展而发展，没有一成不变的。"跨国性"可以作为比较文学的重要特征，"跨民族性"也可作为比较文学的重要特征，中国比较文学研究的实践正在证明这一点。当下中国各民族文学的比较研究势头很好，中央民族大学、中南民族大学、新疆大学等校的学者专家做出了有目共睹的贡献。如果说，我还有建议的话，那么，我希望加强少数民族比较文学研究队伍的建设和联合，重振中国少数民族比较文学研究会，大力开展少数民族比较文学的传播与教学工作。我相信：在中国，各民族文学的比较研究大有可为，前景辉煌。

邹：您编写的比较文学教程、参考书和工具书，大多表现出强烈的师范性，《比较文学教程》尤其明显。此外，2007年出版的《新时期比较文学的垦拓与建构》分章节评介乐黛云、饶芃子、曹顺庆、张铁夫、孟昭毅等人编撰的教材，起到了很好的导读作用；2008年出版的《穿越比较文学的世纪空间——新时期比较文学教学30年》对比较文学作了学科史意义上的回顾，并且侧重探讨人才培养、教材编写与课程设置。您在中国比较文学教学的理论与实践方面倾注了大量心血，请您简要评价中国比较文学教学实践中存在的主要问题。

刘：作为比较文学教学和普及的泥瓦匠，我想的更多的是教学和普及的问题。2007年，我写过一篇《对新世纪比较文学教学、教材建设的几点想法》的文章，与比较文学教学界的老友新朋沟通对话，提出了构建新世纪比较文学教学、教材建设新体系的想法，即"五位一体的教学新体系"和"三点一线的教材新体系"。所谓"五位一体的教学新体系"，即在教师、学生、教学、教材、学习之间的关系处理上，确立"以学生为本"，落脚在学生上。这就要求转换教师、教学、教材的角色。对教师教学而言，要求始终确立以学生为本，为学生服务的思想感情，读懂学生，根据学生的实际和需要进行教学和编写教材。对学生学习而言，要求改变过去那种"老师讲、学生听"的习惯，强调学生树立自觉、自主、自强、创新的学习思想意识，读懂自己，读懂老师，读懂教学，读懂教材，读懂学习等，既要质疑自己，又要质疑老师、教学、教材。只有树立这种学习思想和姿态，在学习上才会开拓创新，后来居上。所谓"三点一线的教材新体系"，即在知识、方法、培养人才之间的关系处理上，确立以培养人才为主线，并以这条主线贯穿在教材的始终。编写教材既要重视学科知识的传播，更要重视学科思想精神的传播应用和人才的培养。怎样把比较文学教学教材建设落实到新型人才培养上？如何通过比较文学教学、教材实践塑造新型人才？这是比较文学教学、教材建设和构建其新体系中的根本问题。

回顾反思新时期比较文学教学、教材建设的历史，大体上存在三种情况：第一种情况表现为重视知识传播，希望学生了解、学习更多的学科知识；第二种情况表现为在重视知识传播的同时，强调学科的学术性，希望学生提高学术研究能力；第三种情况表现为既重视知识传授，又重视学术性和提高学术研究能力，更重视学科思想、精神的教育，希望学生通过学习比较文学提升做人做事的人格、品德和能力。本人在教学实践过程中，这三种情况自己都经历过也都实践过。回忆反思自己教学实践中的问题，深感惭愧和遗憾。若是现在有人问我，在教学教材实践中，应该提倡什么？那么，我可以坦然相告，应该提倡在重视学科知识、学术研究的同时，更应该关注学生人格、品德、精神的培养。我始终认为，比较文学是一门非常有益于培养人、塑造人，特别是全方位提升人类眼光、胸怀、境界、灵魂的学问。

邹：我们习惯使用比较文学的"中国学派"来表述中国学者对于国际比较文学事业的独特贡献。从理论层面上说，以杨周翰、乐黛云、曹顺庆等为代表的学者提出了"跨文化研究""跨异质文明研究"，因时制宜，有效弥补了"影响研究"和"平行研究"范式的不足；从社会实践和现实应用的维度上说，您曾经做过多方面的尝试，其中有关比较文学在中学语文教育中的运用不失为一大创新。诚然，比较文学的开放性、跨越性特征与科学的方法论体系有助于中学阶段的人文素质教育，但是将比较文学由大学层面向中学语文教育拓展延伸，其间的知识缝合与接受效果肯定是相当复杂的过程，那么，您当时提出这一想法，希望达到的理想目标是什么？这个想法曾在中学课堂教学中付诸过实践吗？学生的接受和反馈是否达到了起初的预期目标？令人遗憾的是，比较文学仍然未能被纳入今天的中学教育，在这一问题上，您是否会坚持当年的想法，拟或有所修正？

刘：我在普及比较文学途路中，在良师益友季羡林、戈宝权、付克、乐黛云、陈惇、陈跃红、孙景尧、卢康华等以及我们团队合作者王福和、吴家荣、葛桂录、刘蜀贝、黄燕尤、尹建民等大力支持下，曾经为比较文学走向中学做过一些尝试。其中主持山东省"十五"规划重点课题"比较文学在中学语文教学中的应用研究"，主办"全国比较文学普及暨潍坊市中学语文教师比较文学学术研讨会"，主编《中学比较文学十讲》，编写出版"比较文学与中学人文素质教育"丛书、《中学比较文学》，创建"中国比较文学研究资料中心"和"应用比较文学研究所"，筹备成立"中国比较文学教学研究会"，向中学教师、中学生乃至退休老干部和市民宣讲比较文学，开展"比较文学活动周"等举措，其目的都可以说是为普及、传播应用，走向中学的一种尝试。我和我的团队之所以有这些活动，一是希望利用比较文学的丰富资源和营养来造就和培养中国公民与世界公民，提高公民的文化和文明素质等等。二是希望通过普及、传播让大众共享比较文学。这种希望和追求，一直是我们的梦想，或者也可以说是我们"希望达到的理想目标"。老友陈惇说得好："很多比较文学学者都是理想主义者，他们把比较文学看作人类文学走向辉煌未来——世界文学的康庄大道，是各国人民消除隔阂、相互了解、增进友谊的良方，他们以这样的远见卓识来看待比较文学，抱着一种世界主义的胸怀和美好目的来开展学术活动"（参见尹建民等主编《刘献彪与新时期比较文学》，安徽大学出版社，2012，第4页）。这种理想主义的梦想，给我以力量，鞭策鼓舞我前进。

令人遗憾的是，至今比较文学仍未在中学开花、结果。但我相信，随着教育改革的推进和比较文学事业的发展，比较文学总有一天会在中学生根发芽。因为这是人类文明发展的需要，也是比较文学发展的需要。

邹： 如今中国比较文学界越来越重视翻译文学的地位，强调翻译文学工作者的重要意义，"翻译研究"和翻译文学史建设成为中国比较文学的显要课题。您和谢天振教授在这方面做了大量探索，请您谈谈翻译文学研究与翻译文学史建设的前景？

刘： 我涉猎翻译文学是从学习研究现代文学史起步，是从现代文学到翻译文学。当年我读五四时期的作家作品和文学研究会、创造社等，发现一个很重要的问题：现代文学历史起步和翻译文学、外国文学有极其密切的关系。从鲁迅到巴金，都是两手抓，一手抓创作，一手抓翻译。因此，我当时就认为研究学习现代文学，应该重视翻译文学。我甚至认为编写现代文学史时，应该包括这段时期的翻译文学。后来走近比较文学时，更感到翻译文学的重要地位。我早年写的《比较文学及其在中国的兴起》那本小册子，特别把翻译活动列为"中国比较文学的重要活动和遗产"，并提出"翻译是比较文学的一个重要组成部分"（见该书第 114 页）。该书简要介绍了梁启超、林纾、苏曼殊、伍光建、鲁迅、茅盾、郭沫若、新青年、文学研究会、创造社、未名社、新月社、语丝社、时代出版社等作家和文学团体的翻译活动（见上书第 114～124 页）。1989 年和陈玉刚等合作编写的《中国翻译文学史稿》由中国对外翻译出版公司出版，这是我国第一本翻译文学史，也是本人跨进翻译文学史建设的第一步。我在这方面，谈不上做了大量探索，只是敲敲边鼓而已。真正在这方面做了大量探索并做出重大贡献的是谢天振教授等学者、专家。因此，老友天振最有资格来谈论翻译文学研究和翻译文学史建设的前景。建议您请他来谈，我只能交白卷，乞谅！

邹： 作为全国首家比较文学应用与普及研究机构，潍坊市社科院应用比较文学研究所的成立曾引起学界关注。据我了解，国内一些从事比较文学研究或者学习比较文学出身的学者非常敏锐，正在将比较文学的方法和理念运用于广告传播、文化产业、青少年亚文化研究、旅游经济等方面，收效不错。潍坊社科院的这个研究机构是更加侧重于比较文学在教育领域的普及，还是更多地服务于地方文化与经济建设？

刘：我听到您说的国内有些研究工作者和学者，正在将比较文学的方法和理论运用于广告传播、文化产业等方面，并且收效不错的消息，很高兴，很鼓舞。因为自己生病，牛老车破，近年来，与比较文学只能是心有余而力不足，闭户在家养病，信息闭塞……至于我和潍坊社会科学院院长赵文禄教授合作成立的应用比较文学研究所，从当时的设想而言，包括两方面的要求：一是侧重于对大众比较文学教育的普及、传播，让大众提升比较文学的文化素质和修养，享受比较文学。二是希望运用比较文学的方法、理念服务于地方文化经济建设。如今，我和文禄教授都生病，他在北京医院住院治疗，我在家中治疗，我们都无能为力了。但我心中，始终燃烧着比较文学，尤其燃烧着比较文学的普及传播与应用……

邹：再次感谢刘教授接受访谈，衷心祝愿潍坊学院的比较文学事业不断创造新的辉煌。

刘：谢谢！让我们共同祝愿中国和世界比较文学事业繁荣昌盛，祝愿比较文学研究工作者精神愉快，再创辉煌！祝愿咱们的老朋友、老会长乐黛云愉快！健康！长寿！

原载《伊犁师范学院学报》2013年第4期

❖ 书　评 ❖

巴别塔的坍塌与重建

——《巴赫金哲学思想与文本分析法》评介

邹 赞

俄罗斯学者米哈伊尔·巴赫金，被认为是"20 世纪主要的思想家之一"①。自 20 世纪 60 年代以来，其学术思想引起了学术界的浓厚兴趣，"巴赫金热"从法国到英美，从美国到东方许多国家，传播迅捷而持久；进入 90 年代，巴赫金研究达到顶峰，正是在这个时期，出现了所谓"巴赫金学"②。目前，"巴赫金热"早已"冷却"，但诸如对话、狂欢、话语、文（语）类（言语体裁）等被巴赫金赋予了特殊内涵的概念，被学者们广泛使用。

中国的巴赫金研究，始于 20 世纪 80 年代初。90 年代中期之前的成果，多为文艺学领域对巴赫金文艺美学思想的梳理、介绍。钱中文主编的中文版《巴赫金全集》（河北教育出版社，1998）的出版，大大促进了巴赫金研究在国内的纵深发展。2007 年 10 月，北京大学出版社推出了凌建侯的《巴赫金哲学思想与文本分析法》（以下简称凌著），该书收入申丹教授主编的"北大欧美文学研究丛书"。

凌著从阐释巴赫金哲学思想入手，采取语言学与文艺学的跨学科视角，对巴赫金的对话理论和狂欢理论进行独到的阐释，真正做到了"论

---

① 〔美〕凯特琳娜·克拉克、迈克尔·霍奎斯特：《米哈伊尔·巴赫金》，语冰译、裴济校，中国人民大学出版社，1992，第 1 页。

② Caryl Emerson, *The First Hundred Years of Mikhail Bakhtin* (Princeton University Press, Princeton, New Jersey, 1997), p. 5.

巴赫金"而不是"论'论巴赫金'"①。通观凌著，可以发现它有三大特点：强烈的问题意识，鲜明的跨学科视域，一贯始终的理论阐释与文本分析相结合的方法。凌著获得了 2005 年度国家社科基金后期资助项目的立项②，并于 2006 年结项。应该说，它是中国巴赫金研究界不容忽视的学术成果。

一

是否具备强烈的问题意识，是评价一部学术著作的重要标准之一。凌著的一个突出特点，就在于其既非对巴赫金的理论做编年史式的清理，也不囿于考察巴赫金思想在中国的接受现状；而是另辟蹊径，试图借鉴国外巴赫金思想的研究成果，特别是哲学方面的成果，通过对"我与他人"相互关系的追寻，辨析欧洲文化发展的两大倾向——独白思维倾向与反独白思维倾向，并且借此勾连起行为哲学、对话、狂欢、复调小说、言语体裁等巴赫金核心思想之间的内在联系。可以说，凌著在诸多问题意识的繁复缠绕中条分缕析地展开，在理论的迷宫中穿行，却又始终逻辑清晰、理路严密、求证严谨。

该书第一章"巴赫金学与开放的思想体系"，以精练的笔墨梳理了巴赫金研究在国内外的历史与现状，重点在于呈现巴赫金学术遗产的哲学基点，和以此为基础建构起来的对话、话语、狂欢、言语体裁等具体理论之间的彼此关联的开放体系。作者总结出巴赫金学术思想的两大特点：首先是开创了考察哲学研究和文化发展倾向的一种独特方法，即把欧洲主流哲学及其现代发展概括为"唯理论主义"和"唯认识论主义"的独白论倾向，从而有助于人们从一个全新的角度理解欧洲文化的精神实质；其次是在名家的小说创作尤其是拉伯雷和陀思妥耶夫斯基的创作中探寻到并揭示出与独白思维倾向相对立的狂欢思维和对话思维，并把对话思维运用于符号学、语言学、心理学、哲学人类学等人文学科的研

---

① 参见白春仁为该书所作的序言《研究巴赫金：理解与对话》，载凌建侯《巴赫金哲学思想与文本分析法》，北京大学出版社，2007，前言第 2 页。
② 项目批准编号：05FWW002。

究中，进而全面探讨人文学科的方法论问题。① 基于这样的认识，作者始终坚持从分析巴赫金的哲学和美学思想入手，来把握其文艺理论的精髓。第二章颇为精彩，显示出作者扎实的西方哲学功底，在一个动态的历史场域中阐释和构建巴赫金哲学思想的主要脉络。作者认为，巴赫金早期哲学与美学的最大启示是提出了解构唯物主义和唯心主义的独特方法，在对存在与人生、人生与世界等命题的追问和剖析中，重新强调了主体性、自我与他人之间的对话关系。

同样，在对巴赫金理论的核心概念——对话、话语和狂欢（化）的阐发中，作者也力图从哲学思想出发，深究这些概念的内质和相互之间的紧密联系。第三章"对话与狂欢的哲学阐发"为读者提供了分析的范例，在论述巴赫金的狂欢思想时，作者指出，"写拉伯雷的时候巴赫金已经有了一个庞大的构想，那就是要找到一个在反独白论系列中与对话相对立的思维倾向"。② 以拉伯雷的文学创作为镜，凌著揭示出巴赫金重视《巨人传》的原因：那就是这部小说具有强烈的反独白思维倾向，以及与对话思维这种反独白思维倾向既紧密联系又相互对立的狂欢思维倾向。对话与狂欢虽然彼此对立，但合在一起共同构成了"反"独白的思维倾向，而其中最符合巴赫金学术诉求的，是对话。凌著的可贵之处还在于提出了巴赫金意义上的对话具有两层含义：形式上的对话和对话的精神。形式上的对话是指双声话语的叙述形式，它是从语言层面生发出来的概念，既可以用来表述复调小说的结构特征，也可以包括非复调小说中双声话语的叙述形式。应该说，大多数关于巴赫金对话理论的研究都局限于这一层次。凌著高屋建瓴，透过"形式上的对话"，发掘出巴赫金对话理论的另一层面：对话精神。作者睿智地指出，由于话语总是以他人为言说对象，因而，"对话语的形式"是普遍存在的。判断话语是否具有对话的精神，其标准不应该是"对话语的形式"，而应该是"尊重他人意识的对话立场"。③ 这一阐述颇为精到，颠覆了许

① 凌建侯：《巴赫金哲学思想与文本分析法》，第 20 页。
② 凌建侯：《巴赫金哲学思想与文本分析法》，第 43 页。
③ 凌建侯：《巴赫金哲学思想与文本分析法》，第 58 页。

多对于复调小说的庸俗解释，将形式结构上的对话与对话精神密切结合起来，不仅深入巴赫金对话理论的人文精髓，也十分自然地将对话理论与巴赫金总的哲学思想有机地贯穿起来。

在第八章"狂欢理论与文学狂欢化分析"中，作者积极介入学术争鸣，针对"巴赫金的狂欢化理论究竟是否想象催生的神话"这一问题展开深入的分析。作者并没有粗暴否定他人的观点，而是敏锐地认识到，"狂欢理论正如史学家所说有不少缺陷，但所谓的根本性缺陷并不存在，因为围绕它是否站得住脚的争论，与其说是谁掌握了'史实'的争论，倒不如说是从什么视角选取、甄别与释读史料的史观之争"①。作者从历史、宗教、文化等诸多角度阐释狂欢化理论与狂欢节之间的联系、狂欢化的内涵等，总结出目前史学界研究狂欢文化的三种视角：传统的突出狂欢节的基督教主流文化属性的视角；巴赫金所开拓的强调狂欢节的民间文化源流的视角；以雷乌京为代表的既关注主流文化因素也重视民间文化因素的折中视角。作者在史论结合的基础上提出，破除对外来权威理论的盲从是好的，但是必须看到外来权威理论的合理性及其对中国当代文学、文化研究重大的理论借鉴作用；如果想要与外国权威进行真正的对话，首先要学会"接着说"，要善于发现别人的长处，而不是一味排斥。

二

20 世纪中后期，随着文化研究的兴起，跨学科视域成为学术研究的一大趋势，而对于本身思想就极具"复调性"的巴赫金而言，其理论脉络兼及哲学、美学、语言学、文艺学等学科领域。因而，凌著的另一个突出特色，是以巴赫金的哲学思想为纲、以语言学与文艺学为目，并行考虑，双管齐下，绝不厚此薄彼。在把握巴赫金思想总体框架的同时，作者注重从语言哲学的维度探讨巴赫金的复调小说理论，结合巴赫金的文艺美学思想阐释其对话理论，力图在哲学—语言学—文艺学等多

---

① 凌建侯：《巴赫金哲学思想与文本分析法》，第 218 页。

重路径打开思路。这样的构思与立意，十分契合罗兰·巴特所谓"可写的文本"（writerly text），也就是说，将巴赫金的文本视为一个开放的、未完成的领域，试图渗进文本内部，借用哲学这根引子，把看似彼此孤立的语言学、文艺学、美学思想有机地串接起来，并充分挖掘其内在的细密关联。

毋庸置疑，巴赫金的所有思想、所有理论本身并非相互紧密联系的，甚至从表面看来还是彼此孤立和矛盾的。就像凌著所指出的，巴赫金在阐释某一观点时，往往会不自禁地排斥或者贬低其他思想，复调/独白、狂欢/对话在巴赫金那里似乎永远处于矛盾对立状态，以至于读者在面对巴赫金繁复杂绕的思想时产生迷惑不解。可以说，凌著敢于迎接一个巨大的挑战，那就是将巴赫金的思想统括起来是否只是理想化的乌托邦？这样做的合理性到底有多大？作者能否驾驭哲学、语言学、文艺学、美学等多个学科领域的理论，并且娴熟地找出其中的关联？读者也会提出连串质疑，比如说，有人认为对话与狂欢是截然对立和彼此矛盾的，也有人认为巴赫金早期论著和中晚期论著之间有一个分水岭，凌著却将它们串结起来，其根据是什么？这样的根据能令人信服吗？我们不妨再次以第三章"对话与狂欢的哲学阐发"为例，分析凌著是如何将巴赫金的"对话"与"狂欢"思想串联起来的。作者首先批评了人们用以形式逻辑为基础的单义评价体系来观照巴赫金思想的不合理性，强调要重视看似矛盾的理论形式背后的深层逻辑，要具备多极化的阅读和批评眼光。作者认识到巴赫金对拉伯雷的评价带有浓厚的矛盾色彩，主要缘于后者既颠覆了中世纪教权的独白意识，又代表着 19 世纪走向成熟的唯他人独白思维倾向的重要发端。作者详细列举了巴赫金在分析拉伯雷抗衡唯我型独白论倾向所采取的三个维度：为了抗衡唯我的教权独白意识；带有唯他人潜在独白因素的自己的反独白论；采用语言意识相对化的杂语。拉伯雷作品中隐含的"对话"与"独白"就这样缠绕在一起。在勾连对话与狂欢两个关键概念时，作者认为，"真正能把对话与狂欢联系起来的是能够表现这两种思维方式的同一类长篇小说体裁，归根结底是决定这类体裁特征的新型的作者与主人公之间的关系。

此类长篇小说的来源是民间笑（节日）文化，以及与此相连的杂语和语言意识的相对化"。[①] 可以说，作者充分发挥了哲学和语言学的良好素养，将对话与狂欢在一个理论的跨场域中巧妙地串联起来，洞见深刻，令人信服。

第九章"复调理论与现代小说"，是语言学与文艺学结合得十分精彩的一章，作者在考察复调理论的批评史时发现，"中外文学研究者对该理论争论颇多，争议的焦点之一是复调小说强调主人公主体意识的独立性，这与作者的主体会不会产生矛盾"？"既然杂语对小说具有普遍性，何必要有复调小说和独白小说之分"？[②] 作者带着这样的问题讨论复调与杂语的关系，却没有援引以往文艺理论对复调小说的既成定义，而是细心地发现：作为体裁理论的复调小说与倾向于小说语言修辞特征的杂语，二者之间的交叉之处在于艺术语言研究的层面。这样，作者就将"复调小说"这一重要话题深入语言学层面进行细察，显示出与众不同的思考向度和深度。

当然，凌著跨文艺学与语言学的研究并非空穴来风，它有着深厚的渊源，那就是俄国的语文学。第五章《俄国语言学诗学》是对俄国语文学细致的理论爬梳，作者着重探究俄国语文学研究中的语言学诗学倾向，文艺学和语言学的联姻是俄国形式主义文论的一大特点，对揭示文学的语言艺术性具有重要的意义。作者围绕语言学这条主线，重点介绍了20世纪俄国的四个语言学诗学理论：俄国形式主义诗学、文学修辞学、超语言学诗学和生成诗学学派。作者客观地指出，20世纪西方文学理论流派纷呈，其观照视角包括审美的、伦理的、心理的、文化的等，基于这些视角的文学和文论研究均有其合理性。我们知道，20世纪西方文论涵盖两大主潮：科学主义文论和人本主义文论。俄国形式主义、布拉格语言诗学、结构主义、英美新批评等承袭科学主义文论路径。俄国形式主义文论将文学视为形式与内容的统一体，借用索绪尔等语言学理论成果，强调对文学文本的文学性（literariness）的发掘，什

---

① 凌建侯：《巴赫金哲学思想与文本分析法》，第 57 页。
② 凌建侯：《巴赫金哲学思想与文本分析法》，第 263 页。

克洛夫斯基的《艺术作为手法》就是典型范例。塔尔图－莫斯科历史文化符号学派与巴黎符号学派、英美系统功能符号学派并称世界三大符号学派，可以说，20世纪俄国文艺理论就是建构在俄国语文学基础上的语言学诗学。近来学界对俄国文论的关注兴趣由雅各布森和俄国形式主义者的著作渐渐转移至巴赫金的语言学诗学，凌著开辟专章讨论俄国语文学和语言学诗学是很有必要的，也为从更加深广的理论渊源研究巴赫金的语言诗学奠定了坚实的基础。

三

凌著讨论理论问题，却没有落入从理论到理论、从术语到术语的抽象玄虚的窠臼，而是始终坚持理论阐释与文本分析相结合的方法。该书在专论巴赫金核心思想的同时，佐以文学史和文学名篇的细读，既有助于读者准确地把握巴赫金的理论思想，也提供了颇具参考性的个案分析范例。在分析文学狂欢化时，作者顺着巴赫金的理论印痕梳理了文学史中典型的狂欢形象，认为中世纪的小丑形象是民间真理的表达者。此外，作者辟专节讨论文学作品中的疯癫形象，视域涉及古今中外文学，如《李尔王》中的爱德伽、《儒林外史》中的范进、余华笔下的疯子、鲁迅《狂人日记》中的狂人等统统被呈现出来，宛若蒙太奇式的剪接，以巴赫金的狂欢化理论为切口，演绎出文学疯癫形象的艺术功能和文学史意义，材料厚实，视点精到，为中外文学疯癫形象的研究提供了新的理论资源。

同样，作者以新历史主义的态度对待巴赫金的复调小说理论，认为复调小说理论对于20世纪以来的现代小说并不具有普遍的阐释性，它需要发展。如何发展？围绕这个问题凌著指出了两种误区：一是无限地扩大复调小说理论的适用范围；二是将米兰·昆德拉的"对位式"小说理论与巴赫金的复调小说理论简单地嫁接起来，力倡巴赫金文艺和哲学思想的整体性，提出了对话、独白、狂欢因素共存于一部作品中的可能性，并以德国著名作家托马斯·曼的《魔山》为例，论证了独白思维、复调思维和狂欢思维在同一文本中共存的事实，由此解构了独白／

反独白（对话与狂欢）思维方式二元对立的传统思维，也为如何把巴赫金狂欢理论应用于对现代小说创作特征的分析找到了新的途径。更难能可贵的是，凌著进一步思考了如何接受外国权威理论的两条可能路径："接着说下去"和"启发式"。所谓"接着说下去"，是指通过对理论文本的细读，结合文本产生的特定社会语境，说出理论家处于当时种种复杂的社会历史因素而未能言明的思想，研究巴赫金的狂欢理论就一定要结合当时的俄国社会情境，将那些社会性压制因素综合考虑进来，合情合理地去填充巴赫金本人未能言明的理论空白点。所谓"启发式"，是指从别人的理论中得到启发，但并不亦步亦趋，而是发展成自己的理论，理论接受中的"误读（正误）"往往属于此类。作者认为，"接着说下去"是对理论家本身思想的进一步发掘、清理，"启发式"则已经偏离了理论家的思想研究，更加偏重于理论接受，是一种对"理论旅行"的考察。

第六章《话语对话性分析法》和第七章《言语体裁理论与体裁分析法》也显示出作者将理论阐释与个案分析相结合的学术诉求。这两章的内容主要关涉巴赫金的小说言语体裁理论，也是现代小说叙事学和修辞学的重要命题。作者从"文学话语"和"人文话语"两个层面剖析话语的对话性，以陆文夫、索尔仁尼琴等中外名家作品为例，阐明了巴赫金话语理论的核心思想：从话语的对话与独白延展到思维的对话特性与独白特性。作者细致分析了巴赫金"双声语"的几种情形：仿效他人话语；讽拟他人话语和折射他人话语，并以大量文学史材料为例证，说明巴赫金话语理论对分析现代小说的重要启示意义。第七章则是结合对体裁问题的追溯，探讨巴赫金言语体裁理论的特征和意义。作者指出，巴赫金在《文学创作中的内容、材料与形式问题》中提出了区别于传统文学体裁观念的体裁观，"把体裁看作文学作品的布局形式，具有从属的性质，即取决于实现审美客体的建构形式"[①]。并且，巴赫金通过批驳形式主义者的体裁观，认为"应该把体裁放到同社会交际现实

---

① 凌建侯：《巴赫金哲学思想与文本分析法》，第164页。

与话语主题的相互关系中来研究"①。作者注重通过巴赫金对俄国形式主义者体裁理论的反驳和修正来建构巴氏言语体裁理论。在分析巴赫金话语理论中所阐发的语调问题时，作者列举梁晓声的《山里的花儿》来佐证小说中说话人的真实态度是通过其具体语调所表现的情态而得以表征的。作者还以莎士比亚的戏剧为对象文本，深入浅出地阐发了巴赫金的言语体裁理论与当代语言学、文学与文化学之间的纽带关系。这两章尽管理论庞杂、略显晦涩，但是恰到好处的文本个案分析为理论阐释提供了便利的平台。

结　语

正如巴赫金的思想就像掘之不尽的"富矿"，经过反复的读解、阐发和研究，依旧存在种种的空白处期待填充与完善；凌著旁征博引、观点鲜明、论证有力，但依笔者观之，凌著亦存在若干不足。其一，作者试图建构以哲学思想为核心的巴赫金理论的总的构架，虽然作者具备扎实的西方哲学功底，但是对巴赫金哲学思想的阐发，尤其是对巴氏哲学思想与语言、文艺思想之间的关联的演绎显得有些突兀。究竟巴赫金是在其先在的哲学思想的指引下阐发的语言和文艺思想，抑或是三者之间的关系呈扇形铺开，并不是紧密勾连在一起，或者它们之间是一种耦合（articulation）？作者对这些问题都有必要做更加细微的梳理。其二，作者尝试过采用比较文学的视角，也有意使用了中国现当代文学的某些文本，如果在分析巴赫金的言语体裁理论、复调小说与狂欢理论时，能够更多地将巴氏理论与中国现当代文学紧密结合，真正做到兼及"理论旅行"与"现实观照"，这样既可以使得巴赫金晦涩的理论变得亲切易懂，也会增加该研究的"在地性"和"现实价值"。

凌建侯专治俄苏语言学和文艺学，《巴赫金哲学思想与文本分析法》是他十年磨一剑的成果，其强烈的问题意识、鲜明的跨学科视域、理论阐释与个案分析相结合的研究方法，为我们了解、研究巴赫金的学

---

① 凌建侯：《巴赫金哲学思想与文本分析法》，第164页。

术思想打开了思路。凌著以厚实的外文资料、细密的理论勾勒、精彩的个案分析，在巴别塔的坍塌之后重建了新的巴别塔，在巴赫金研究的众声喧哗中毋庸置疑占得了重要的对话席。

原载《常熟理工学院学报》2010 年第 5 期

后现代语境下的新型生态伦理

——评《美国后现代派小说的后人道主义研究》

邹　赞

一

自远古神话和史诗以来，文学所描写的核心对象始终是人、自然、社会及其相互间的关系网络。即便是纯粹的自然景观书写抑或浪漫神话传奇，其叙述观照与情感基调也无法完全脱离人的生活世界，所谓"人化的自然""文学即人学"某种程度上表达的就是这种意思。"人"固然是文学叙事中的恒定主题，但"人"的位置却在思想史、文化史的长河里游移变动，与社会时代的总体气候相呼应。在古希腊神话里，芸芸众生臣服于奥林匹斯山上的众神，即便是人与神共生的英雄，最终也难逃脱"阿喀琉斯之踵"式命运悲剧。当然，古希腊、罗马的特定民主政治也呼应着一种重新认知"人"的位置的哲学，"人是万物的尺度"毫无顾忌地张扬了人的能动性、主体性和中心性，表达了对于人类有能力认识规律、掌握规律，从而改造大自然的乐观情绪。古希腊是人道主义思想的萌芽期，它以荷马史诗为起点，以苏格拉底、柏拉图、亚里士多德的哲学为主要载体，表达一种素朴的自然理性和乐观主义生活态度。这种自信的乐观情绪被漫长、阴暗的中世纪雾霾遮蔽得暗淡无光，虽然这一时期也存在一种基督教人道主义，从奥斯丁到阿奎那都十分推崇基督的博爱与圣爱，但"上帝"作为一个被标举的权威能指已成为统辖人类命运的至高力量。与此相对应的是，中世纪的文字书写一方面极力神化上帝的威权话语，另一方面残酷压制人的正常欲望与信念。漫长的中世纪无疑是反人道主义话语滋生的温床，而文艺复兴运动的根本要义就是要颠覆神权的话语霸权，重视人的个性发展与现世追求，这一裂变式的思想运动以文艺创作为载体，尽情嘲弄教会的腐化无能，讴歌现世价值，彼时文艺作品竞相呈现的重要主题就是爱情、理想以及个体的自我选择。文艺复兴的号角唤醒了人类对自我处境的重新认知，并由此迈向近代启蒙主义和理性主义的人道主义话语框架。

20 世纪见证了人类近现代史上两次世界大战的深重浩劫，一方面，伴随着科学主义与技术理性的迅猛推进，人类在彰显自身创造潜能的同时，也面临着被技术宰制、规训的异化命运；另一方面，帝国主义霸权摧毁了以"理性"为要义的启蒙人道主义，重新派定了全球政治经济秩序，进一步加剧了国家之间、地区之间、种族之间以及国家内部的阶层分化，法西斯主义与威权政府打着形形色色"人道""人性"的幌子，成为摧残人性、恶化人与自然以及人与社会关系的罪魁祸首，奥斯维辛集中营与古拉格群岛事件即是典型的例子。面对人道主义话语所遭遇的现实危机，马克思和萨特等西方哲学家开始深刻反思这一问题，马克思的人道主义思想正视资本主义的历史情境与现实状况，充分考量理论与实践的两个层面，在积极倡导尊重人的自由全面发展的同时，主张以社会革命的方式推翻那些奴役人性、践踏人性的不合理生产关系。萨特的人道主义思想颇具存在主义哲学色彩，其内涵不外乎两点：一是个体有选择的自由，二是个体应当为自己的选择承担责任，既要为自己的主观选择担责，也不能茫然漠视外在的客观世界。

20 世纪同样经历了各色理论话语的杂陈并置，从尼采的"上帝死了"，到罗兰·巴尔特的"语言革命"，再到米歇尔·福柯的"人是印在沙滩上的一张脸"，这种解构宏大叙事、颠覆威权话语的后现代思潮旗帜鲜明地反对总体性、鼓吹零碎叙事，不但向以上帝为象征符码的神权话语宣战，也试图颠覆那种凸显人的主体性、中心性的传统叙事模式。后现代思潮在很大程度上对应着西方的后工业文明，它以相当激进的方式重新评估、绘制种种既定社会关系，其中最为重要的一点就是重新认知人与自然、人与社会之间如何和谐共处的问题。受后现代思潮影响，传统的人道主义话语也转向一种"后人道主义"，其主要的思想内涵表现为要同时解构人类中心主义与非人类中心主义，倡导一种互为主体、平等对话的间性思维，重视边缘话语与差异性因素，从而有效应对后工业社会所招致的文化危机与精神困境。

在这样的背景下提及"后人道主义"，"后人道主义"之"后"到底是"post"还是"after"？"后人道主义"是反人道主义吗？它与人道主义有着什么样的关联？后人道主义的理论特征和现实价值是什么？后人道主义话语如何在文学叙事中得以呈现？它对思考当下中国的生态文明社会有何启发意义？诸如此类的问题意识成为考量后人道主义的基本前提。

作为后工业文明的突出代表，美国面临的文化危机与精神困境也是最为深重的，而以这种危机书写为重要主题的美国后现代派小说，毫无疑问成为管窥后现代人道主义话语的理想文本。《美国后现代派小说的后人道主义研究》（以下简称"该书"）就是这样一部具有强烈问题意识和新颖理论视角的学术专著。

二

该书作者王祖友教授近年来关注美国后现代派文学，取得了系列成果，曾出版《后现代的怪诞：海勒小说研究》。该选题是作者专攻美国文学研究的课题延伸，因其理论前沿且具有重要的现实参照意义，获得了教育部人文社科规划基金项目立项。

该书表明作者的研究视域由约瑟夫·海勒小说扩展到了美国后现代派小说。作者首先从语境切入有关"人道主义"和"后人道主义"的理论论争，别出心裁地选择了后人道主义的理论视角，结合文本细读，探析美国后现代派小说对于后人道主义的丰富表征。"前言"部分尝试在变动的语境中观照"文学即人学"，将与"人"相关的哲学和后现代文学批评结合起来。作者首先指出要突破人道主义思维话语的藩篱，通过追溯西方哲学中有关"人"的命题，为"后人道主义"理论话语的构架提供对话的前提。值得关注的是，作者显示出一种理论创新的勇气，在对理论命题的界定上绝不畏缩，明确提出后人道主义既不是反人道主义，也不是对人道主义的简单颠覆，而是一种反思性的修订，它一面摈弃人类中心主义，一面向"非人类中心主义"告别。作者尝试研究海勒等美国后现代作家文本中的后现代人道主义思想情怀，指出美国后现代小说的叙事"不再是理想与精神对世俗生活的改造和征服"，而是"生活逻辑对人的改造和对理想的修正"，这种介入理论话题的思路不仅有助于理解美国后现代派小说的精神实质和社会意义，其有关人与各种社会因素的新型生态伦理关系的重估，对于思考当下中国现实情境也具有重要的参照意义。

第一章对"人道主义哲学思潮"进行历史化追溯，详细分梳从古希腊以来各阶段的人道主义内涵，并结合 20 世纪历史变迁的社会语境，反思人道主义话语的缺陷。作者重点考察后人道主义与人道主义的合理关系，在总结出人道主义思潮的积极历史贡献的基础上，对 20 世纪以来传统人道主义所招致的种种问题如生态危机、拜物教意识展开批判。在这一意义上说，后人道主义之"后"是"post"而非"after"，它深受后现代哲学思潮的影响，是被后工业社会询唤出来的产物，"后人道主义理论批判传统人道主义的'人类中心主义'思想，摈弃单一、机械、碎化的现代思维，倡导人与自然的和谐共生，探求差异、多元、有机、和谐的后现代思维"。[①] 第二章专论约瑟夫·海勒小说的后人道主义旨趣，这一部分是整部书的重头戏，它超越了既有的对海勒小说的形式主义、存在主义、叙事学、女性主义、文化研究、后现代主义、比较文学等多元研究视角，认为此类研究成果主要集中在《第二十二条军规》，且大多拘囿于黑色幽默、后现代创作技法等层面的重复，缺少整体文化语境参照。因此作者选取了后人道主义的理论视角，以中国学界关注不多、尚未译成中文的小说《画里画外》为文本对象，借用海登·怀特的元史学概念展开论析。第三章探讨库尔特·冯内古特小说中的多重叙事策略，作者将冯内古特定位成一位建构性的后现代主义小说

---

① 王祖友：《美国后现代派小说的后人道主义研究》，国防工业出版社，2012，第 37 页。

家，"他拒绝接受完全的解构主义所主张的相对主义，而更多地主张重构一个生态的可持续发展的人类社会"①。第四章论述托马斯·品钦小说中反英雄人物的后人道主义追寻，品钦小说以灵活多变的叙述视角，拼贴、碎片化的书写方式，独特的空间呈现如下水道、地下世界等，对官僚主义、集权社会、技术理性和消费主义意识形态展开批判。第五章结合越战、麦卡锡主义以及20世纪90年代美国社会问题的多维视角阐释菲利普·罗斯小说《美国三部曲》。罗斯小说擅长运用现实主义的创作手法，深入透视后现代社会人的生存困境，建构起一种以身体政治为重心的创伤叙事。该书分析指出，罗斯小说批判现代人所深陷的现代性困境，而真正的出路则是尊重多元政治与文化多样性，建设新型性别、社区关系和生态伦理。第六章剖析唐·德里罗小说中的后人道主义伦理。作为美国当代社会的文化分析大师，德里罗采用先锋实验的写作技法对后工业社会美国的精神危机进行全方位批判，作者择取后9·11叙事、媒介幻想、集权政治、技术理性及仿真社会几个面向，探询德里罗小说如何将文本与历史互置，借助于特写镜头、独白等跨媒介叙事形式，充分激发集体记忆，进而回应当下情境。第七章专论拉里·麦克默特里小说的后人道主义风格，通过比较麦克默特里后西部小说"新西部四部曲"与传统西部小说的差异，认为前者是传统西部小说和新历史小说的有机结合，麦克默特里将历史事实与虚构情节混合在一起，构建了全新的"后西部"独特世界。第八章首先对非裔美国女作家莫里森小说的国内外研究动态做了详尽的综述，尤其关注新兴文化理论介入之后的最新成果。这一部分从自然观、人性观、价值观、文化观、语言观等多个角度展开后人道主义与后现代文学之间的关系探讨，强调边缘话语的显影与在场对于拆解单边主义与话语霸权的意义，指出莫里森小说以"土地象喻""自然之子与自然之女"等表征符号建构起独特的族群叙事与身份政治，毫不留情地批判"美国梦"所标榜的物质主义和"文化中心论"。

---

① 王祖友：《美国后现代派小说的后人道主义研究》，第109页。

三

总的看来，该书具有以下几个特点：其一，以马克思主义为指导，驾轻就熟运用当代文化理论，杰姆逊、利奥塔、伊哈布·哈桑等人的后现代主义文化理论，西方马克思主义的文化批评理论，巴赫金和沃尔夫等人的跨学科理论等。但该书在操演理论话语之前有着充分的理论自觉与本土问题意识，尤其注重理论研究的落地性和现实参照价值，能够恰到好处地运用比较视角，分析上述美国后现代重要作家的艺术创作对于中国现当代文学的借鉴意义。其二，在作家专论的章节里引入详尽的研究综述，并且对国内相关领域的研究现状做出精要评析，这样不仅有助于读者掌握相关研究的前沿动态，也进一步凸显了该书的理论创新意义。其三，该书虽然尝试探讨一个普泛性理论话题，但始终以扎实的文本细读为论述基础，坚持从文本中找证据，一切让文本说话，这样可以有效避免理论套文本或者空口喊理论口号的玄虚文风。

当然，由于本书采取以理论综述与作家专论相结合的行文结构，因此各章节之间很难做到绝对均衡，比如各章在研究综述方面略显参差不齐，对理论关键词的阐释与引申方面也常常重复。但瑕不掩瑜，这部以美国后现代派小说为研究对象的精心之作不仅是对后人道主义思潮的一次"深描"，同时也为当下中国的生态文明建设与新型生态伦理建构提供了理想的"他山之石"。

原载《新疆财经大学学报》2014 年第 1 期

图书在版编目（CIP）数据

镜与灯：新疆大学中国语言文学教学论集／邹赞，
安凌，孙良同主编. -- 北京：社会科学文献出版社，
2018.7

ISBN 978 - 7 - 5201 - 2626 - 7

Ⅰ.①镜⋯　Ⅱ.①邹⋯　②安⋯　③孙⋯　Ⅲ.①汉语 -
语言学 - 教学研究 - 文集②中国文学 - 教学研究 - 文集
Ⅳ.①H1 - 53②I206 - 53

中国版本图书馆 CIP 数据核字（2018）第 086142 号

镜与灯：新疆大学中国语言文学教学论集

主　　编／邹　赞　安　凌　孙良同

出 版 人／谢寿光
项目统筹／宋月华　袁卫华
责任编辑／袁卫华

出　　版／社会科学文献出版社·人文分社（010）59367215
　　　　　地址：北京市北三环中路甲29号院华龙大厦　邮编：100029
　　　　　网址：www.ssap.com.cn
发　　行／市场营销中心（010）59367081　59367018
印　　装／三河市尚艺印装有限公司

规　　格／开本：787mm×1092mm　1/16
　　　　　印　张：20.5　字　数：293千字
版　　次／2018年7月第1版　2018年7月第1次印刷
书　　号／ISBN 978 - 7 - 5201 - 2626 - 7
定　　价／148.00元

本书如有印装质量问题，请与读者服务中心（010 - 59367028）联系